SAS Programming Series(1)

제2판

SAS DATA STEP

기초편

손건태 · 안상욱 공저

자유아카데미

◈ 저자 약력

손 건 태 (e-mail : ktsohn@pusan.ac.kr)

- 서울대학교 자연과학대학 수학과 졸업(이학사)
- 서울대학교 대학원 계산통계학과 졸업(통계학, 이학석사)
- 서울대학교 대학원 계산통계학과 졸업(통계학, 이학박사)
- 現 부산대학교 자연과학대학 통계학과 교수
- 저서 : 확률의 개념과 응용, 전산통계개론, 통계학, 통계적 자료분석 입문

안 상 욱 (e-mail : likemuse@hanmail.net)

- 부산대학교 자연과학대학 통계학과 졸업(이학사)
- 부산대학교 대학원 통계학과 졸업(통계학, 이학석사)
- SAS Base Programmer
- 現. 국민은행 카드마케팅부 CRM/Data Mining 분석 담당
- 저서 : SAS DATA STEP - 기초편, SAS 매크로 프로그래밍

머 리 말

일반적인 통계적 자료분석에 있어서 자료처리의 중요성은 두말할 나위가 없다. 통계학을 처음 배울 때에 들을 수 있는 격언인 "Garbage In Garbage Out"은 통계적 자료분석에 있어 더욱 중요한 명제가 된다.

통계 기법을 적용할 수 있는 데이터는 그 기법의 쉽고 어려움에 관계없이 깔끔하게 정제되어 있다는 전제(cleansing)하에서 출발한다. 그러나 가이드라인이 없이 원시데이터(raw data)만 주어졌을 경우, 자료를 분석가의 자료분석방법에 알맞게 정돈해야 하는 필요성을 증대시킨다. 이는 결코 쉬운 작업이 아니다! 또한 컴퓨터 및 자료처리기술의 발전으로 인하여 데이터는 점점 복잡하게, 대용량으로 정리되는 상황에서 데이터의 관리(management) 및 조작(manipulation)의 용이성이 필요하게 된다.

다행히 SAS는 타 통계패키지 및 데이터 관리용 프로그램과는 달리 데이터처리와 결과의 출력에 있어 분석가가 '상상하는 대로' 관리 및 조작할 수 있도록 광범위한 선택의 기회를 주도록 설계되어 있다.

일반적으로 SAS를 익히는 과정에서 '통계패키지(statistical package)'로서의 기능에만 집착하는 경우가 많다. 즉, 통계자료분석에 해당하는 기능만 치중해서 익히는 경향이 있으며, 분석을 위하여 데이터처리와 관계되는 기본적인 뼈대인 '데이터의 생김새를 어떻게 둘 것인가?' 라는 문제에는 소홀히 대하는 경향이 많다. 이는 자료분석이 불가능하다고 느끼거나 또는 매우 어렵게 수행해야 하는 문제점이 뒤따르게 된다. 저자의 데이터 분석 경험에 비추어볼 때, 통계 분석을 수행함에 있어 가장 우선되어야 할 지식은 바로 데이터의 구조(data structure)에 대한 정확한 파악에 있다고 보아도 무방하다.

이와 같이 SAS에서 제공하는 다양한 데이터 처리의 기법 및 개념에 초점을 맞추어 저자는 <SAS Programming Series>를 다음과 같이 기획하였다.

1. SAS DATA STEP - 기초편
2. SAS DATA STEP - 응용편
3. SAS 매크로 프로그래밍
4. SAS DATA STEP - 함수편
5. SAS PROC STEP - 데이터처리편
6. SAS PROC STEP - 기초통계분석편
7. SAS SQL 프로그래밍
8. SAS IML 프로그래밍
9. SAS/Graph를 활용한 데이터 시각화

<SAS DATA STEP - **기초편**>은 SAS를 활용함에 있어 가장 기초적인 데이터 처리 기능에 중점을 두고 기술하였다. 사전식 접근방법을 피하고, 상황에 따른 적절한 구문 및 옵션의 선택과정과 그에 따른 SAS의 내부 데이터 처리과정에 주안점을 두었다. 이때 내부처리과정은 SAS의 파일 시스템과 관련한 전산 용어 및 개념들이 다수 포함되어 있으므로 건너뛰어도 무방하다.

이 책에 사용된 **예제**는 독자들의 손으로 직접 프로그램 및 데이터를 입력해 볼 수 있도록 최대한 간명하게 구성하였다. 또한 프로그램 작성에 있어서 알아두면 좋은 사항들을 **노트**로 구성하여 학습에 도움이 될 수 있도록 구성하였다. 더불어, 이 책은 SAS Inc.에서 주관하는 인증시험인 <SAS Certified Base Programmer>를 준비하는 사람이라면 반드시 읽어볼 필요가 있을 것이다.

이 책이 세상의 빛을 볼 수 있도록 물심양면으로 지원해 주신 자유아카데미 관계자들께 감사드린다. 마지막으로 저자와 함께 실무에서 SAS를 활용하여 데이터와 씨름하는 수많은 분석가들에게 이 책이 작으나마 도움이 되기를 기도한다.

2007년 7월 손건태, 안상욱

차 례

Chapter 1. SAS 프로그램의 기본개념

Chapter 2. SAS 데이터셋 생성

Chapter 3. SAS 데이터셋

Chapter 4. SAS 라이브러리

Chapter 5. SAS 변수

Chapter 6. SAS 표현식

Chapter 7. 조건부 처리

Chapter 8. WHERE-처리의 개념

Chapter 9. DO 루프를 이용한 반복 처리

Chapter 10. 배열을 이용한 변수처리

Chapter 11. SAS 데이터셋의 병합

Appendix 1. 데이터의 정렬 (PROC SORT)

Appendix 2. 데이터셋 옵션

예제 프로그램

Chapter 2. SAS 데이터셋 생성

Chapter 3. SAS 데이터셋

Chapter 4. SAS 라이브러리

Chapter 5. SAS 변수

Chapter 5. SAS 변수

Chapter 6. SAS 표현식

Chapter 7. 조건부 처리

Chapter 8. WHERE-처리의 개념

Chapter 9. DO 루프를 이용한 반복 처리

Chapter 10. 배열을 이용한 변수처리

Chapter 10. 배열을 이용한 변수처리

Chapter 11. SAS 데이터셋의 병합

Appendix 1. 데이터의 정렬 (PROC SORT)

Appendix 2. 데이터셋 옵션

Chapter

1

SAS 프로그램의 기본개념

- 1.1. SAS 언어의 특징 및 기본 SAS 제품군의 구성
- 1.2. SAS 언어의 구성 요소
- 1.3. SAS 내부 처리의 흐름
- 1.4. 데이터 파일 및 원시 데이터의 이해
- 1.5. DATA 스텝 구문

통계학 전공자들의 경우, SAS는 주어진 데이터에 대한 통계적 처리를 수행하는 프로그램으로 알려져 있다. 하지만, 실무에서 확인할 수 있는 SAS의 가장 큰 강점은 입력 대상 데이터의 파일 형태, 크기, 구성방식에 그다지 제한이 없으면서도 데이터에 대한 접근, 관리, 분석, 표현을 가능하도록 하는 도구라는 데 있다.

이 장에서는 SAS의 활용법을 익히기에 앞서, SAS 언어의 특징 및 SAS를 사용하기 위해 반드시 짚고 넘어가야 하는 중요한 개념들인 외부 파일 식별방법, SAS 구문의 분류 등을 살펴보기로 한다.

1.1. SAS 언어의 특징 및 기본 SAS 제품군의 구성

SAS는 데이터 관리, 리포트 및 그래프의 작성, 통계 및 수리적 분석, 경영계획, 예측, 의사결정지원, 작업 관리, 품질 관리, 응용 프로그램 개발 등을 다루는 매우 강력한 **4세대 언어(4th generation programming language)**에 기반하고 있으며, 대부분의 산업에서 활용 가능한 솔루션의 모음으로 이루어져 있다. 그러면, 4세대 언어란 무엇일까?

4세대 언어는 프로그래밍 언어나 기법에 숙달되지 않은 일반 이용자들도 쉽게 프로그래밍 할 수 있는 종합적인 소프트웨어 도구를 제공하며 자주 사용하는 명령을 쉽게 접근할 수 있도록 질의어 중심으로 만들어진 언어다.

4세대 언어는 3GL 언어보다는 자연어에 좀더 가깝게 설계되어 있다. 데이터베이스 접근을 위한 언어들을 종종 4GL이라고 표현하기도 한다. 4세대 언어는 에디터(editor)나 디버거(debugger), 서류작성기나 제어용 유틸리티와 같은 개발도구들과 함께 디자인 환경에 포함시켰으며, 복잡한 내부 처리 절차가 필요한 응용 프로그램을 소량의 코드로 신속하게 개발 가능하다. 4세대 언어의 특징으로는 비절차적 형식(non-procedural format), 사용자 중심, 가독성 및 유지보수의 용이성, DBMS의 직접 운용 등을 들 수 있다. 잘 알려진 4세대 언어로는 SQL, LOTUS, 델파이 등이 있다.

Note 5세대 언어는 시각적인 그래픽 인터페이스를 통해, 통상 3세대 또는 4세대 언어 컴파일러로 컴파일 할 수 있는 원시코드를 만들어 준다. 이러한 비주얼 프로그래밍(visual programming)은 객체지향 클래스의 구조를 쉽게 기획하고, 아이콘을 잡아끄는 것만으로도 프로그램 컴포넌트를 만들 수 있는 장점을 제공한다. 마이크로소프트의 AppWare, IBM의 VisualAge for Java 등이 5세대 언어의 대표적인 예이다.

SAS를 처음 접한다면 새로운 프로그래밍 언어를 익힌다는 생각으로 접근하는 것이 바람직하다. 하지만, 그 난이도는 일상적으로 접할 수 있는 자바, C++ 등과 같은 3세대 언어보다는 훨씬 쉽다. 또한, V9 이상에서는 **엔터프라이즈 가이드(enterprise guide)**라는 솔루션을 통해 비주얼 프로그래밍과 유사한 형태의 작업환경도 지원한다.

SAS의 **기본 제품군(Base SAS)**은 [표 1.1]과 같은 기능으로 구성되어 있다.

표 1.1 SAS 기본 제품군(Base SAS)의 구성

구 분	기 능
SAS 언어	데이터 처리를 위한 프로그래밍 언어
SAS 프로시저	데이터 분석 및 보고서 작성을 위한 도구
매크로 기능	프로그램 코드량의 절감 및 사용자 정의 SAS 프로그램 및 지원하지 않는 기능으로의 확장을 위한 도구
ODS 기능	데이터셋, 파일, HTML 등 다양한 유형의 출력 기능 관리
SAS 환경	프로그램을 보다 쉽게 작성하고 수행할 수 있도록 구성된 GUI (graphical user interface)
DATA 스텝 디버거	DATA 스텝 프로그램의 문제점 검출을 위한 프로그래밍 도구

Note

1. SAS 언어에 대한 상세한 내용은 이 책과 〈SAS DATA STEP - 응용편〉, 〈SAS DATA STEP - 함수편〉에서 다룬다.
2. 매크로 기능은 〈SAS 매크로 프로그래밍〉에서 다룬다.
3. ODS는 이 책의 〈SAS DATA STEP - 응용편〉에서 다룬다.
4. DATA 스텝 디버거 및 SAS 환경은 본 시리즈의 범위를 벗어나므로 SAS 온라인 도움말을 참고하도록 하자.

1.2. SAS 언어의 구성 요소

1.2.1. SAS 프로그램의 요소

SAS 프로그램은 기능에 따라 여러 가지 구성 요소로 나눌 수 있다. 먼저, [그림 1.1]을 보자.

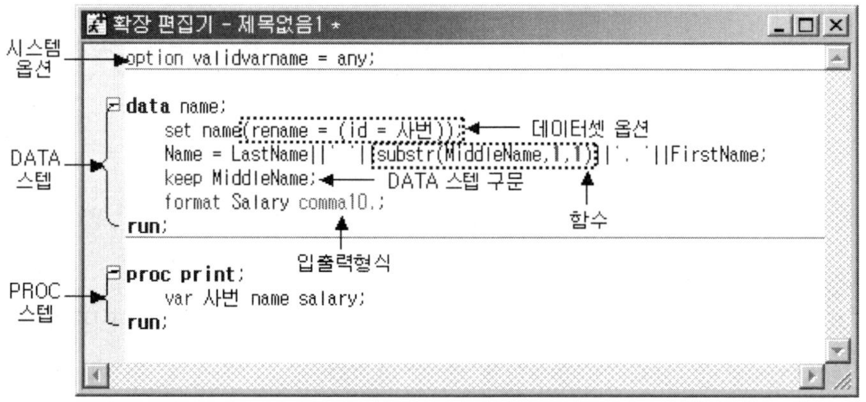

그림 1.1 SAS 프로그램 구성요소

SAS 프로그램은 기능에 따라 데이터셋에 대한 직접적인 처리를 담당하는 **DATA 스텝(DATA step)**, 정해진 처리를 수행하는 **PROC 스텝(PROC step)**, SAS 세션의 환경 설정을 조절하기 위한 **시스템 옵션(system option)**으로 구분한다.

[그림 1.1]의 예제 프로그램은 하나의 시스템 옵션 설정 및 두 개의 스텝(DATA/PROC 스텝)으로 구성되어 있다. 이러한 스텝의 두 가지 형태는 [그림 1.2]처럼 거의 모든 SAS 프로그램에서 독립적인 혹은 복합적인 형태로 사용된다.

DATA 스텝 → PROC 스텝 → DATA 스텝 → PROC 스텝 → PROC 스텝

그림 1.2 SAS 프로그램의 처리단계

DATA 스텝에서는 계산식에 의한 값, 데이터 내의 오류 검출 및 수정, 기존 데이터셋의 일부 추출, 병합, 갱신 후 새로운 SAS 데이터셋의 생성과 같은 방식으로 데이터를 입력할 수 있다.

DATA 스텝을 구성하는 주요 구성 요소들로는 크게 **DATA 스텝 구문 (DATA step statement)** 및 **함수(function)**로 나눌 수 있다. 이외에도, DATA 스텝, PROC 스텝의 여부에 관계없이 데이터의 표시형태를 지정하기 위한 **입출력 형식(informat/format)**과 데이터셋에 대한 간단한 조작을 처리하기 위한 **데이터셋 옵션(dataset option)** 및 SAS 세션에 전체적인 영향을 미칠 수 있는 **전역 구문(global statement)**을 사용할 수도 있다.

PROC(procedure) 스텝은 SAS 데이터셋 내의 데이터를 다루거나 분석하는 것이 가능하도록 사전에 정해진 형태가 된다. 이는 때때로 프로시저의 작업 결과로 구성된 새로운 SAS 데이터셋을 생성하기도 한다. PROC 스텝에서는 데이터의 출력, 정렬, 요약을 할 수 있다. 예를 들어, PROC 스텝을 수행하면 데이터의 목록으로 구성된 결과 출력, 기술통계량(descriptive statistics)의 계산, 각종 통계분석, 산점도(scatter diagram)와 차트(chart) 등과 같은 데이터 시각화(data visualization) 작업 등을 수행할 수 있다.

SAS 프로그램을 구성하는 각각의 요소들은 개별적으로 상이한 기능을 수행한다. 그러나, 수행 기능이 중복되는 경우가 자주 존재한다. 예를 들어, 변수의 이름을 변경하기 위해서는 DATA 스텝 구문인 RENAME 구문을 사용할 수도 있고, 데

이터셋 옵션인 RENAME= 옵션을 사용할 수도 있다. DATA 스텝에서 지원하는 **MEAN 함수**를 활용하여 평균을 구할 수도 있지만, **PROC MEANS**나 **PROC UNIVARIATE**를 활용하더라도 평균을 구할 수 있다. 따라서, 적재 적소에 상황에 맞는 프로그래밍 기법을 선택하여 적용하는 것은 SAS 프로그래밍에 있어 무엇보다도 중요하다.

> **Note** 함수는 DATA 스텝 구문의 일부로 기능하며, SAS의 함수에서는 일반적인 통계처리 언어 및 여타 프로그래밍 언어에서 찾아볼 수 없는 매우 방대한 기능을 제공한다. SAS 함수에 대해서는 〈SAS DATA STEP - 함수편〉을 통해 학습하기로 한다.

1.2.2. SAS 프로그램의 수행 과정

지금까지 SAS 프로그램의 일반적인 구조를 살펴보았다. 그렇다면, 프로그램을 실행했을 때는 어떤 일들이 벌어지고 있는 것일까?

SAS 프로그램을 수행시키면 SAS는 구문을 읽기 시작하고 오류가 있는지를 검색한다. DATA와 PROC 구문들은 새로운 스텝의 시작을 알린다. SAS는 DATA, PROC, RUN 구문 및 QUIT 구문이 나타나면 구문을 읽어들이는 것을 중지하고 프로그램 내의 직전 스텝까지 실행한다. 예제 프로그램에서는 각 스텝마다 RUN 구문으로 종료하였다.

```
   data test;
      set lengthtest1;
→  run;
   proc print data=test;
→  run;
```

그림 1.3 RUN 구문을 통한 스텝의 종료

> **Note** 새로운 스텝(DATA 또는 PROC)의 시작은 직전 스텝의 종료를 포함하고 있다. SAS 프로그램 내에서 스텝들마다 항상 RUN 구문이 필요한 것은 아니지만, 이를 사용하는 것이 차후에 프로그램을 식별하거나 디버깅하는데 보다 용이하며, SAS 로그를 읽는데도 좀더 쉬워질 것이다.

1.2.3. 출력과 로그

SAS는 매번 스텝이 실행될 때마다, 프로그램의 처리 과정 및 발생된 오류들에 관한 메시지로 구성된 **SAS 로그(Log)**를 생성한다.

[그림 1.3]의 예제 프로그램을 수행하면 [그림 1.4]의 메시지를 보게 될 것이다. 로그에는 데이터셋 TEST를 생성했다는 메시지 및 데이터 목록으로 구성된 리포트를 생성했다는 메시지가 출력된다.

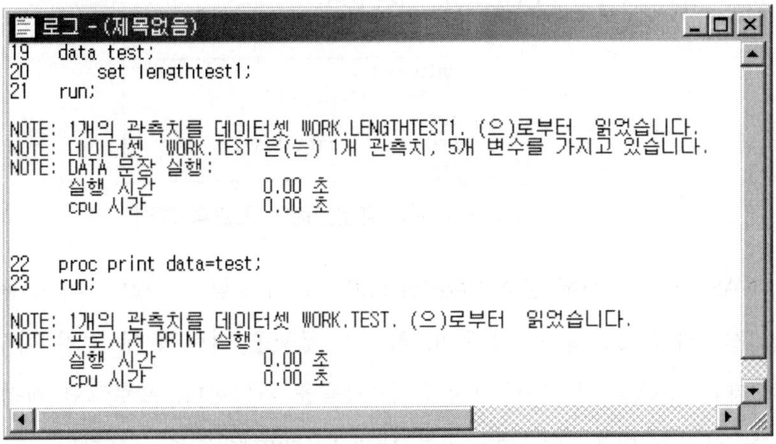

그림 1.4 SAS 로그의 예시

PROC PRINT의 수행 결과는 추가적인 옵션을 지정하지 않았다면 SAS의 출력창에 생성된다. [그림 1.5]을 보자.

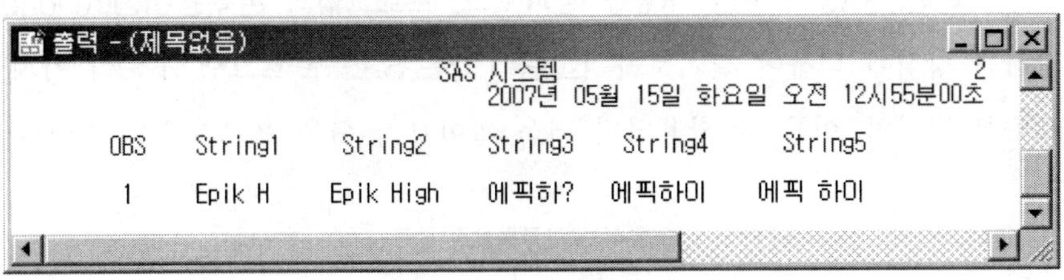

그림 1.5 SAS 출력의 예시

Note 일부 SAS 프로시저들은 출력창에 수행 결과를 출력하지 않은 채, 로그창에 프로그램 수행 관련 메시지만을 출력한다.

1.2.4. SAS 프로그램의 특징 및 레이아웃의 설정

지금부터는 앞서 살펴본 예제 프로그램의 개별 구문들을 살펴보자. SAS 프로그램은 **SAS 구문(statement)**들로 구성되어 있다. SAS 구문은 **예약어(keyword)**로 시작하며, 반드시 **세미콜론(;)**으로 마무리하는 특성을 갖는다.

[그림 1.1]에서 살펴본 예제 프로그램을 기능별로 구분하면 **[그림 1.6]**과 같다. 예제 프로그램은 ① DATA 구문, ② SET 구문, ③ RUN 구문, ④ PROC PRINT 구문, ⑤ RUN 구문으로 구성되어 있다. DATA 스텝은 예약어 **DATA**로 시작하며, PROC 스텝은 예약어 **PROC**으로 시작한다.

```
S ① data test;
A ②    set lengthtest1;
S ③ run;
구 ④ proc print data=test;
문 ⑤ run;
```

그림 1.6 SAS 프로그램의 개괄적 형태

SAS 구문은 **자유 형식(free-format)**으로 구성할 수 있다. 이는 줄의 어디에서든지 시작하고 종료할 수 있으며, 하나의 구문을 여러 줄에 걸쳐 작성할 수 있고, 여러 개의 구문을 한 줄에 작성할 수 있음을 의미한다. 프로그램 작성 시 공백 또는 특수문자를 이용하여 SAS 구문 내의 **단어(word)**들을 구분한다.

> **Note** SAS 구문의 작성시 대소문자 구별없이 작성할 수 있다. 그러나 따옴표로 감싼 문자열상수는 때에 따라 민감하게 사용해야 한다.

그러면, SAS 구문의 특징을 살펴보고, 프로그램의 **판독용이성(readability)**을 확장하는 방식에 대하여 살펴보자. **[그림 1.7]**은 SAS 프로그램 구문이 가지는 특성을 요약한 것이며, 이를 잘 활용하면 더욱 알아보기 쉬운 프로그램을 작성할 수 있다.

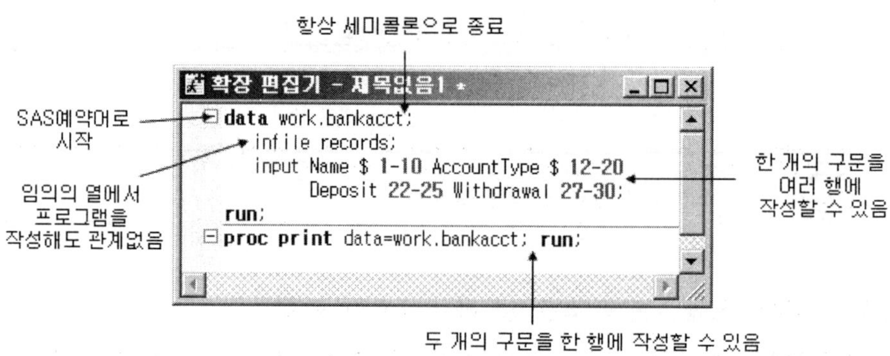

그림 1.7 SAS 프로그램 구문의 특성

> **Note** 확장 편집기는 프로그램 구성 요소에 따라 서로 다른 색상 및 글꼴을 지정하여 쉽게 구분할 수 있게 하는 비주얼 에디터(visual editor)의 기능을 수행한다.

[1.2.1절]에서 우리는 SAS 프로그램이 **구문(statement)**으로 구성되어 있다는 것을 살펴보았다. 프로그램을 작성하는 방식의 제한은 없으나, 일정하게 구성된 **레이아웃(Layout)**은 프로그램 판독을 더욱 용이하게 하며 프로그램의 목적을 이해하는 것을 도와준다. **[그림 1.8]**은 **들여쓰기(indentation)**를 적용한 프로그램 작성의 예시이다. 조금 번거롭더라도 들여쓰기를 습관화하는 것이 프로그램의 디버깅 및 이해에 큰 도움이 된다.

```
data work.bankacct;
   infile records;
   input Name $ 1-10 AccountType $ 12-20 Deposit 22-25
         Withdrawal 27-30;
run;

proc print data=work.bankacct;
run;

proc means mean;
   var deposit withdrawal;
run;
```

그림 1.8 들여쓰기(Indentation)로 구성된 프로그램의 예제

> **Note**
> 1. SAS는 공백문자(blank)가 나타나면 원칙적으로 프로그램 수행에 영향을 미치지 않는다. 즉, 다음 프로그램에서 ①과 ②는 동일한 것으로 간주한다.
>
> ```
> ① total=x+y;
> ② total = x + y;
> ```
>
> 가독성(readability)을 높이기 위한 들여쓰기(indentation)는 공백문자의 이러한 성격을 활용한 것이다.
> 2. 공백문자가 반드시 필요한 경우도 있다. 다음 프로그램을 보자.
>
> ```
> ① input x1;
> ② input x 1;
> ```
>
> ①은 리스트 입력방식으로 변수 X1을 생성하는 프로그램인 반면, ②는 위치지정 데이터 입력방식으로 변수 X를 생성하는 프로그램이다. 즉, INPUT구문에서는 공백문자 존재여부에 따라 전혀 다른 기능을 하는 경우도 있음을 기억하자.
> 3. 탭(Tab)문자는 대부분의 경우에서 공백문자와 동일한 기능을 한다.
> 4. 공백문자를 따옴표로 감싼 경우에는 문자형 상수로 취급된다는 것에 주의하자.

1.3. SAS 내부 처리의 흐름

SAS의 내부 처리는 편의상 데이터 작업 단계와 분석 단계로 나눌 수 있다. 넓게 본다면 데이터 작업 단계를 DATA 스텝, 분석 단계를 PROC 스텝으로 보더라도 큰 문제는 없을 것이다. SAS 프로그램은 개별적인 DATA 스텝 및 PROC 스텝으로 구성하거나, 두 스텝을 조합하여 작성하는 방식을 취한다. [그림 1.9]는 SAS 내부 처리의 흐름을 표현한 것이다.

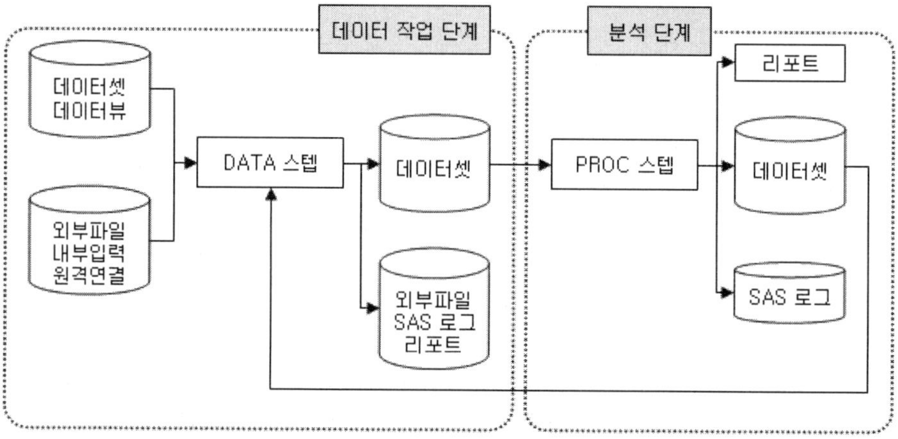

그림 1.9 SAS를 활용한 작업의 내부 처리 흐름

DATA 스텝을 활용하면 여러 가지 유형으로 구성된 데이터를 활용할 수 있다. DATA 스텝은 데이터 처리를 위해 프로그래머가 정의한 여러 구문으로 구성되어 있으며, 개별 DATA 스텝은 컴파일 및 수행 단계를 차례대로 거친 후, 내부 처리 상황을 알려주는 메시지로 구성된 로그를 생성한다. 로그 메시지를 잘 파악하면 작성한 프로그램을 디버깅하는 데 큰 도움이 된다는 것을 기억하자.

> **Note** DATA 스텝만으로도 간단한 분석 절차를 구현한 후 결과 데이터셋을 출력할 수 있으며, PROC 스텝에서도 데이터셋 조작을 수행하는 기능들이 존재하기 때문에 두 가지를 이분법적으로 완벽히 구별하기는 힘들다.

1.3.1. DATA 스텝

SAS 프로그램을 활용하면 다양한 형식으로 구성된 파일을 입력하여 SAS에서 사용할 수 있는 데이터 파일로 변환할 수 있다. 그러면, DATA 스텝을 활용하여 생성할 수 있는 데이터 파일 유형을 살펴보자.

실제 데이터가 저장된 파일을 **SAS 데이터 파일(data file)**이라 하며, 통상적으로 말하는 SAS 데이터셋은 SAS 데이터 파일을 말한다.

SAS 데이터뷰(data view)는 다른 장소에 저장된 데이터를 참조하는 역할을 수행하도록 요약정보 영역으로만 구성되어 있다. 데이터뷰를 활용하면 추가적인 저장 공간을 사용하지 않더라도 다양한 유형의 파일로부터 데이터의 동적인 병합을 수행할 수 있다. 데이터뷰는 생성하는 프로그램 유형에 따라 DATA 스텝 뷰, PROC SQL 뷰, SAS/ACCESS 뷰로 나눌 수 있다. 대부분의 경우에서 데이터뷰는 데이터 파일과 동일한 방식으로 사용할 수 있다.

> **Note**
> 1. 데이터셋의 구조에 대한 상세한 내용은 [3장. SAS 데이터셋]을 참고하자.
> 2. 데이터뷰에 대한 상세한 내용은 〈SAS DATA STEP - 응용편〉을 참고하자.

이번에는 SAS 파일 유형이 아닌 경우를 생각해보자. SAS 파일 유형이 아닌 입력 원본(input source)을 일컬어 **원시 데이터(raw data)**라 한다. 원시 데이터는 크게 **외부 파일(external file)**과 **내부 데이터(instream data)**의 두 가지 유형으로 나눈다. 외부 파일은 텍스트 파일 혹은 엑셀, 액세스 등과 같이 SAS 이외의 다양한 프로그램에 의해 구성된 데이터 파일을 의미한다. 반면 SAS 프로그램 내에서 직접 데이터를 입력하는 경우를 일컬어 내부 데이터라 한다.

언뜻 혼동하기 쉽지만, 내부 데이터 입력 방식은 엄밀히 따지면 SAS 파일을 참조하지는 않으며, INPUT 구문 등을 활용하여 데이터 구조를 설정해야 하기 때문에 원시 데이터의 범주에 넣을 수 있다. 이외에도, TCP/IP 또는 URL과 같은 네트워크를 활용하는 방식으로 데이터 원본을 입력할 수도 있으며, SAS/Access 소프트웨어를 활용하여 데이터베이스에 직접 연동하여 데이터를 입력받을 수도 있다.

지금까지 살펴본 다양한 형태의 데이터 원본에 접근하여 SAS 데이터셋을 생성하고, 프로그래머의 의도에 맞게 데이터를 조작하기 위해 사용하는 언어를 **DATA 스텝(DATA step)**이라 한다.

> **Note**
> 1. 외부 파일 및 내부 데이터 입력 과정에서의 내부 처리 절차에 대한 보다 상세한 내용은 [2장. SAS 데이터셋의 생성]을 참고하자.
> 2. 다양한 유형의 외부 파일 입력은 〈SAS DATA STEP - 응용편〉을 참고하자.
> 3. 네트워크 및 SAS/Access를 활용한 데이터 입력은 이 책의 범위를 벗어나므로 다루지 않는다. 이에 관한 상세한 내용은 〈SAS 온라인 도움말〉을 참고하자.
> 4. DATA 스텝 및 ODS 기능을 활용한 파일 입출력은 〈SAS DATA STEP - 응용편〉에서 다룬다.

1.3.2. PROC 스텝

PROC 스텝은 보통 SAS 데이터셋을 입력하여 다양한 분석 기능을 호출 및 수행하는 프로그램으로 구성된다. PROC 스텝은 입력 데이터셋의 분석 및 정형화된 리포트 작성, SAS 파일관리 등에 사용할 수 있다. PROC 스텝은 최소한의 수정만으로도 원하는 결과를 쉽게 얻을 수 있다는 것을 기억하자.

개별 PROC 스텝은 일반적으로 고유한 출력형식에 의해 결과 출력이 이루어진다. ODS를 활용하면 다양한 유형의 출력물을 얻을 수도 있으며, 결과 데이터셋 생성을 통해 추가적인 작업을 쉽게 수행할 수도 있다.

> **Note**
> 이 책에서는 PROC 스텝 중 PROC SORT에 대해서만 다룬다.

1.4. 데이터 파일 및 원시 데이터의 이해

이 책을 읽는 독자들이라면 굳이 통계를 다루지 않더라도 **데이터(자료, data)**라는 단어를 습관적으로 사용하고 있을 것이다. 현재 우리가 사용하는 '데이터'라는 단어는 **'컴퓨터 프로그램에 의해 어느 정도 정리된'** 이라는 전제 조건이 포함되어 있다.

데이터 파일(data file)은 필드로 조직화된 데이터 값을 포함한 레코드를 갖는 파일을 통칭한다. 이 책에서는 SAS를 활용하여 생성한 데이터 파일을 **SAS 데이터셋(SAS dataset)**이라 하고, 그 외의 프로그램에 의해 작성된 파일은 **외부 파일(external file)** 또는 **원시 데이터(raw data)**라 한다.

Note

1. 윈도우즈에 내장된 메모장(notepad)부터 자주 접하는 MS 오피스 프로그램(엑셀, 액세스), 그 외 다양한 스프레드시트나 데이터베이스 프로그램 등 데이터를 다루는 프로그램들에 의해 생성된 데이터 파일은 모두 외부 파일이라 한다.
2. 외부 파일로 저장된 데이터에서 행(row)을 레코드, 열(column)을 필드라 이해하면 편리하다.
3. SAS 데이터셋에 저장된 데이터의 경우 열을 변수, 행을 관측치라 하며, 레코드와 관측치, 필드와 변수는 상호 보완적인 관계이다.

1.4.1. 원시 데이터의 식별

SAS는 자체 파일 유형인 SAS 데이터셋을 통해서만 모든 작업을 수행할 수 있다. SAS에서 곧바로 인식할 수 없는 외부 파일 형식으로 데이터가 저장되어 있다면, 적당한 방법을 사용하여 데이터를 SAS 데이터셋 형태로 생성해야할 필요가 있다.

그러면, 입력할 데이터의 위치에 대해 생각해보자. 입력할 데이터가 SAS 프로그램 내부에 정리되어 있는지의 여부에 따라 **내부 데이터 입력 방식**(instream data input)과 **외부 파일 입력 방식**(external file input)으로 구분할 수 있다.

내부 데이터 입력 방식은 데이터 파일에 대한 별도의 설정이 필요하지 않기 때문에 간단한 SAS 데이터셋을 생성하는 경우에 사용하면 편리하다.

외부 파일을 SAS 데이터셋으로 전환하려면, 먼저 파일 설정과 관련된 다양한 개념을 이해해야 한다. 그 중에서도 파일명과 경로를 명시하는 방법은 무엇보다 먼저 알아야할 필요가 있다. [그림 1.10]에 제시된 윈도우즈 탐색기를 보자.

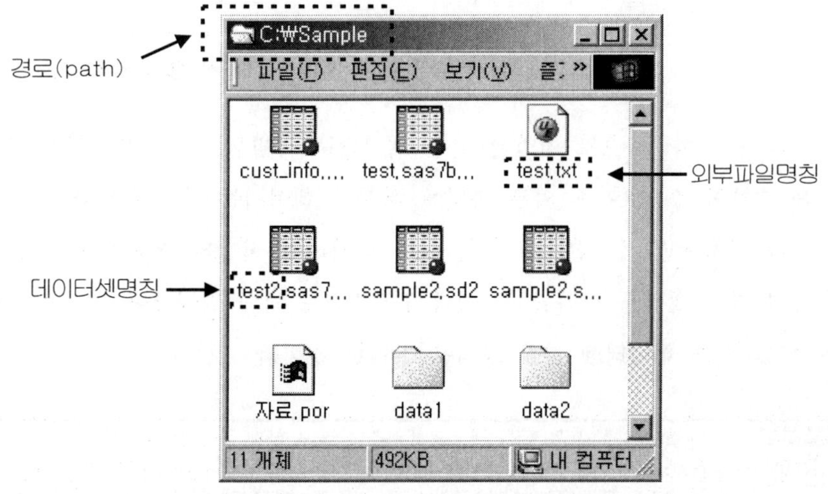

그림 1.10 윈도우즈 탐색기에서 확인 가능한 파일명과 경로

윈도우즈 탐색기를 살펴보면 파일명과 경로를 쉽게 찾아낼 수 있다. 탐색기의 좌측 최상단에는 현재 우리가 보고 있는 폴더의 경로가 표시된다. 마찬가지로 탐색기하단의 파일 아이콘을 보면 입력받고자 하는 외부파일의 명칭을 쉽게 확인할 수 있다. **[3.4. 라이브러리 참조명과 데이터셋의 명칭 설정 규칙]**에서 살펴보겠지만, DATA 스텝을 활용하여 생성한 SAS 데이터셋의 명칭은 그대로 파일명으로 저장된다는 것을 기억해두자.

Note

1. 윈도우즈 탐색기의 구조는 개별 컴퓨터마다 다를 수 있다. [그림 1.10]에 제시된 윈도우즈 탐색기는 일부 기능을 조절하여 보다 사용하기 편리하게 설정한 것이다.
2. 윈도우즈 탐색기에서 폴더 주소창과 파일 확장자 표시 기능을 활성화시켜두면 외부 파일 및 라이브러리 설정시에 더욱 편리하다.

1.4.2. 원시 데이터의 유형에 따른 데이터 파일 전환 절차

SAS를 활용한 데이터 처리를 정확하게 수행하기 위해서는 외부 파일의 유형을 이해하는 것이 반드시 필요하다. 이때 데이터 파일의 유형이 SAS 데이터셋인지의 여부에 따라 고려해야 할 절차가 달라지게 된다. **[그림 1.11]**을 보자.

그림 1.11 파일 유형에 따른 SAS 데이터셋 생성 절차

SAS 데이터셋으로 저장된 원본 데이터는 특별한 추가 절차 없이 데이터셋 조작을 수행할 수 있으나, 외부 파일에 저장된 데이터는 반드시 SAS 데이터셋 전환 절차를 거쳐야만 사용할 수 있다. 이때 데이터가 저장된 파일의 유형에 따라 사용 가능한 전환 방식은 달라질 수 있다. **[표 1.2]**는 파일 확장자에 기초한 데이터 파일 유형 및 SAS 데이터셋 전환 방식을 정리한 것이다.

Note

1. 데이터셋 전환과 조작 기능은 단일 스텝에 함께 구성할 수 있다.
2. DATA 스텝을 처음 접하는 독자라면 반드시 "데이터셋 조작"과 관련된 다양한 프로그래밍 기법들을 익혀야만 데이터를 자유자재로 다룰 수 있다는 것을 기억하자.

표 1.2 데이터 파일 유형 및 SAS 데이터셋 전환 방식

확장자	파일 유형	전환가능여부	
		DATA 스텝	PROC 스텝
TXT	텍스트 파일	○	○
CSV	쉼표로 구분된 텍스트 파일	○	○
XLS	Excel 파일	○	○
MDB	Access 파일	○	○
DBF	dBASE 파일	×	○
POR	SPSS 포터블 파일	○	×
SAV	SPSS 데이터 파일	×	○

1.5. DATA 스텝 구문

DATA 스텝에서 다양한 방식으로 데이터셋을 조작하는 명령어들을 일컬어 **DATA 스텝 구문(DATA step statement)**이라 한다. DATA 스텝 구문은 데이터셋 구성을 위한 각종 정보 및 프로그램 식별을 위한 **선언구문(declarative statement)**과 관측치 단위로 처리를 진행하는 **실행구문(executable statement)**으로 구분한다.

또한, SAS는 구문들의 기능에 따라 **데이터 처리 구문(action), 데이터 제어 구문(control), 변수 정보 설정 구문(information), 파일 처리 구문(file-handling)**의 4가지의 유형으로 구분한다. **[그림 1.12]**를 참고하자.

SAS를 활용한 데이터 작업의 핵심은 **'SAS 구문을 충실히 활용하여 원하는 데이터를 생성'**하는 것이다. 이를 위해 개별 구문을 독립적으로 활용하거나, 여러 종류의 구문을 묶어 복합적으로 구현할 수도 있다.

이 책에서는 **데이터셋 생성 → 라이브러리 관리 → 변수 관리 → 조건부 처리 → 반복 처리 → 배열 처리 → 데이터셋 병합**의 순서로 DATA 스텝 구문의 다양한 기능과 활용법을 집중적으로 소개할 것이다.

Note

1. 선언 구문으로는 [그림 1.12]의 변수 정보 설정 구문들 및 BY, CARDS, END, 구문 라벨, WHERE 구문 등이 있다.
2. "외부 파일 입출력" 관련 구문과 오류 검출 및 로그 생성 관련 구문은 〈SAS DATA STEP - 응용편〉에서 상세히 다룬다.
3. CALL 구문은 SAS 함수의 확장된 버전이라 생각하면 편리하다. 〈SAS DATA STEP - 함수편〉에서 다양한 함수의 기능에 대해 살펴보기로 한다.

	데이터 처리	데이터 제어	변수 정보 설정	파일 처리
주요 기능	변수 생성/수정 오류 검출 로그 생성 관측치 처리	조건부 처리 반복 처리	변수 속성 제어 변수 추가/제거 배열 처리	데이터셋 병합 외부파일 입출력
SAS 구문	할당구문 빈 구문 분할-IF 합 구문 WHERE CALL ABORT OUTPUT DELETE REPLACE STOP ERROR LIST LOSTCARD PUTLOG EXECUTE REDIRECT DESCRIBE REMOVE	GO TO-RETURN IF-THEN/ELSE 구문 라벨 LEAVE LINK-RETURN SELECT CONTINUE DO-END 반복 DO-END DO UNTIL-END DO WHILE-END	ATTRIB DROP KEEP RENAME FORMAT INFORMAT LABEL LENGTH MISSING RETAIN ARRAY 배열 참조	DATA SET MERGE MODIFY UPDATE BY INPUT PUT INFILE FILE CARDS CARDS4 DATALINES DATALINES4

그림 1.12 DATA 스텝 구문의 기능에 따른 구분

Chapter

2

SAS 데이터셋 생성

2.1. DATA 스텝 프로그램의 목적

2.2. 외부 파일 입력

2.3. SAS 데이터셋 입력

2.4. 엑셀 파일 입력과 데이터 불러오기 마법사

2.5. DATA 스텝 내부 처리 과정 (1) - 외부 파일 입력

2.6. DATA 스텝 내부 처리 과정 (2) - SAS 데이터셋 입력

SAS를 활용한 거의 모든 작업(통계처리, 리포트 생성 등)은 **SAS 데이터셋(SAS dataset)**에 기반해서 이루어진다. 따라서, SAS 데이터셋의 작성법을 익히는 것은 SAS를 제대로 사용하기 위한 첫걸음이다. 또한, 데이터셋 생성 시의 내부 처리 과정을 이해하는 것은 변수 생성 및 처리결과를 예상한다거나 프로그램 수정 계획 수립 및 오류 해석, 디버깅 전략 수립에 도움이 된다.

저자의 경험으로는, SAS를 처음 접하는 사용자일 경우 프로그램을 활용하여 SAS 데이터셋을 생성하는 절차가 가장 어려울 수 있다. 하지만, 마우스에 의존하여 SAS 데이터셋을 생성하는 편리함에만 익숙해진다면, 이 책을 읽고 있는 독자 여러분들은 초보를 벗어나는데 어려움이 생길 수도 있을 것이다.

이 장에서 다루는 데이터 입력 방식은 아무런 추가 기능을 지정하지 않은 가장 기초적인 것이다. 즉, **"적당하게 구성된 데이터를 SAS 데이터셋으로 변환하는"** 프로그램을 작성하는 법을 살펴볼 것이다. 또한, DATA 스텝이 수행될 때, **"내부적으로 어떤 일이 벌어지는지"**를 다룰 것이다. 이 장에서 설명할 내부 처리 절차는 보다 전문적인 전산관련 지식을 필요로 하기 때문에, 컴퓨터에 익숙하지 않다면 건너뛰어도 무방하다.

실제적으로 텍스트 파일 등의 형태로 제시되는 외부파일의 구조는 매우 다양하며, 당연히 실무에서 접하는 데이터들은 이 장의 예제 데이터보다 훨씬 복잡하다는 것을 기억하자. SAS가 갖고 있는 최대의 강점은 거의 한계를 찾아보기 힘든 **데이터 조작(data manipulation)**의 편이성이지만, 데이터셋의 생성 절차를 정확하게 이해하지 못한다면 SAS가 보유한 기능을 10%도 사용하지 못하게 될 것이다. 따라서, 이 장에서 다루는 방식에 먼저 익숙해진다면 이 책에서 전반적으로 다룰 데이터 조작 기법을 이해하는 데 많은 도움이 되리라 기대한다.

2.1. DATA 스텝 프로그램의 목적

SAS를 활용한 데이터 요약 및 분석 작업은 항상 SAS 데이터셋을 대상으로 한다. [그림 1.11]에서 잠시 살펴본 바에 따르면, 분석 대상 데이터가 SAS 데이터셋으로 제공되었는지의 여부에 따라 작업 절차가 달라진다는 것을 알 수 있었다. 그러면, 주어진 데이터에 기초하여 실제 SAS 데이터셋을 생성하는 간단한 방법에 대해 살펴보기로 하자.

SAS에서 데이터를 입력하려면 먼저 프로그램 내부에 데이터를 포함시킬 것인지의 여부를 결정해야 한다. 외부 파일 입력방식을 선택했다면 해당 파일의 경로 및 이름을 먼저 확인한 후 프로그램에 정확히 설정해야 한다. [그림 2.1]은 DATA 스텝에 의한 원시 데이터의 SAS 데이터셋 전환을 간단히 묘사한 것이다.

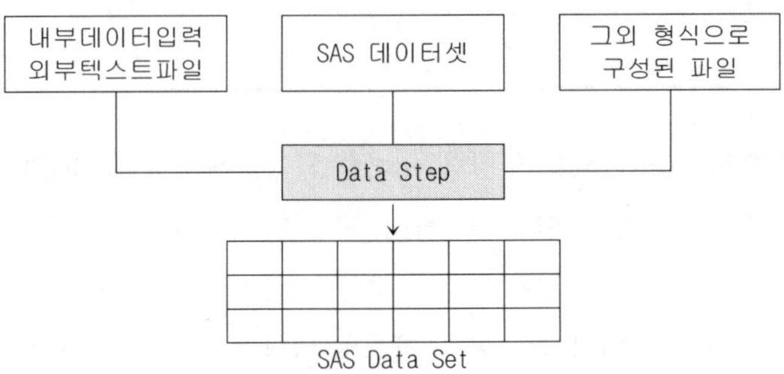

그림 2.1 SAS에 의한 데이터의 조직화 개념

Note

1. 사전에 원본 데이터가 파일로 제공되었다면 굳이 프로그램 내부에 데이터를 함께 입력할 필요는 없으나, 그렇지 않은 경우라면 데이터의 분량이 적은 경우에 한해 내부 데이터 입력 방식을 사용하는 것이 좋다.
2. 대용량 데이터를 프로그램 내부에 삽입하게 되면, SAS 확장 편집기가 정상적으로 동작하지 않을 수 있다는 것을 기억하자.
3. 생성된 데이터셋을 별도로 저장하고자 한다면 SAS 데이터 라이브러리를 설정한 후, 해당 라이브러리로 데이터셋 저장 경로를 변경할 수 있다. 라이브러리 지정 절차를 생략하면 SAS 임시 라이브러리인 WORK에 자동 저장된다. SAS 데이터 라이브러리에 대한 상세한 설명은 [4장. SAS 라이브러리]에서 다룬다.
4. 이 책에서 살펴볼 텍스트 파일들은 아래의 그림과 같이 개별 필드의 처음과 끝을 구별하는데 도움이 되도록 눈금자(rules)를 함께 제시한다. (데이터 입력 오류가 발생되면 해당 데이터는 로그에 눈금자와 함께 출력된다.)

눈금자 →
```
----+----1----+
```
데이터 →
```
2810 61 MOD  F
2804 38 HIGH F
2807 42 LOW  M
```

SAS를 접한지 얼마 되지 않은 독자인 경우 이 장에서 다룰 기초적인 데이터셋 생성 관련 구문들을 우선 이해한다면 SAS 데이터셋을 생성할 때 접하는 어려움들이 훨씬 줄어들 것이다. 먼저 SAS 데이터셋 전환을 위한 기본 구문들에 대해 살펴보도록 하자.

2.2. 외부 파일 입력

2.2.1. 데이터셋의 명명 및 입력 대상 변수명의 지정

DATA 스텝의 시작은 항상 **DATA 구문**으로 시작한다. DATA 구문은 생성할 데이터셋의 이름을 부여하며, DATA 스텝의 시작을 의미한다.

[DATA 스텝 - DATA 구문]

```
DATA output-dataset-name;
```

· output-dataset-name : 생성할 데이터셋의 명칭을 지정한다.

다음으로, 데이터셋을 구성하는 변수를 정의해야 한다. **INPUT 구문**은 원시 데이터의 특정 필드를 데이터셋의 특정 변수에 저장하는 기능을 한다. 원시 데이터 파일의 필드 조직화 형태에 따라 다양한 방식의 입력 유형을 사용할 수 있다. 이 장에서는 자유형식 데이터를 위한 리스트 입력 방식을 사용하며, 이 책의 후반부에서 다양한 입력 유형에 대해 보다 상세히 다룰 것이다.

[DATA 스텝 - INPUT 구문]

```
INPUT variable <$>;
```

· variable : 필드에 할당할 변수명을 지정한다.
· $: 해당 변수가 문자형임을 명시한다. 수치형인 경우에는 삽입하지 않는다.

2.2.2. 프로그램 내부 데이터 입력

SAS는 프로그램에 직접 데이터를 삽입하는 방식인 **프로그램 내부 데이터 입력(instream data line input)** 방식을 지원한다. 프로그램 내부 데이터입력은 텍스트 파일로 저장할 필요가 없는 소규모 데이터에 대해 DATA 스텝을 적용하는 상황에서 유용하다.

[DATA 스텝 - DATALINES(CARDS) 구문 / 빈 구문]

```
datalines(cards);
  ... data lines ...
;
```

· datalines(cards) 구문과 빈 구문(세미콜론으로만 이루어진 구문) 사이에는 프로그램 내부입력에 사용할 데이터를 삽입한다.

Note

1. DATALINES 구문과 CARDS 구문의 기능은 동일하다.
2. DATA 스텝 내에는 단 하나의 DATALINES/CARDS 구문만을 사용할 수 있다.
3. 데이터가 세미콜론을 포함하고 있다면, DATALINES4/CARDS4 구문을 사용하자. 이를 지정하면 빈 구문을 네 개의 세미콜론(;;;;)으로 정의한다.
4. 빈 구문은 DATALINES/CARDS 구문에 의해 입력할 내부 데이터가 마무리되었음을 의미한다. 따라서, 내부 데이터 입력 방식에서는 빈 구문이 수행되는 순간 DATA 스텝 컴파일을 마무리하고 수행 처리한다. 따라서, 빈 구문 뒤에 Run 구문을 반드시 사용하지 않아도 된다.
5. 내부 데이터 입력 방식에서 구분자 등과 같은 다양한 입력 옵션을 설정하려면 INFILE CARDS 구문을 사용한다.

프로그램 2.1 **(프로그램 내부 데이터 입력 예시)**

다음은 신용 평점 모형(Credit Scoring Model) 구축 분야에서 매우 유명한 German Credit 데이터의 일부이다. 변수 v1은 당좌예금계좌상태(status of existing checking account), v2는 거래기간(duration in month), v3는 신용이력(credit history), v4는 구매 목적(purpose), v5는 신용카드 이용금액(credit amount), v6은 예금/채권계좌 저축상태(savings account/bonds)를 의미하는 값으로 구성되어 있다. 프로그램 내부 데이터 입력 방식으로 작성한 DATA 스텝 프로그램 및 로그는 다음과 같다.

SAS 프로그램

```
data GermanCredit;
   input v1 $ v2 v3 $ v4 $ v5 v6 ;
   cards;
1  6 4 3 1169 5
2 48 2 3 5951 1
4 12 4 6 2096 1
1 42 2 2 7882 1
1 24 3 0 4870 1
   ;
```

SAS 로그

```
NOTE: 데이터셋 'WORK.GERMANCREDIT'은(는) 5개
      관측치, 6개 변수를 가지고 있습니다.
NOTE: DATA 문장 실행:
      실행 시간              0.25 초
      cpu 시간               0.03 초
```

로그를 보면 데이터셋의 이름 및 보유한 관측치 및 변수의 개수, 수행 시간과 관련한 정보들을 확인할 수 있다.

2.2.3. 외부 파일의 입력

프로그램 내부 데이터 입력은 소규모 데이터를 프로그램에서 직접 입력하고자 할 경우 효과적이다. 그러나, 대용량 데이터를 프로그램 내부 데이터 입력으로 처리하는 것은 매우 비효율적일 수 있다.

대용량 데이터는 텍스트 파일과 같은 외부 파일 유형으로 별도 저장하는 경우가 대부분이다. 이와 같이 외부 파일을 SAS 데이터셋으로 읽어들이려면 변수명을 설정하기 전에 반드시 **INFILE 구문**을 사용하여 대상 외부 파일명과 경로를 설정해 주어야 한다. INFILE 구문의 일반형은 다음과 같다.

[DATA 스텝 - INFILE 구문]

```
INFILE file-spec  <options>;
```

· file-spec : 사전정의된 파일참조명 또는 실제 파일명 및 경로를 지정할 수 있다.
· options : 입력 파일의 특성과 INFILE 구문이 파일을 어떻게 읽는지를 지정한다.

INFILE 구문에서 사용가능한 **파일정의(file-spec)** 방식은 **[표 2.1]**을 참고하자.

표 2.1 file-spec의 정의방식

구 분	개 념	구문예제
파일참조명	FILENAME 구문에 의해 사전 정의된 파일참조명을 사용한다. 동일한 파일을 여러번 참조해야 하는 상황에서 프로그램을 간략화 시키는 방식으로 유용하다.	filename tests 'c:\exercise.txt'; data temp; infile tests;
완전경로 파일명	따옴표 내에 읽어들일 텍스트 파일의 정확한 경로 및 파일명을 지정한다. 간단한 프로그램을 작성할 경우에 유용하다.	data temp; infile 'c:\exercise.txt';

우리는 이미 **[1.4.1절]**의 **[그림 1.10]**에서 데이터가 저장된 파일의 경로 및 파일명을 식별하는 방법을 살펴보았다. INFILE 구문 및 FILENAME 구문을 올바르게 사용하려면 파일 경로 및 파일명을 정확하게 지정해야 한다는 것을 기억하자.

Note

1. 파일 경로는 윈도우즈 탐색기 주소에 나타나는 외부파일이 저장되어 있는 파일 경로를 복사하여 사용하면 된다. 경로 표시 방식은 탐색기의 도구메뉴에서 〔폴더옵션〕 → 〔보기〕 → 〔주소 표시줄에 전체 경로 표시〕의 설정 여부에 따라 달라질 수 있다.
2. FILENAME 구문의 기능은 〈SAS DATA STEP - 응용편〉에서 상세히 다룬다.

프로그램 2.2 **(완전 경로 파일명을 활용한 INFILE 구문의 지정)**

텍스트 파일 c:\SAS Data Step\german.dat에 〔프로그램 2.1〕에서 다룬 German Credit 데이터가 그대로 저장되어 있다고 하자. INFILE 구문에 파일 경로를 포함한 파일명을 직접 지정하는 완전 경로 파일명 지정 방식을 사용하여 데이터셋 GermanCredit을 생성하는 프로그램은 다음과 같다.

German.TXT

```
----+----1----+
1  6 4 3 1169 5
2 48 2 3 5951 1
4 12 4 6 2096 1
1 42 2 2 7882 1
1 24 3 0 4870 1
```

SAS 프로그램

```
data germancredit;
   infile 'c:\SAS Data Step\german.dat';
   input v1 $ v2 v3 $ v4 $ v5 v6 ;
run;
```

로그를 보면 데이터셋 생성 정보에 더하여 정상적인 경로에 외부 파일이 존재하는지의 여부 및 외부파일에서 읽은 레코드의 개수 및 길이를 확인할 수 있다.

SAS 로그

```
NOTE: The infile 'c:\SAS Data Step\german.dat' is:
      파일 이름=c:\SAS Data Step\german.dat,
      RECFM=V,LRECL=256

NOTE: 5 records were read from the infile 'c:\SAS Data Step\german.dat'.
      최소 레코드 길이는 15입니다.
      최대 레코드 길이는 15입니다.
NOTE: 데이터셋 'WORK.GERMANCREDIT'은(는) 5개 관측치, 6개 변수를 가지고 있습니다.
NOTE: DATA 문장 실행:
      실행 시간           0.01 초
      cpu 시간            0.01 초
```

프로그램 2.3 **(파일 참조명을 활용한 INFILE 구문의 지정)**

이번에는 FILENAME 구문으로 사전에 파일 참조명을 설정한 후 INFILE 구문에 파일 참조명을 사용하는 방식으로 데이터를 입력해보자. 프로그램은 다음과 같다.

German.TXT

```
----+----1----+
1  6 4 3 1169 5
2 48 2 3 5951 1
4 12 4 6 2096 1
1 42 2 2 7882 1
1 24 3 0 4870 1
```

SAS 프로그램

```
filename german 'c:\SAS Data Step\german.dat';
data germancredit;
   infile german;
   input v1 $ v2 v3 $ v4 $ v5 v6 ;
run;
```

파일 참조명을 사용하면 파일 식별 정보에서 완전 경로 파일명 대신 파일 참조명을 확인할 수 있으며, 나머지 부분은 〔프로그램 2.3〕과 동일하게 출력된다.

SAS 로그

```
NOTE: The infile GERMAN is:
      파일 이름=c:WSAS Data StepWgerman.dat,
      RECFM=V,LRECL=256

NOTE: 5 records were read from the infile GERMAN.
      최소 레코드 길이는 15입니다.
      최대 레코드 길이는 15입니다.
```

Note 보다 복잡한 구조로 구성된 데이터 파일을 다루기 위한 INFILE / INPUT 구문 및 FILENAME 구문의 사용법은 〈SAS DATA STEP - 응용편〉에서 다룬다.

2.3. SAS 데이터셋 입력

[그림 2.2]는 이미 존재하는 SAS 데이터셋에 기초하여 새로운 데이터셋을 생성하는 흐름을 정리한 것이다.

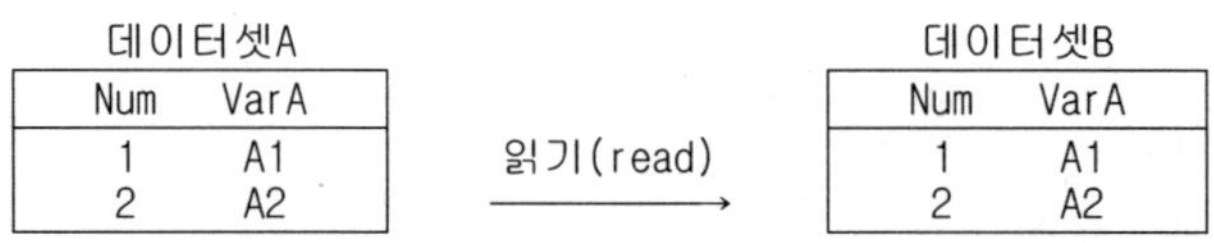

그림 2.2 SAS 데이터셋에 기반한 새로운 데이터셋의 작성

즉, SAS 데이터셋 입력은 기존 데이터셋을 복사(copy)하는 과정에 더해 원본 데이터셋의 변수에 기초한 파생 변수 및 관측치를 프로그래머가 원하는 대로 설정하도록 지원하는 기법이라 할 수 있다. 단일 데이터셋 입력에 사용하는 **SET 구문**의 일반형은 다음과 같다.

[DATA 스텝 - SET 구문]

```
DATA output-dataset-name;
   SET input-dataset-name;
RUN;
```

- output-dataset-name : 생성하고자 하는 데이터셋의 이름을 지정한다.
- input-dataset-name : 입력할 SAS 데이터셋의 이름을 지정한다.

프로그램 2.4 **(구분자를 포함한 데이터를 위한 INFILE CARDS 구문의 사용)**

〔프로그램 2.3〕에서 생성한 데이터셋 MyLib.GermanCredit를 SET 구문으로 복사한 데이터셋 MyLib.GermanCredit2를 작성하는 프로그램 및 로그는 다음과 같다.

SAS 프로그램

```
data GermanCredit2;
   set GermanCredit;
run;
```

SAS 로그

```
25    data mylib.GermanCredit2;
26       set mylib.GermanCredit
27    run;

NOTE: 5개의 관측치를 데이터셋 GERMANCREDIT.
      (으)로부터 읽었습니다.
NOTE: 데이터셋 'GERMANCREDIT2'은(는) 5개 관측치,
      6개 변수를 가지고 있습니다.
NOTE: DATA 문장 실행:
      실행 시간              0.00 초
      cpu 시간               0.00 초
```

2.4. 엑셀 파일 입력과 데이터 불러오기 마법사

분석을 위한 데이터를 정리할 때, 많은 경우 엑셀 또는 DB 등의 비텍스트 파일(non-text file) 형태로 데이터를 정리한다. 비텍스트 파일을 SAS 데이터셋으로 변환하려면 SAS에서 제공하는 데이터 불러오기 마법사 기능을 사용한다.

데이터 불러오기 마법사(import wizard)는 널리 사용되는 스프레드시트나 데이터베이스 파일 유형들을 **PROC IMPORT**에 기반하여 마우스 조작만으로 비텍스트 파일을 SAS 데이터셋으로 간단하게 변환한다. 에디터를 이용하여 직접 프로그램을 작성할 수도 있으나, 그렇게 복잡하지 않은 데이터 형태라면 데이터 불러오기 마법사를 이용하여 데이터를 불러오는 것이 좀더 수월할 것이다.

Note

1. 데이터 불러오기 마법사 및 PROC IMPORT는 텍스트 파일의 입력도 지원한다. 이 절에서는 엑셀 파일의 입력만을 간단히 살펴보도록 한다.
2. PROC IMPORT는 SAS V8 이후 버전부터 지원한다. PROC IMPORT의 다양한 기능은 〈SAS DATA STEP - 응용편〉을 참고하자.

이제, 실제 파일을 SAS 데이터셋으로 전환해보자. **[그림 2.3]**에 제시된 엑셀파일 **"C:\SAS Data Step\data.xls"**를 데이터 불러오기 마법사를 통해 SAS 데이터셋 DATA를 생성할 것이다.

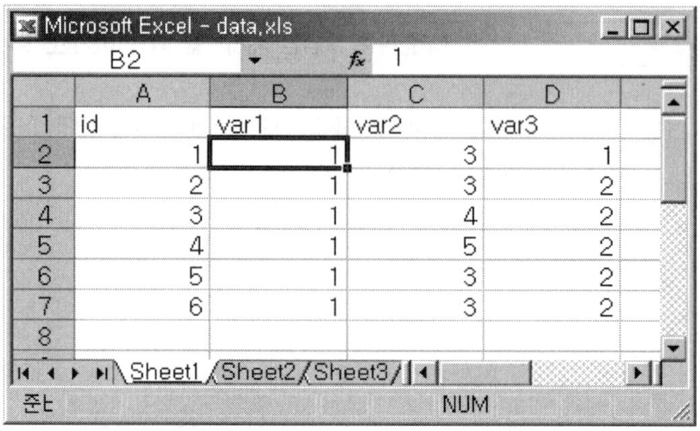

그림 2.3 엑셀 파일 C:\DATA.XLS

2.4.1. 입력 데이터파일의 형태 선택

데이터 불러오기 마법사는 SAS의 파일 메뉴에 위치한다.

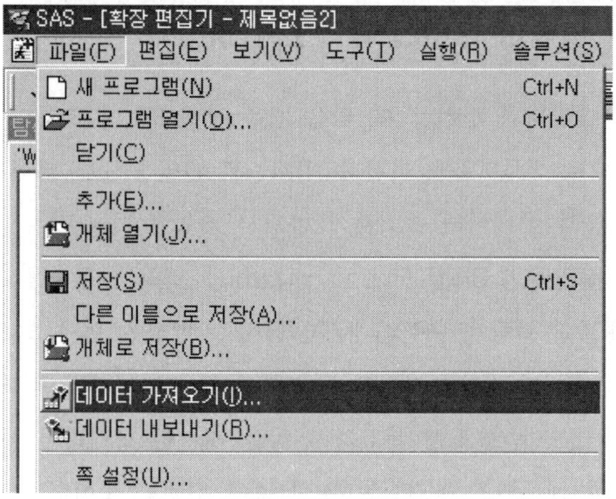

그림 2.4 [Step 1] - 데이터 불러오기 마법사 선택

메뉴를 클릭하면 [그림 2.5]와 같은 팝업 메뉴가 나타난다. 메뉴 내의 데이터 소스를 선택하는 풀다운 메뉴를 클릭하면 입력가능한 파일 유형의 리스트를 확인할 수 있다. 여기서 "Microsoft Excel 97, 2000 or 2002 Workbook"을 선택한 후 Next를 클릭한다.

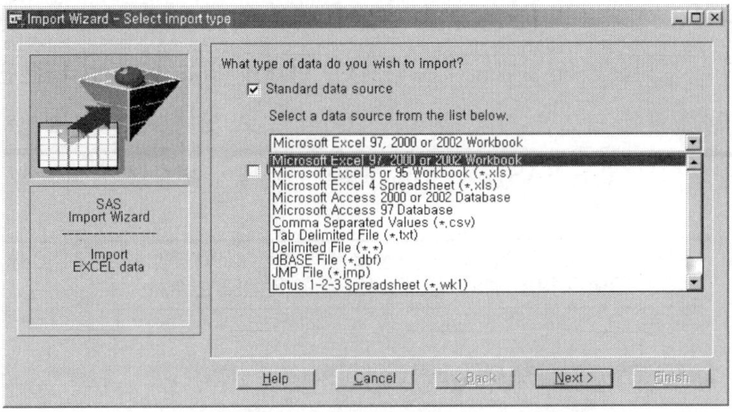

그림 2.5 [Step 2] 원본 데이터 파일 유형 선택

2.4.2. 파일의 위치 선택

다음 단계로 넘어가면 **[그림 2.6]**과 같이 데이터 파일 원본의 경로를 설정하기 위한 팝업메뉴가 나타난다.

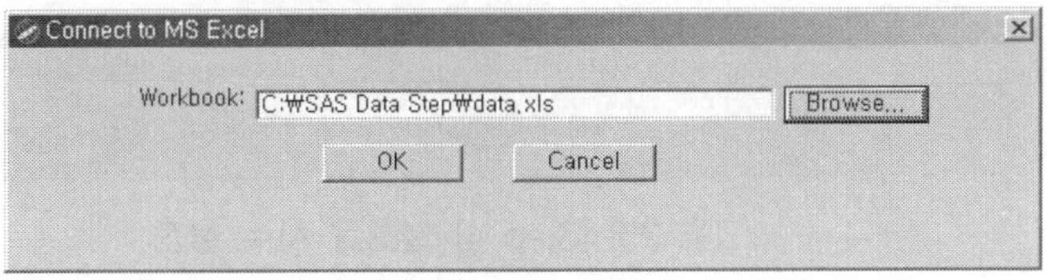

그림 2.6 [Step 3] 원본 데이터 파일 경로 설정

팝업메뉴에서 **Browse 버튼**을 누르면 **[그림 2.7]**과 같이 파일을 선택할 수 있는 탐색기 창이 뜬다. 여기서 원하는 파일을 찾아 선택한다.

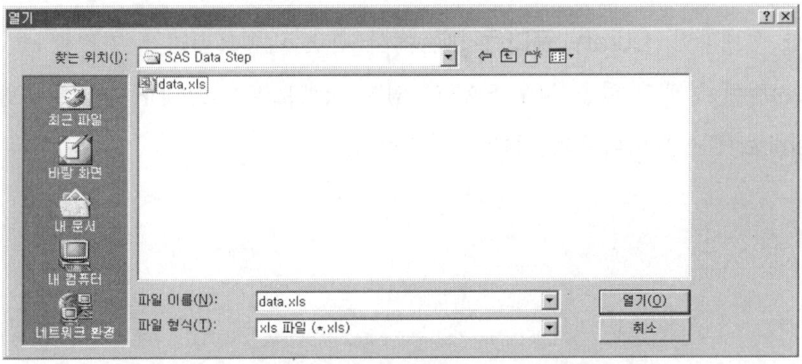

그림 2.7 [Step 3] 파일 선택을 위한 팝업 메뉴

파일을 선택하면 [그림 2.8]과 같이 엑셀 파일 내의 어떤 시트(sheet)를 읽을 것인지를 선택하는 팝업메뉴가 나타난다. 아래에 있는 **Option 버튼**을 클릭하면 엑셀 파일 입력에 필요한 여러 옵션을 선택할 수도 있다. 옵션을 설정하지 않고 다음 단계로 넘어갈 경우 SAS는 데이터 파일의 첫 행이 변수명이 되도록 설정한다.

Note 문자형 데이터가 있는 경우 옵션을 통해 반드시 적당한 변수의 길이를 설정해 주어야 한다. 그렇지 않을 경우 필요이상으로 긴 문자열 변수가 생성된다는 점에 유의하자.

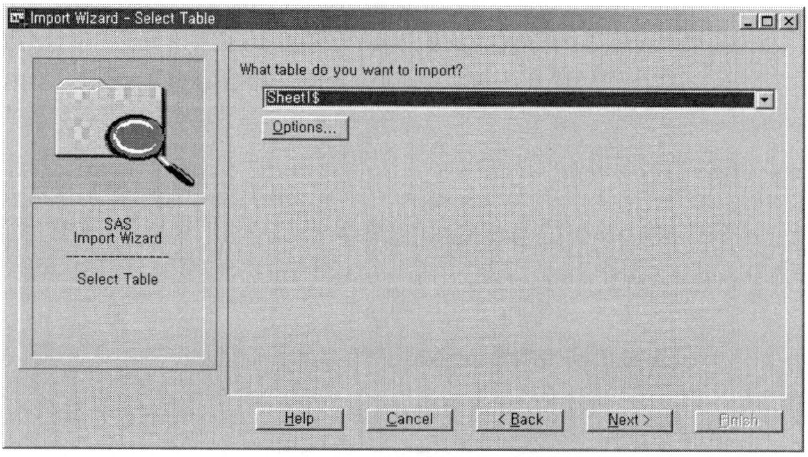

그림 2.8 [Step 4] 불러올 시트 설정

2.4.3. 라이브러리의 설정 및 데이터셋 이름 설정

파일의 경로가 지정되었다면 변환된 SAS 데이터셋이 저장될 라이브러리와 데이터셋 이름을 설정해 주어야 한다. LIBNAME 구문을 이용하여 영구 라이브러리를 지정한 상태라면, Library **풀다운 메뉴**에서 관련 라이브러리를 지정할 수 있다. 특별히 지정된 경로가 없을 경우 SAS의 임시 디렉토리인 WORK를 지정하면 무난하다. Member에는 데이터셋의 이름을 설정한다.

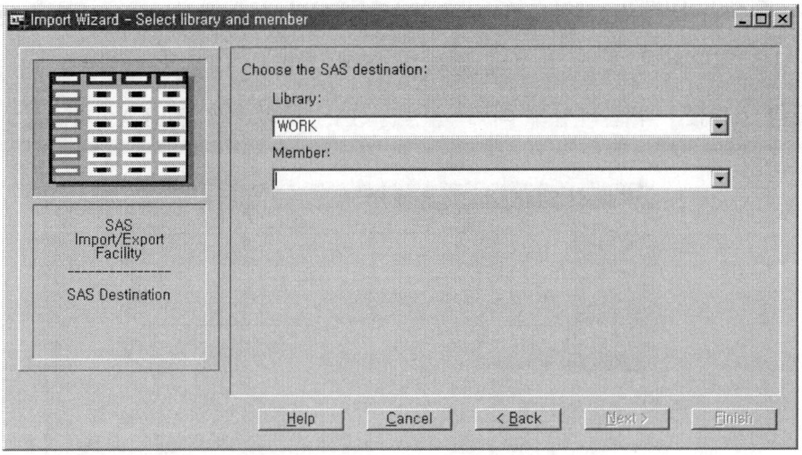

그림 2.9 [Step 5] 출력데이터셋의 라이브러리 및 데이터셋 이름 설정

2.4.4. SAS 구문 생성 및 데이터셋 생성 완료

데이터셋 생성이 이제 거의 완료되었다. 파일 생성을 마무리하기 직전 단계로, 지금까지 마우스로 지정했던 여러 가지 작업들을 PROC IMPORT로 구성된 SAS파일로 지정할 수 있도록 [그림 2.10]과 같은 팝업 메뉴가 나타난다.

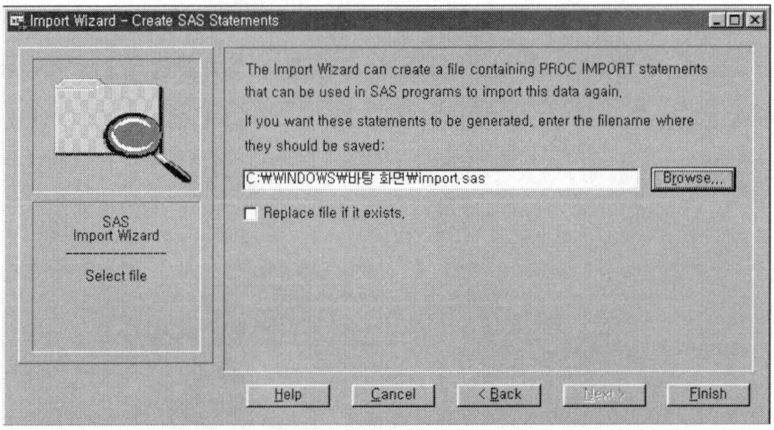

그림 2.10 [Step 6] 데이터셋 저장 완료

여기서, 텍스트 박스에 적당한 경로와 파일이름을 설정하면 PROC IMPORT로 구성된 프로그램 파일이 생성된다. 프로그램을 별도로 저장할 필요가 없다면 공란으로 설정한다.

Finish **버튼**을 클릭하면 바로 SAS 데이터셋이 생성된다. 이렇게 생성된 데이터셋을 이용하여 통계 분석과 같은 SAS에 기반한 다양한 작업을 수행할 수 있다. [그림 2.11]은 엑셀 파일에 의해 생성된 SAS 데이터셋 DATA이다.

VIEWTABLE: Work.Data

	id	var1	var2	var3
1	1	1	3	1
2	2	1	3	2
3	3	1	4	2
4	4	1	5	2
5	5	1	3	2
6	6	1	3	2

그림 2.11 SAS 데이터셋 DATA

2.5. DATA 스텝 내부 처리 과정 (1) - 외부 파일 입력

DATA 스텝 프로그램을 수행하면 SAS는 대상 데이터를 읽어들여 새로운 데이터셋을 생성한다. 이 과정에서 어떤 일들이 일어나는지 살펴보자.

DATA 스텝은 두가지 단계로 처리된다. **컴파일단계**(compilation phase)에서는 각 구문들이 문법 오류를 갖고 있는지 검색한다. 컴파일단계에서 발생하는 문법 오류는 보통 DATA 스텝 처리의 진행을 정지시킨다. 컴파일단계가 완료되면 데이터셋의 각종 정보를 담고 있는 요약정보 영역이 생성된다.

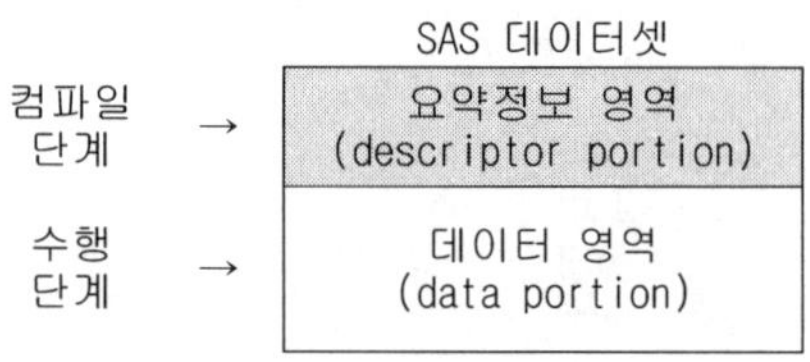

그림 2.12 DATA 스텝 단계별 생성영역

DATA 스텝의 컴파일이 성공적으로 완료되면 **수행단계**(execution phase)가 시작된다. 수행단계가 진행되는 동안 DATA 스텝은 입력 데이터를 읽고, 정의된 구문에 의해 다양한 처리를 진행한다.

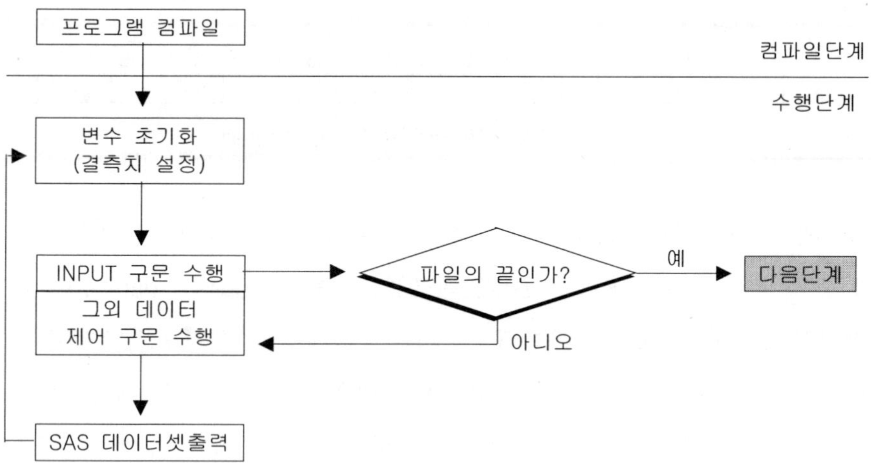

그림 2.13 DATA 스텝 작업흐름도

[그림 2.13]은 원시데이터를 읽기 위한 DATA 스텝 처리의 일반적인 흐름을 제시한 것이다. SAS 데이터셋을 읽어 오는 DATA 스텝 처리 흐름도 이와 유사하다. 그러면, 원시 데이터 및 SAS 데이터셋을 입력 처리하기 위한 컴파일 단계 및 수행 단계의 내부처리 과정을 살펴보도록 하자.

Note 이 절은 SAS의 하드웨어적인 처리 과정을 다루기 때문에 상대적으로 어렵게 느껴질 수 있다. 이해하기에 어려움이 있다면 건너뛰어도 무방하다.

2.5.1. 외부 파일 입력 컴파일단계 (1) - 입력 버퍼의 생성

SAS 데이터셋으로 전환할 외부 파일을 지정하기 위해 **FILENAME 구문**으로 **파일 참조명** 'Invent'를 수행하자.

```
filename Invent 'c:\SAS Data Step\Invent.dat';
```

그림 2.14 라이브러리참조명/파일참조명의 할당

컴파일단계의 시작시, 메모리 영역 내에 **입력 버퍼(input buffer)**가 텍스트 파일로부터 레코드를 읽어들이기 위하여 생성된다. 입력 버퍼는 텍스트 파일 또는 내부 데이터 입력 방식으로 원시 데이터를 직접 입력할 경우에만 생성되며, SAS 데이터셋을 입력하는 경우에는 생성되지 않는다. 또한 입력 버퍼는 메모리에 생성되는 논리적인 단위이다.

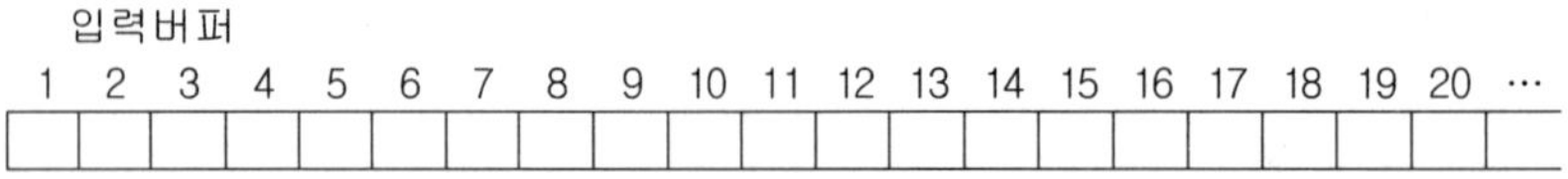

그림 2.15 입력버퍼(Input Buffer)

2.5.2. 외부 파일 입력 컴파일단계 (2) - 프로그램 데이터 벡터 생성

입력 버퍼가 생성된 후에는 **프로그램 데이터 벡터(program data vector, PDV)**가 생성된다. PDV는 SAS가 데이터셋을 구축하는 메모리 영역으로, 한번에 하나의 관측치로 구성된다. 입력 버퍼와 마찬가지로 PDV 역시 논리적인 개념에 해당한다.

PDV는 데이터셋의 각종 처리에 사용되지만 실제 데이터셋에는 저장되지 않는 두 개의 **자동 변수(automatic variables)**를 갖는다. _N_ 은 DATA 스텝이 수행된 횟수가 입력되며, _ERROR_는 수행단계동안 해당 레코드의 오류 발생 여부를 저장한다. _ERROR_의 기본값은 0이며, 오류가 나타났을 경우에는 1로 설정된다.

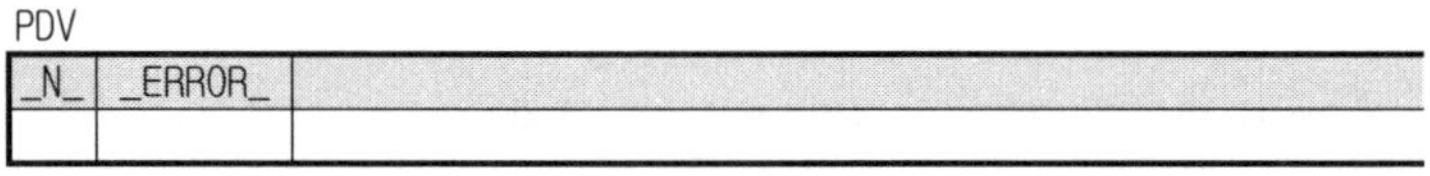

그림 2.16 최초 생성된 프로그램 데이터벡터(PDV) 및 자동생성변수

컴파일단계 동안 SAS는 DATA 스텝 내의 각 구문을 검색하여 문법 오류를 찾아낸다. 여기서 문법 오류는 예약어의 누락, 철자 오류, 유효하지 않은 변수명, 결측 또는 잘못 찍혀진 마침표, 유효하지 않은 옵션들을 포함한다.

> **Note**
> 1. 임시변수 _n_은 관측치의 행번호를 의미한다.
> 2. IF 구문에서는 임시변수 _n_을 사용할 수 있지만, WHERE 구문에서는 사용할 수 없다. [프로그램 8.7]을 참고하자.

2.5.3. 외부 파일 입력 컴파일단계 (3) - PDV에 정의된 변수의 속성 설정

INPUT 구문이 컴파일 되면, 생성될 데이터셋 내의 각 변수들에 대한 속성이 PDV 슬롯에 추가된다. 일반적으로 길이(length), 형태(type)와 같은 변수의 속성은 변수를 제어하는 최초 시점, 즉 데이터셋 구성 단계에서 결정된다.

```
data invent;
   infile invent;
   input Item $ IDnum $ InStock BackOrd;
   Total=instock+backord;
run;
```

PDV

_N_	_ERROR_	Item	IDnum	InStock	BackOrd	

그림 2.17 최초 데이터 입력시 생성되는 PDV

DATA 스텝 내의 할당 구문에 의해 생성된 변수들 역시 PDV에 추가된다. [그림 2.18]에서 적용된 할당 구문은 변수 Total을 생성한다. 할당 구문에 의해 생성된 변수는 해당 구문이 컴파일된 다음 PDV에 추가되며, 생성된 변수의 속성은 할당 구문에 적용된 표현식에 의해 결정된다. 제시된 예제에서 표현식은 수치형 값을 계산하기 때문에, Total은 수치형 변수로 정의되며 길이는 기본값인 8이 할당된다.

```
data invent;
   infile invent;
   input Item $ IDnum $ InStock BackOrd ;
   Total=instock+backord;
run;
```

PDV

_N_	_ERROR_	Item	IDnum	InStock	BackOrd	Total

그림 2.18 할당 구문이 반영된 PDV

2.5.4. 외부 파일 입력 컴파일단계 (4) - 요약정보 영역의 생성

DATA 스텝의 마지막 부분(RUN 구문)이 나타나면 컴파일 단계가 종료된다. 이때 데이터셋 이름, 관측치 및 변수의 개수, 변수의 이름 및 속성, 생성된 파일의 물리적 속성 등의 정보로 구성된 **요약정보 영역(descriptor portion)**을 생성한다.

> **Note** SAS 데이터셋의 요약정보 영역을 살펴보려면 PROC CONTENTS 또는 SAS 탐색기를 사용한다. PROC CONTENTS에 대한 상세한 내용은 〈SAS PROC STEP - 데이터처리편〉에서 다룬다.

```
데이터셋 이름  WORK.INVENT                                    관측치         7
멤버 유형      DATA                                           변수           5
엔진           V9                                             인덱스         0
생성일         2007년 07월 22일 일 오후 10시02분46초          관측치 길이    40
마지막 수정일  2007년 07월 22일 일 오후 10시02분46초          삭제된 관측치  0
보호                                                          압축여부       아니오
데이터셋 유형                                                 정렬           아니오
라벨
데이터 표현    WINDOWS_32
엔코딩         euc-kr  Korean (EUC)


                         엔진/호스트 관련 정보

     데이터셋 페이지 크기                  4096
     데이터셋 페이지 번호                  1
     첫 번째 데이터 페이지                 1
     페이지 당 최대 관측치 수              101
     첫 번째 데이터 페이지의 관측치 수     7
     데이터셋 수리의 번호                  0
     파일 이름                             ...(SAS WORK 라이브러리의 실제 경로)...
     생성된 릴리즈                         9.0101M3
     생성된 호스트                         WIN_PRO


                       변수와 속성 리스트(오름차순)

                       #    변수        유형     길이

                       4    BackOrd     수치        8
                       2    IDnum       문자        8
                       3    InStock     수치        8
                       1    Item        문자        8
                       5    Total       수치        8
```

그림 2.19 데이터셋 요약정보영역 (PROC CONTENTS 출력결과)

2.5.5. 외부 파일 입력 수행단계 (1) - 데이터 영역의 생성

DATA 스텝의 컴파일단계는 수행단계의 준비과정이다. 수행단계를 거치면서 실제 데이터값으로 구성된 **데이터 영역**(data portion)이 생성된다.

수행단계가 진행되는 동안, 입력 텍스트 파일 내의 개별 관측치를 읽어서 PDV 내에 저장한 후 관측치를 새로운 데이터셋에 작성한다. 추가적인 DATA 스텝 구문을 이용한 제어를 하지 않았다면, DATA 스텝은 입력 파일 내 개별 레코드에 대한 처리를 단 한 번 수행한다.

[그림 2.20]의 DATA 스텝 프로그램은 **파일 참조명** Invent로부터 데이터를 읽어들이며 파일 내에 7개의 레코드가 있으므로 7번의 실행을 반복한다. 지금부터 DATA 스텝의 수행과정을 단계별로 살펴보기로 하자.

```
data invent;
   infile invent;
   input Item $ IDnum $ InStock BackOrd;
   Total=instock+backord;
run;
```

```
----+----1----+----2
Feeder LG088  3 20
Mugs SB082  6 12
Tray BQ049 12  6
Padded MN256 15 20
Jewelry AJ498 23  0
Apron AQ072  9 12
Crystal AQ672 27  0
```

그림 2.20 텍스트 파일 Invent 및 데이터입력을 위한 DATA 스텝 프로그램

2.5.6. 외부 파일 입력 수행단계 (2) - 변수의 초기화 및 데이터 입력

수행단계가 시작되면 _N_의 값은 1로 설정된다. 또한 데이터 오류가 없으므로 _ERROR_의 값이 0으로 설정된 후 남은 변수들은 결측치로 초기화된다. 이때 수치형 결측치는 마침표로, 문자형 결측치는 공백 문자로 재표현 된다.

```
data invent;
   infile invent;
   input Item $ IDnum $ InStock
        BackOrd ;
   Total=instock+backord;
run;
```

PDV

_N_	_ERROR_	Item	IDnum	InStock	BackOrd	Total
1	0			.	.	.

결측치 초기화

그림 2.21 [Step 1] 변수의 초기화

다음으로 INFILE 구문은 원시데이터의 위치를 식별한다.

```
data invent;
   infile invent;
   input Item $ IDnum $ InStock BackOrd ;
   Total=instock+backord;
run;
```

PDV

_N_	_ERROR_	Item	IDnum	InStock	BackOrd	Total
1	0			.	.	.

Invent.TXT

```
----+----1----+----2
Feeder LG088  3 20
Mugs SB082  6 12
Tray BQ049 12  6
Padded MN256 15 20
Jewelry AJ498 23  0
Apron AQ072  9 12
Crystal AQ672 27  0
```

그림 2.22 [Step 2] 텍스트 파일의 식별

2.5.7. 외부 파일 입력 수행단계 (3) - 입력 포인터(Input Pointer)

INPUT 구문이 레코드로부터 데이터값을 읽을 때 현재 레코드의 위치를 기억하기 위하여 입력 포인터를 사용한다. 입력 포인터는 첫 번째 레코드의 1열에 위치하며, INPUT 구문이 실행되면 원시데이터의 1행 1열을 읽어서 PDV의 Item에 할당한다.

```
data invent;
   infile invent;
   input Item $ IDnum $ InStock BackOrd ;
   Total=instock+backord;
run;
```

PDV

_N_	_ERROR_	Item	IDnum	InStock	BackOrd	Total
1	0	Feeder		.	.	.

Invent.TXT

```
V---+----1----+----2
Feeder LG088  3 20
Mugs SB082  6 12
Tray BQ049 12  6
Padded MN256 15 20
Jewelry AJ498 23  0
Apron AQ072  9 12
Crystal AQ672 27  0
```

그림 2.23 [Step 3] 입력포인터의 초기화

입력포인터는 현재 8열에 머무르고 있다. 리스트 입력에서는 특별히 지정하지 않으면 다음 필드 직전으로 입력 포인터가 이동한다. 이 절차를 반복하다 마지막 열을 읽게 되면 이동을 즉시 중단한다.

```
data invent;
   infile invent;
   input Item $ IDnum $ InStock BackOrd ;
   Total=instock+backord;
run;
```

PDV

_N_	_ERROR_	Item	IDnum	InStock	BackOrd	Total
1	0	Feeder		.	.	.

Invent.TXT

```
----+--V-1----+----2
Feeder LG088  3 20
Mugs SB082  6 12
Tray BQ049 12  6
Padded MN256 15 20
Jewelry AJ498 23  0
Apron AQ072  9 12
Crystal AQ672 27  0
```

그림 2.24 [Step 4] 문자형 변수 Item 입력 후의 입력 포인터 위치

다음으로 8-12열의 데이터를 읽은 후 PDV 내의 IDnum에 할당한다.

```
data invent;
   infile invent;
   input Item $ IDnum $ InStock BackOrd ;
   Total=instock+backord;
run;
```

PDV

_N_	_ERROR_	Item	IDnum	InStock	BackOrd	Total
1	0	Bird Feeder	LG088	.	.	.

Invent.TXT

```
----+----1----+----2
Feeder LG088  3 20
Mugs SB082  6 12
Tray BQ049 12  6
Padded MN256 15 20
Jewelry AJ498 23  0
Apron AQ072  9 12
Crystal AQ672 27  0
```

그림 2.25 [Step 5] 문자형변수 IDnum 입력 후의 입력포인터 위치

15열에서 InStock을 읽고, 17-18열에서 BackOrd의 값을 읽는다.

```
data invent;
   infile invent;
   input Item $ IDnum $ InStock BackOrd ;
   Total=instock+backord;
run;
```

PDV

_N_	_ERROR_	Item	IDnum	InStock	BackOrd	Total
1	0	Bird Feeder	LG088	3	20	.

Invent.TXT

```
----+----1----V----2
Feeder LG088  3 20
Mugs SB082  6 12
Tray BQ049 12  6
Padded MN256 15 20
Jewelry AJ498 23  0
Apron AQ072  9 12
Crystal AQ672 27  0
```

그림 2.26 [Step 6] 원시데이터 입력 종료 후의 입력포인터 위치

마지막으로 Total의 값을 생성하는 할당 구문이 수행된다.

```
data invent;
   infile invent;
   input Item $ IDnum $ InStock BackOrd ;
   Total=instock+backord;
run;
```

PDV

_N_	_ERROR_	Item	IDnum	InStock	BackOrd	Total
1	0	Feeder	LG088	3	20	23

InStock + BackOrd = Total

Invent.TXT

```
----+----1----+---V2
Feeder LG088  3 20
Mugs SB082  6 12
Tray BQ049 12  6
Padded MN256 15 20
Jewelry AJ498 23  0
Apron AQ072  9 12
Crystal AQ672 27  0
```

그림 2.27 [Step 7] 할당 구문의 수행

2.5.8. 외부 파일 입력 수행단계 (4) - DATA 스텝의 종료

DATA 스텝의 종료지점에 도달하면 세 가지 처리가 일어난다. 먼저, PDV 내의 값을 데이터셋의 첫 번째 관측치에 작성한다.

```
data invent;
   infile invent;
   input Item $ IDnum $ InStock BackOrd ;
   Total=instock+backord;
run;
```

PDV

_N_	_ERROR_	Item	IDnum	InStock	BackOrd	Total
1	0	Feeder	LG088	3	20	23

Invent.TXT

```
----+----1----+----2
Feeder LG088  3 20
Mugs SB082  6 12
Tray BQ049 12  6
Padded MN256 15 20
Jewelry AJ498 23  0
Apron AQ072  9 12
Crystal AQ672 27  0
```

데이터셋 INVENT

Item	IDnum	InStock	BackOrd	Total
Bird Feeder	LG088	3	20	23

그림 2.28 [Step 8} 첫 번째 DATA 스텝 완료

다음으로, DATA 스텝의 맨 처음으로 돌아가서, PDV 내의 변수값을 결측치로 재설정한다. 자동 변수들은 이전 값을 그대로 갖고 있다는 것에 주의하자.

```
data invent;
   infile invent;
   input Item $ IDnum $ InStock BackOrd ;
   Total=instock+backord;
run;
```

Invent.TXT

```
----+----1----+----2
Feeder LG088  3 20
Mugs SB082  6 12
Tray BQ049 12  6
Padded MN256 15 20
Jewelry AJ498 23  0
Apron AQ072  9 12
Crystal AQ672 27  0
```

PDV

_N_	_ERROR_	Item	IDnum	InStock	BackOrd	Total
1	0			.	.	.

결측치로 초기화 (Item ~ Total)

데이터셋 INVENT

Item	IDnum	InStock	BackOrd	Total
Feeder	LG088	3	20	23

그림 2.29 [Step 9] PDV 초기화

Note

1. 텍스트 파일에 의해 입력되는 변수값이 저장되는 PDV는 매 반복이 시작될 때마다 결측치로 초기화된다는 것을 기억하자. 반면에 SAS 데이터셋으로부터 변수를 읽을 경우에는 DATA 스텝의 최초 반복시에만 결측으로 설정한다.
2. RETAIN 구문에 지정된 변수, 합 구문에 의해 생성된 변수, FILE 또는 INFILE 구문 내의 옵션에 의해 생성된 변수, _TEMPORARY_ 배열 내의 데이터 원소, 자동 변수들은 결측으로 설정하지 않는다.

2.5.9. 외부 파일 입력 수행단계 (5) - DATA 스텝의 반복

[그림 2.21]~[그림 2.29]에서 다룬 과정들은 사전 컴파일된 DATA 스텝 프로그램에 의해 매 관측치에 동일하게 적용된다. 이를 **DATA 스텝의 반복**(replication)이라 한다. [그림 2.30]은 반복의 개념을 정리한 것이다.

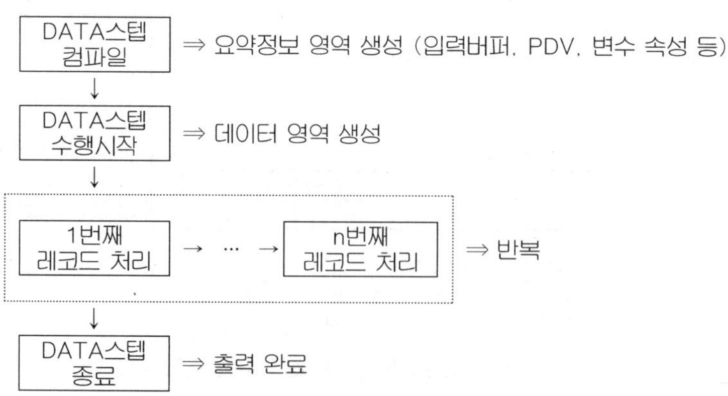

그림 2.30 DATA 스텝 반복의 개념

다시, 예제 DATA 스텝으로 돌아가자. 두 번째 반복이 시작되면 _N_의 값은 2로 설정되며, 데이터의 오류가 없기 때문에 _ERROR_의 값은 여전히 0으로 설정된다. 첫 번째 레코드의 입력을 완료했으므로 두 번째 레코드의 1열에 입력 포인터가 정지한다. INPUT 구문이 수행되면 두 번째 레코드의 값을 PDV 내에 읽어들인다. 다음으로 할당 구문에 의해 Total의 값을 계산한다.

```
data invent;
   infile invent;
   input Item $ IDnum $ InStock BackOrd ;
   Total=instock+backord;
run;
```

PDV

_N_	_ERROR_	Item	IDnum	InStock	BackOrd	Total
2	0			.	.	.

데이터셋 INVENT

Item	IDnum	InStock	BackOrd	Total
Feeder	LG088	3	20	23

Invent.TXT

```
----+----1----+----2
Feeder LG088  3 20
Mugs SB082  6 12
Tray BQ049 12  6
Padded MN256 15 20
Jewelry AJ498 23  0
Apron AQ072  9 12
Crystal AQ672 27  0
```

그림 2.31 [Step 10] DATA 스텝의 두 번째 반복 시작

```
data invent;
   infile invent;
   input Item $ IDnum $ InStock BackOrd ;
   Total=instock+backord;
run;
```

PDV

_N_	_ERROR_	Item	IDnum	InStock	BackOrd	Total
2	0	Mugs	SB082	6	12	.

데이터셋 INVENT

Item	IDnum	InStock	BackOrd	Total
Feeder	LG088	3	20	23

Invent.TXT

```
----+----1----+----2
Feeder LG088  3 20
Mugs SB082  6 12
Tray BQ049 12  6
Padded MN256 15 20
Jewelry AJ498 23  0
Apron AQ072  9 12
Crystal AQ672 27  0
```

그림 2.32 [Step 11] 텍스트 파일의 두 번째 레코드 입력

```
data invent;
   infile invent;
   input Item $ IDnum $ InStock BackOrd ;
   Total=instock+backord;
run;
```

PDV

_N_	_ERROR_	Item	IDnum	InStock	BackOrd	Total
2	0	Mugs	SB082	6	12	18

(InStock + BackOrd = Total)

데이터셋 INVENT

Item	IDnum	InStock	BackOrd	Total
Feeder	LG088	3	20	23

Invent.TXT

```
----+----1----+----2
Feeder LG088  3 20
Mugs SB082  6 12
Tray BQ049 12  6
Padded MN256 15 20
Jewelry AJ498 23  0
Apron AQ072  9 12
Crystal AQ672 27  0
```

그림 2.33 [Step 12] 두 번째 레코드의 값에 의한 할당 구문의 처리

DATA 스텝의 끝부분에 도달하면 PDV 내의 값을 두 번째 관측치로 처리하여 SAS 데이터셋에 작성한다.

```
data invent;
   infile invent;
   input Item $ IDnum $ InStock BackOrd ;
   Total=instock+backord;
run;
```

Invent.TXT

```
----+----1----+----2
Feeder LG088  3 20
Mugs SB082  6 12
Tray BQ049 12  6
Padded MN256 15 20
Jewelry AJ498 23  0
Apron AQ072  9 12
Crystal AQ672 27  0
```

PDV

_N_	_ERROR_	Item	IDnum	InStock	BackOrd	Total
2	0	6 Glass Mugs	SB082	6	12	.

데이터셋 INVENT

Item	IDnum	InStock	BackOrd	Total
Bird Feeder	LG088	3	20	23
6 Glass Mugs	SB082	6	12	18

그림 2.34 [Step 13] 두 번째 레코드에 대한 DATA 스텝 완료

작성이 완료되면 다시 DATA 스텝 프로그램의 맨 처음으로 돌아가서 Item, IDnum, InStock, BackOrd 및 Total의 값을 결측으로 재설정 한다.

```
data invent;
   infile invent;
   input Item $ IDnum $ InStock BackOrd ;
   Total=instock+backord;
run;
```

Invent.TXT

```
----+----1----+----2
Feeder LG088  3 20
Mugs SB082  6 12
Tray BQ049 12  6
Padded MN256 15 20
Jewelry AJ498 23  0
Apron AQ072  9 12
Crystal AQ672 27  0
```

PDV

_N_	_ERROR_	Item	IDnum	InStock	BackOrd	Total
1	0			.	.	.

결측치 재설정

데이터셋 INVENT

Item	IDnum	InStock	BackOrd	Total
Bird Feeder	LG088	3	20	23
6 Glass Mugs	SB082	6	12	18

그림 2.35 [Step 14] PDV 초기화

2.5.10. 외부 파일 입력 수행단계 (6) - 데이터셋 생성 및 수행 단계 종료

수행단계는 이와 같은 방식으로 텍스트 파일 내의 **파일 종료 표시(End-of-File Marker)**에 도달할 때까지 계속된다. 텍스트 파일 내에 더 이상의 읽어들일 레코드가 없다면, 생성된 데이터셋의 데이터 영역을 완성한다.

Invent.TXT

```
----+----1----+----2
Feeder LG088  3 20
Mugs SB082  6 12
Tray BQ049 12  6
Padded MN256 15 20
Jewelry AJ498 23  0
Apron AQ072  9 12
Crystal AQ672 27  0
```

데이터셋 INVENT

Item	IDnum	InStock	BackOrd	Total
Feeder	LG088	3	20	23
Mugs	SB082	6	12	18
Tray	BQ049	12	6	18
Padded	MN256	15	20	35
Jewelry	AJ498	23	0	23
Apron	AQ072	9	12	21
Crystal	AQ672	27	0	27

그림 2.36 최종 SAS 데이터셋 생성

수행단계가 마무리되면 SAS는 로그에 데이터 입력 과정에서 발생한 정보 및 수행시간을 출력한다. 만일, 정상적인 입력처리가 이루어지지 않았다면, 오류메시지도 함께 출력될 것이다. PROC PRINT를 사용하여 데이터셋이 어떻게 저장되었는지를 반드시 습관적으로 살펴보자.

```
NOTE: 7 records were read from the infile INVENT.
      The minimum record length was 25.
      The maximum record length was 26.
NOTE: 데이터셋 'invent'은(는) 7개 관측치, 5개 변수를 가지고 있습니다.
NOTE: DATA 문장 실행:
      실행 시간          0.09 초
      cpu 시간           0.03 초
```

그림 2.37 최종 SAS 로그

2.6. DATA 스텝 내부 처리 과정 (2) - SAS 데이터셋 입력

[2.5. DATA 스텝 내부 처리 과정 (1) - 외부 파일 입력]을 통해 텍스트 파일을 읽도록 설계된 DATA 스텝의 컴파일 및 수행단계에 관해 살펴보았다. SAS 데이터셋을 DATA 스텝으로 읽어들이는 경우도 이와 매우 유사하다. 차이점으로는 INFILE 구문 대신 SET 구문을 사용하며, 텍스트 파일을 입력할 때와는 달리 관측치별로 DATA 스텝 프로그램이 반복될 때 직전 변수의 값을 보유한다는 것이다.

SET 구문을 사용한 DATA 스텝의 컴파일 및 수행단계에 대해 개괄적으로 살펴보자. [그림 2.38]에 제시된 DATA 스텝 프로그램은 데이터셋 LOANS를 읽은 후 변수 Interest를 생성하고, 새로운 데이터셋 DUEJAN을 생성한다.

```
data duejan;
   set loans;
   Interest=amount*(rate/12);
run;
```

데이터셋 LOANS

Account	Amount	Rate	Months	Payment
101-1092	22000	0.1000	60	467.43
101-1731	114000	0.0950	360	958.57
101-1289	10000	0.1050	36	325.02
101-3144	3500	0.1050	12	308.52

그림 2.38 SAS 데이터셋에 기반한 새로운 데이터셋 생성의 예시

2.6.1. 컴파일단계

프로그램을 수행하면 가장 먼저 자동 변수인 _N_과 _ERROR_로 구성된 프로그램 데이터벡터(PDV)가 생성된다.

_N_	_ERROR_	

그림 2.39 최초 PDV 생성

또한 SAS는 DATA 스텝 내의 각 구문에 대한 문법오류의 여부를 검사한다. SET 구문이 컴파일되면, 입력데이터셋내의 각 변수를 위하여 PDV에 슬롯이 추가된다. 입력데이터셋은 변수의 이름 및 변수형, 길이와 같은 속성을 제공한다.

_N_	_ERROR_	Account	Amount	Rate	Months	Payment

그림 2.40 입력데이터셋에 기반한 PDV 슬롯 생성

DATA 스텝 내에서 생성된 특정 변수들이 PDV 내에 추가된다. 이 변수들의 속성은 구문 내의 표현식에 의해 결정된다.

_N_	_ERROR_	Account	Amount	Rate	Months	Payment	Interest

그림 2.41 DATA 스텝의 모든 내부 생성 변수의 명세가 반영된 PDV

DATA 스텝의 끝에 도달하면 컴파일단계는 종료되고, 새로운 SAS 데이터셋에 대한 요약정보 영역이 생성된다. DATA 스텝이 아직 수행되지 않았기 때문에 관측치를 보유하고 있지는 않다.

2.6.2. 수행단계

DATA 스텝은 입력데이터셋 내의 개별 관측에 대하여 단 한 번 수행된다. 예를 들어, 이 DATA 스텝은 입력데이터셋 LOANS 내에 4개의 관측치가 있기 때문에 4번 수행될 것이다. 수행단계가 시작되면 _N_의 값은 1로 설정된다. 데이터 오류가 없으므로 _ERROR_의 값은 0으로 설정되고 나머지 변수들은 결측치로 초기화된다.

```
data duejan;
   set loans;

Interest=amount*(rate/12);
run;
```

데이터셋 LOANS

Account	Amount	Rate	Months	Payment
101-1092	22000	0.1000	60	467.43
101-1731	114000	0.0950	360	958.57
101-1289	10000	0.1050	36	325.02
101-3144	3500	0.1050	12	308.52

PDV

_N_	_ERROR_	Account	Amount	Rate	Months	Payment	Interest
1	0		.	.	.	.	.

결측치 초기화

데이터셋 DUEJAN

Account	Amount	Rate	Months	Payment	Interest

그림 2.42 [Step 1] PDV 초기화

초기화 단계가 수행되면 SET 구문은 입력데이터셋에서 첫 번째 관측치를 읽은 후, PDV에 이 값을 작성한다.

```
data duejan;
   set loans;
   Interest=amount*(rate/12);
run;
```

데이터셋 LOANS

Account	Amount	Rate	Months	Payment
101-1092	22000	0.1000	60	467.43
101-1731	114000	0.0950	360	958.57
101-1289	10000	0.1050	36	325.02
101-3144	3500	0.1050	12	308.52

PDV

_N_	_ERROR_	Account	Amount	Rate	Months	Payment	Interest
1	0	101-1092	22000	0.1000	60	467.43	.

데이터셋 DUEJAN

Account	Amount	Rate	Months	Payment	Interest

그림 2.43 [Step 2] 최초 관측치 입력

다음 단계로 Interest의 값을 계산하기 위한 할당 구문이 수행된다.

```
data duejan;
   set loans;
   Interest=amount*(rate/12);
run;
```

데이터셋 LOANS

Account	Amount	Rate	Months	Payment
101-1092	22000	0.1000	60	467.43
101-1731	114000	0.0950	360	958.57
101-1289	10000	0.1050	36	325.02
101-3144	3500	0.1050	12	308.52

PDV

_N_	_ERROR_	Account	Amount	Rate	Months	Payment	Interest
1	0	101-1092	22000	0.1000	60	467.43	183.333

데이터셋 DUEJAN

Account	Amount	Rate	Months	Payment	Interest

그림 2.44 [Step 3] 할당 구문의 처리

DATA 스텝의 첫 번째 반복이 종료되면, PDV 내의 값은 새로운 데이터셋의 첫 번째 관측치로 작성된다.

```
data duejan;
   set loans;
   Interest=amount*(rate/12);
run;
```

데이터셋 LOANS

Account	Amount	Rate	Months	Payment
101-1092	22000	0.1000	60	467.43
101-1731	114000	0.0950	360	958.57
101-1289	10000	0.1050	36	325.02
101-3144	3500	0.1050	12	308.52

PDV

_N_	_ERROR_	Account	Amount	Rate	Months	Payment	Interest
1	0	101-1092	22000	0.1000	60	467.43	183.333

데이터셋 DUEJAN

Account	Amount	Rate	Months	Payment	Interest
101-1092	22000	0.1000	60	467.43	183.3333

그림 2.45 [Step 4] 관측치의 데이터셋 작성

제어는 DATA 스텝의 처음으로 되돌아간다.

```
data duejan;
   set loans;
   Interest=amount*(rate/12);
run;
```

데이터셋 LOANS

Account	Amount	Rate	Months	Payment
101-1092	22000	0.1000	60	467.43
101-1731	114000	0.0950	360	958.57
101-1289	10000	0.1050	36	325.02
101-3144	3500	0.1050	12	308.52

PDV

_N_	_ERROR_	Account	Amount	Rate	Months	Payment	Interest
1	0	101-1092	22000	0.1000	60	467.43	183.333

데이터셋 DUEJAN

Account	Amount	Rate	Months	Payment	Interest
101-1092	22000	0.1000	60	467.43	183.3333

그림 2.46 [Step 5] 첫 번째 반복의 완료

SAS는 SET 구문을 이용하여 입력데이터셋에서 읽어들인 변수의 값 및 합 구문에 의해 생성된 값에 대해서는 PDV를 초기화하지 않지만, 할당 구문에 의해 프로그램 내부적으로 계산되는 변수 Interest는 결측치로 설정한다.

```
data duejan;
   set loans;
   Interest=amount*(rate/12);
run;
```

데이터셋 LOANS

Account	Amount	Rate	Months	Payment
101-1092	22000	0.1000	60	467.43
101-1731	114000	0.0950	360	958.57
101-1289	10000	0.1050	36	325.02
101-3144	3500	0.1050	12	308.52

PDV

_N_	_ERROR_	Account	Amount	Rate	Months	Payment	Interest
1	0	101-1092	22000	0.1000	60	467.43	.

직전변수값 보유 (Account–Payment) / 결측치초기화 (Interest)

데이터셋 DUEJAN

Account	Amount	Rate	Months	Payment	Interest
101-1092	22000	0.1000	60	467.43	183.3333

그림 2.47 [Step 6] 두 번째 반복을 위한 PDV 초기화

두 번째 반복의 시작 시, _N_의 값은 2로 설정되고, _ERROR_의 값은 0으로 설정된다. 자동 변수 _N_이 DATA 스텝 수행 시작 횟수를 의미한다는 것을 기억하자.

```
data duejan;
   set loans;
   Interest=amount*(rate/12);
run;
```

데이터셋 LOANS

Account	Amount	Rate	Months	Payment
101-1092	22000	0.1000	60	467.43
101-1731	114000	0.0950	360	958.57
101-1289	10000	0.1050	36	325.02
101-3144	3500	0.1050	12	308.52

PDV

_N_	_ERROR_	Account	Amount	Rate	Months	Payment	Interest
2	0	101-1092	22000	0.1000	60	467.43	.

데이터셋 DUEJAN

Account	Amount	Rate	Months	Payment	Interest
101-1092	22000	0.1000	60	467.43	183.3333

그림 2.48 [Step 7] 자동 변수의 변경

SET 구문이 수행되면 두 번째 관측치를 읽어서 PDV에 작성한다.

```
data duejan;
   set loans;
   Interest=amount*(rate/12);
run;
```

데이터셋 LOANS

Account	Amount	Rate	Months	Payment
101-1092	22000	0.1000	60	467.43
101-1731	114000	0.0950	360	958.57
101-1289	10000	0.1050	36	325.02
101-3144	3500	0.1050	12	308.52

PDV

_N_	_ERROR_	Account	Amount	Rate	Months	Payment	Interest
2	0	101-1731	114000	0.0950	360	958.57	.

데이터셋 DUEJAN

Account	Amount	Rate	Months	Payment	Interest
101-1092	22000	0.1000	60	467.43	183.3333

그림 2.49 [Step 8] 두 번째 관측치의 PDV 입력

두 번째 관측치에 대한 변수 Interest의 값을 계산하기 위하여 할당 구문이 다시 수행된다.

```
data duejan;
   set loans;
   Interest=amount*(rate/12);
run;
```

데이터셋 LOANS

Account	Amount	Rate	Months	Payment
101-1092	22000	0.1000	60	467.43
101-1731	114000	0.0950	360	958.57
101-1289	10000	0.1050	36	325.02
101-3144	3500	0.1050	12	308.52

PDV

_N_	_ERROR_	Account	Amount	Rate	Months	Payment	Interest
2	0	101-1731	114000	0.0950	360	958.57	902.5

데이터셋 DUEJAN

Account	Amount	Rate	Months	Payment	Interest
101-1092	22000	0.1000	60	467.43	183.3333

그림 2.50 [Step 9] 할당 구문의 처리

DATA 스텝의 마지막에 도달하면, 두 번째 관측치에 해당하는 PDV의 값을 데이터셋에 작성한다.

```
data duejan;
   set loans;
   Interest=amount*(rate/12);
run;
```

데이터셋 LOANS

Account	Amount	Rate	Months	Payment
101-1092	22000	0.1000	60	467.43
101-1731	114000	0.0950	360	958.57
101-1289	10000	0.1050	36	325.02
101-3144	3500	0.1050	12	308.52

PDV

_N_	_ERROR_	Account	Amount	Rate	Months	Payment	Interest
2	0	101-1731	114000	0.0950	360	958.57	902.5

데이터셋 DUEJAN

Account	Amount	Rate	Months	Payment	Interest
101-1092	22000	0.1000	60	467.43	183.3333
101-1731	114000	0.0950	360	958.57	902.5000

그림 2.51 [Step 10] 두 번째 관측치의 생성

제어는 DATA 스텝의 처음으로 돌아가며, SAS는 SET 구문에 의해 읽어들인 변수 또는 합 구문에 의해 생성된 변수의 값을 보유한다. 할당 구문에 의해 계산되는 변수들은 결측으로 설정된다. 이러한 처리가 모든 관측치를 읽어들일 동안 반복된다.

```
data duejan;
   set loans;
   Interest=amount*(rate/12);
run;
```

데이터셋 LOANS

Account	Amount	Rate	Months	Payment
101-1092	22000	0.1000	60	467.43
101-1731	114000	0.0950	360	958.57
101-1289	10000	0.1050	36	325.02
101-3144	3500	0.1050	12	308.52

PDV

_N_	_ERROR_	Account	Amount	Rate	Months	Payment	Interest
2	0	101-1731	114000	0.0950	360	958.57	.

직전변수값 보유 (Account ~ Payment) / 결측치초기화 (Interest)

데이터셋 DUEJAN

Account	Amount	Rate	Months	Payment	Interest
101-1092	22000	0.1000	60	467.43	183.3333
101-1731	114000	0.0950	360	958.57	902.5000

그림 2.52 [Step 11] PDV 초기화 (이후 모든 관측치에 대해 해당 처리를 반복)

Chapter

3

SAS 데이터셋

SAS에 의해 생성 및 처리 가능한 파일을 데이터셋(data set)이라 한다. 데이터셋은 데이터 영역의 존재여부에 따라 데이터 파일(data file)과 데이터 뷰(data view)로 구분한다. 우리가 데이터셋이라 일컫는 것은 데이터 파일을 의미하는 경우가 대부분이다. 이 책에서는 데이터 파일 대신 데이터셋이라는 용어만을 사용할 것이다.

SAS의 활용은 대부분의 작업용 데이터셋을 생성하거나 지정하는 것부터 시작한다. 따라서, 이 장에서 다루는 데이터셋의 구조 및 데이터 구성 얼개, 데이터셋의 명칭 설정 규칙과 특수 데이터셋 명칭 설정 방법 등을 잘 이해할 필요가 있다.

3.1. SAS 데이터셋의 구조

SAS를 활용한 대부분의 데이터 처리 및 분석 작업은 **SAS 데이터셋(SAS Dataset)**에 기초하여 이루어진다. 이 절에서는 SAS 데이터셋의 물리적인 구조에 대해 살펴보기로 하자.

SAS 데이터셋을 개념적으로 구분하면 **요약정보 영역(descriptor portion)**과 **데이터 영역(data portion)**으로 나눌 수 있다. 데이터셋을 구성하는 관측치에 효율적으로 접근할 수 있도록 **인덱스(index)**를 설정할 수도 있다. **[그림 3.1]**은 SAS 데이터셋의 물리적인 구조를 정리한 것이다.

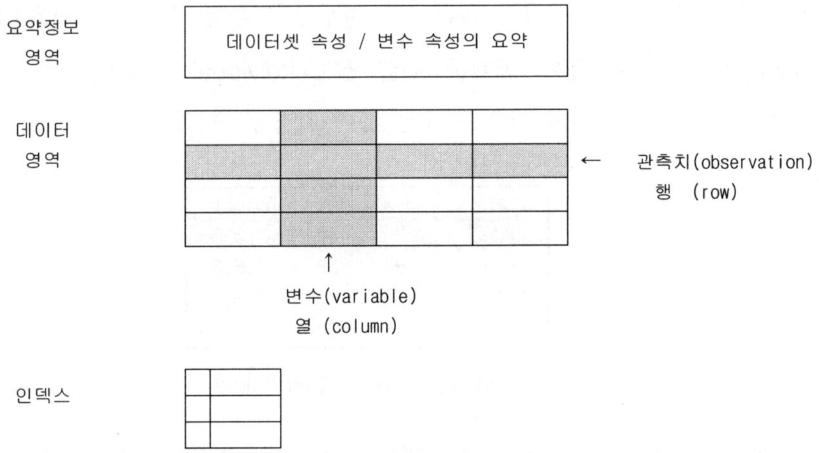

그림 3.1 SAS 데이터셋의 논리적 구조

그러면, SAS 데이터셋을 구성하는 주요 요소인 데이터 영역 및 요약 정보 영역의 기능에 대해 상세히 살펴보기로 하자.

Note

1. SAS 데이터뷰는 넓은 의미에서 데이터셋으로 간주하기도 한다.
2. 이 책에서는 인덱스를 포함하지 않는 데이터셋만을 다룬다.
3. SAS 데이터뷰와 SAS 인덱스에 대한 상세한 내용은 〈SAS DATA STEP - 응용편〉을 참고하자.

3.2. 데이터 영역

SAS 데이터셋에서 실제 데이터가 저장되어 있는 부분은 행렬 형태(matrix form)로 정리된 데이터 값의 집합인 **데이터 영역(data portion)**이다.

Name	Sex	Age	Weight
Jones	M	48	128.6
Laverne	M	58	158.3
Jaffe	F	.	115.5
Wilson	M	28	170.1

그림 3.2 데이터 영역(Data Portion)

데이터 영역 내부는 다시 관측치와 변수로 구분할 수 있다. **관측치(행, Row, Observation)**는 **개인 또는 개체에 관한 정보(individual information)**를 의미한다. SAS 데이터셋은 관측치의 개수를 제한 없이 저장할 수 있다.

Name	Sex	Age	Weight
Jones	M	48	128.6
Laverne	M	58	158.3
Jaffe	F	.	115.5
Wilson	M	28	170.1

그림 3.3 관측치(Observation)

변수(열, Variable, Column)는 **특정 속성(attribute)**을 묘사한 값의 집합이다. [그림 3.4]에 제시된 데이터셋은 각 관측치에 대해 네 개의 변수로 구성되어 있으며, 그 중 이름을 의미하는 변수 Name은 Jones, Laverne, Jaffe, Wilson이라는 값으로 구성되어 있다. SAS 데이터셋은 32,767개의 변수를 저장할 수 있다.

Name	Sex	Age	Weight
Jones	M	48	128.6
Laverne	M	58	158.3
Jaffe	F	.	115.5
Wilson	M	28	170.1

그림 3.4 변수(Variable)

특히, 변수 내에 관측치가 존재하지 않는 경우를 **결측치(missing value)**라 한다.

결측치

Name	Sex	Age	Weight
Jones	M	48	128.6
Laverne	M	58	158.3
Jaffe	F	.	115.5
Wilson	M	28	170.1

그림 3.5 결측치(Missing Value)

Note

1. 변수에 대한 여러 가지 개념은 [5장. SAS 변수]에서 다룬다.
2. 결측치에 대한 세부적인 내용은 [6.6. 결측치]에서 상세히 다룬다.

3.3. 요약정보 영역

SAS 데이터셋의 **요약정보 영역(descriptor portion)**은 데이터셋의 개괄적인 정보로 구성되어 있다. [표 3.1]은 요약정보 영역을 구성하는 정보를 정리한 것이다.

표 3.1 요약정보 영역에 저장된 정보

항목	관련 정보	항목	관련 정보
데이터셋 이름	데이터셋 이름 및 저장되어 있는 라이브러리 참조명	관측치 길이	관측치의 구성 길이
멤버 유형	SAS 데이터 파일 유형	마지막 수정일	데이터셋 최종 수정 일시
관측치	데이터셋 내의 관측치 수	삭제된 관측치	관측치 삭제 여부 확인
변수	데이터셋 내의 변수 수	보호	데이터셋 보호기능설정 여부
엔진	SAS 데이터 엔진	압축여부	데이터셋 압축 여부
인덱스	인덱스 설정 여부	정렬	데이터셋 정렬 여부
생성	데이터셋 생성 일시	라벨	데이터셋의 라벨
변수 상세정보	데이터셋을 구성하는 변수의 상세 정보		

Note

1. 요약정보 영역은 PROC CONTENTS, PROC DATASETS의 CONTENTS구문으로도 확인할 수 있다. 해당 PROC 스텝에 대한 상세한 내용은 〈SAS PROC STEP - 데이터 처리편〉에서 상세히 다룬다.
2. SAS 데이터뷰는 요약정보 영역만으로 구성된 파일이다.

3.4. 라이브러리 참조명과 데이터셋의 명칭 설정 규칙

데이터셋의 명칭 설정 규칙을 설명하기 전에, SAS 라이브러리의 특성 및 윈도우즈 탐색기와의 차이점을 다시 한 번 살펴보자. [그림 3.6]은 컴퓨터 내의 특정 경로에 저장된 SAS 데이터셋을 탐색기로 바라본 것이다.

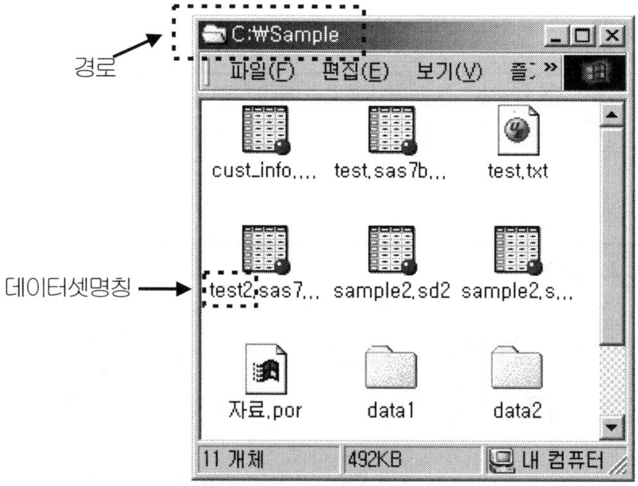

그림 3.6 윈도우즈 탐색기로 바라본 SAS 데이터셋

[2.1.2절]에서는 일반적인 컴퓨터의 개념을 그대로 정의했다면, SAS에서는 이를 다른 용어로 표현한다. 먼저, [그림 3.6]에서 확장자가 sas7bdat인 파일의 명칭은 바로 데이터셋 명칭으로 사용할 수 있으며, 확장자는 프로그램에 명시하지 않는다는 것을 기억하자. 데이터셋 명칭의 규칙은 이 절의 뒤에서 다시 살펴본다.

그러면, 데이터셋이 저장된 경로는 어떻게 지정해 주어야 할까? [그림 3.6]에서 SAS 데이터셋은 "C:\Sample"이라는 경로에 저장되어 있다. 하지만, SAS에서 사용할 데이터셋을 지정할 때 이를 항상 지정해주어야 한다면 [그림 3.7]과 같이 작성한 프로그램이 매우 지저분해질 것임은 자명하다. (물론, [그림 3.7]에 제시한 프로그램은 정상적으로 수행되는 프로그램은 아니다.)

```
data c:₩sample₩test2.sas7bdat;
   set c:₩sample₩test.sas7bdat;
```

그림 3.7 경로와 파일명을 그대로 사용하는 경우

SAS에서 **라이브러리(library)**는 SAS 데이터셋이 저장되어 있는 경로(path)를 의미한다. 라이브러리를 개념적인 정의라 한다면, 실제 프로그램에서 라이브러리를 사용하기 위해서는 해당 경로에 **라이브러리 참조명(library reference, libref)**을 할당하는 방식으로 프로그래밍한다. 즉, 라이브러리는 특정 경로에 별명(alias)을 할당한 것이라 생각하면 이해가 편리하다.

> **Note** SAS 라이브러리에 대한 상세한 내용은 [4장. SAS 라이브러리]에서 다룬다.

SAS 데이터셋은 저장 위치가 기존에 할당된 라이브러리인지의 여부에 따라 **영구 데이터셋(permanent dataset)**과 **임시 데이터셋(temporarily dataset)**으로 구분한다. 영구 데이터셋은 기존에 할당된 SAS 라이브러리 내에 저장된 SAS 데이터셋을 의미하며, 임시 데이터셋은 SAS의 구동과 동시에 생성되는 임시 작업 경로에 저장되는 SAS 데이터셋을 의미한다.

영구 데이터셋과 임시 데이터셋은 프로그램에서 호출하는 방식이 다르다. 영구 데이터셋은 libref.filename의 형식으로 구성된 **2단계 이름(two-level name)**을 반드시 사용해야 참조할 수 있다. 라이브러리 참조명에는 기존에 설정한 SAS 데이터 라이브러리의 이름을, **파일명(filename)**은 참조할 파일의 이름을 지정한다. 이때 마침표는 라이브러리 참조명과 파일명을 구분하는 역할을 수행한다. **[그림 3.8]**에서 Exercise.Body는 라이브러리 Exercise에 저장된 SAS 데이터셋 Body를 위한 2단계 이름이다.

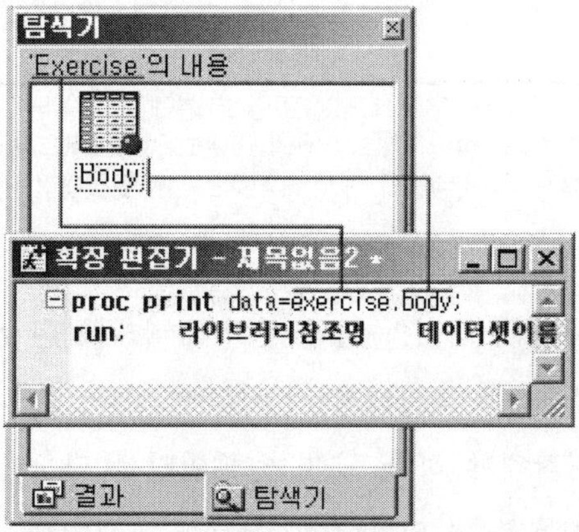

그림 3.8 라이브러리참조명 및 데이터셋 이름

임시 데이터셋을 참조하려면, SAS가 구동될 때마다 생성되는 임시 디렉토리에 대한 라이브러리 참조명인 Work를 이용하여 **Work.filename** 형태로 지정한다. **[그림 3.9]**에 제시된 2단계 이름 Work.Test는 임시 라이브러리 Work내에 저장되어 있는 Test로 명명된 데이터셋을 의미한다.

임시 SAS파일	**Work.Test** ↑ ↑ 라이브러리 참조명 / 데이터셋 이름

그림 3.9 임시 SAS 데이터셋 설정(2단계)

Work 라이브러리 내에 있는 파일을 참조하기 위해 간단하게 1단계 이름(파일명)으로 사용할 수도 있다. 1단계 이름을 지정할 때는 기본 라이브러리 참조명인 Work가 있다고 가정한다. 예를 들어 1단계 이름 Test는 임시 데이터 라이브러리 Work 내에 저장되어 있는 Test로 명명된 데이터셋을 참조한다.

임시 SAS파일	Work.**Test** ↑ ↑ 라이브러리 참조명(생략) / 데이터셋 이름

그림 3.10 임시 SAS 데이터셋 설정(1단계)

Work 라이브러리 내의 데이터셋은 해당 SAS 세션이 활성화되어 있는 동안 사용가능하며 세션 종료 후에는 자동으로 삭제되므로 사용할 때 주의해야 한다.

Note

1. SAS 데이터셋은 운영체제에 파일의 형태로 저장된다. V8의 SAS 데이터셋 파일 확장자는 'sas7bdat'이며, V6의 경우는 'sd2'라는 확장자를 갖는다.
2. [4장. SAS 라이브러리]에서 SAS 라이브러리에 대한 다채로운 기능을 살펴보기로 하자.

다음으로, SAS 데이터셋의 명칭 설정 규칙의 **제한 사항**을 살펴보자. 데이터셋의 이름은 영문 기준으로 32자까지 지정할 수 있다. 반드시 문자열(A-Z, 대소문자) 또는 '_' 기호로 시작해야 하며, 숫자는 데이터셋 명칭의 가장 앞부분이 아니라면 위치에 관계없이 사용할 수 있다. (예. Payroll, LAB1995_1997, _EstimatedTax3)

프로그램 3.1 **(정상적인 데이터셋 명칭 지정)**

다음은 정상적으로 데이터셋 명칭을 설정한 프로그램의 수행에 의해 생성된 SAS 로그이다.

SAS 로그

```
132  data _test;
133     a = 1;
134  run;

NOTE: 데이터셋 'WORK._TEST'은(는) 1개 관측치, 1개 변수를
      가지고 있습니다.
```

프로그램 3.2 **(잘못된 데이터셋 명칭 (1) - 지원하지 않는 특수문자)**

데이터셋 명칭 설정에 사용이 금지된 특수문자를 사용하면 다음과 같은 로그가 생성된다. 윈도우즈 또는 유닉스 운영체제의 경우 파일 이름에 특수문자를 사용할 수 있지만, SAS를 통해 처리하는 파일명은 '_'이외의 특수문자는 모두 오류를 생성한다는 것에 주의하자.

SAS 로그

```
99   data test+;
              -
              22
              -
              200
ERROR 22-322: 구문 오류, 다음에 나열된 것들이 요구됩니다: 이름, 따옴표로
              둘러싸인 문자열, (, /, ;, _DATA_, _LAST_, _NULL_.

ERROR 200-322: 기호가 인식될 수 없으므로 무시됩니다.

100  a = 1;
101  run;

NOTE: 오류가 발생하여 SAS 시스템은 현재 스텝의 실행을 중지합니다.
WARNING: 데이터 셋 WORK.TEST이(가) 불완전합니다.  이 스텝은 0개의
         관측치와 1개의 변수가 있을 때 중단되었습니다.
```

프로그램 3.3 **(잘못된 데이터셋 명칭 (2) - 괄호의 사용)**

데이터셋 옵션을 설정해야 하는 경우에 괄호를 사용하며, 이는 데이터셋 명칭에 해당하지 않는다. 데이터셋 명에 "("만 추가되어 있는 경우라면 〔프로그램 3.2〕에서 살펴본 오류 로그와는 다른 결과가 나타난다. 다음 로그를 보자.

SAS 로그

```
117  data test(;
              -
              6
              79
ERROR 6-185: 데이터셋 옵션 목록에 닫는 괄호 ')'이 빠졌습니다.

ERROR 79-322: ')'이(가) 요구됩니다.

118  a = 1;
119  run;

NOTE: 오류가 발생하여 SAS 시스템은 현재 스텝의 실행을 중지합니다.
```

반대로 ")"만 추가되면 [프로그램 3.2]와 비슷한 로그가 나타난다. 다음 로그를 보자.

SAS 로그

```
123  data test);
              -
              79
ERROR 79-322: '('이(가) 요구됩니다.

124  a = 1;
125  run;

NOTE: 오류가 발생하여 SAS 시스템은 현재 스텝의 실행을 중지합니다.
WARNING: 데이터 셋 WORK.TEST이(가) 불완전합니다.  이 스텝은 0개의
         관측치와 1개의 변수가 있을 때 중단되었습니다.
```

프로그램 3.4 (잘못된 데이터셋 명칭을 사용한 경우 (3) - 사전 정의되지 않은 매크로 트리거)

예외적으로 &나 %를 포함한 문자열은 사용이 가능한 경우가 있다. 단, &와 %는 매크로 트리거의 기능을 수행하기 때문에, 지정된 문자열과 일치하는 매크로 변수 또는 매크로 프로그램이 사전 정의 되어있는 경우라면 오류가 발생하지는 않지만, 그렇지 않다면 다음과 같은 오류가 나타난다.

SAS 로그

```
WARNING: Apparent symbolic reference TEST not resolved.
111  data &test;
          -
          22
          ----
          202
ERROR 22-322: 구문 오류, 다음에 나열된 것들이 요구됩니다: 이름, 따옴표로
              둘러싸인 문자열, /, ;, _DATA_, _LAST_, _NULL_.

ERROR 202-322: 옵션이나 매개변수를 알 수 없으므로 무시됩니다.

112  a = 1;
113  run;

NOTE: 오류가 발생하여 SAS 시스템은 현재 스텝의 실행을 중지합니다.
WARNING: 데이터 셋 WORK.TEST이(가) 불완전합니다.  이 스텝은 0개의
         관측치와 1개의 변수가 있을 때 중단되었습니다.
```

Note 매크로 트리거에 대한 상세한 내용은 <SAS 매크로 프로그래밍>을 참고하자.

프로그램 3.5 **(잘못된 데이터셋 명칭을 사용한 경우 (4) - 한글 데이터셋 명칭의 사용)**

SAS는 기본적으로 한글 데이터셋 명칭을 지원하지 않는다. 다음은 한글 데이터셋 명칭을 사용하였을 때 나타나는 로그이다.

SAS 로그

```
95    data 안상욱;
96    a = 1;
97    run;

ERROR: The value 안상욱 is not a valid SAS name.
NOTE: 오류가 발생하여 SAS 시스템은 현재 스텝의 실행을 중지합니다.
```

단, SAS와 연결 가능한 외부 데이터베이스(DBMS)가 한글 테이블 명칭을 지원한다면, 라이브러리 엔진 기능을 활용하여 DB를 생성하면 한글 명칭도 사용할 수 있다.

SAS 로그

```
20    rsubmit;
NOTE: Remote submit to MINING1 commencing.
NOTE: Libref CRMDB was successfully assigned as follows:
      Engine:        ORACLE
      Physical Name: crmdb1
7     libname crmdb oracle user=cruser pass=XXXXXX path=crmdb1
8                          preserve_tab_names=yes preserve_col_names=yes;
NOTE: Remote submit to MINING1 complete.
21    libname rcrmdb slibref=crmdb server=mining1;
NOTE: 라이브러리 'RCRMDB'이(가) 다음과 같이 할당되었습니다.
      엔진:        REMOTE
      물리적 경로: crmdb1
22
23    data rcrmdb.테스트;
24        a = 1;
25    run;

NOTE: SAS variable labels, formats, and lengths are not written to DBMS tables.
NOTE: 데이터셋 'RCRMDB.'테스트'n'은(는) 1개 관측치, 1개 변수를 가지고 있습니다.
NOTE: DATA 문장 실행:
      실행 시간            0.31 초
      cpu 시간             0.00 초
```

Note
1. 라이브러리 엔진에 대한 상세한 내용은 [4.5. 라이브러리 엔진]을 참고하자.
2. 리모트 파일 서버(remote file server)를 통해 작업하는 방식은 이 책의 범위를 벗어나므로 다루지 않는다.

3.5. 특수 데이터셋

SAS는 데이터셋 지정 단계에서 몇몇 상황을 충족하는 경우에 사용할 수 있는 **특수 데이터셋 예약어(special dataset keyword)**를 지원한다. [표 3.2]를 보자.

표 3.2 특수 데이터셋 명칭의 종류

항목	관련 정보
미지정	자동 데이터셋 명칭 설정
LAST	최근 생성 데이터셋 호출
NULL	빈 데이터셋 설정

Note

1. PROC 스텝에서 입력 데이터셋을 지정하지 않은 경우, 기본 입력 데이터셋으로 데이터셋 예약어 _LAST_ 가 설정된 것으로 가정한다.
2. 시스템 옵션 _LAST_=을 사용하면 기본 입력 데이터셋을 고정시킬 수 있다.

프로그램 3.6 **(예약어 _NULL_의 사용)**

다음은 임시 라이브러리에 Test라는 데이터셋을 생성하는 프로그램이다. 이와 같이 정상적인 DATA 스텝 프로그램을 살펴보면, 파일이 생성되었다는 메시지가 함께 출력된다는 것을 기억하자.

SAS 로그

```
data test;
    var=1;
run;

NOTE: 데이터셋 'WORK.TEST'은(는) 1개 관측치, 1개 변수를 가지고 있습니다.
NOTE: DATA 문장 실행:
      실행 시간           0.00 초
      cpu 시간            0.00 초
```

데이터셋 명칭에 예약어 _NULL_을 사용하면, 실제 파일 생성을 하지 않은 상태로 DATA 스텝 프로그래밍을 수행한다. 다음 로그를 보면, 데이터셋이 생성되었다는 메시지가 출력되지 않는다는 것을 확인할 수 있다.

SAS 로그

```
data _null_;
    var=1;
run;

NOTE: DATA 문장 실행:
      실행 시간           0.00 초
      cpu 시간            0.00 초
```

Note 예약어 _NULL_은 데이터셋의 값을 추출하는 매크로 프로그래밍, SAS에서 운영체제의 명령어의 직접 수행, 데이터셋의 화면 및 파일 출력 시에 주로 사용된다.

프로그램 3.7 (데이터셋 명칭 자동 설정)

데이터셋 명칭을 지정하지 않으면 SAS는 DATA1, DATA2, …, DATAn의 형태로 데이터셋 명칭을 자동 설정한다. 다음 로그를 보면, 데이터셋 명칭은 동일하면서 뒷부분의 숫자만 달라지는 것을 확인할 수 있다.

SAS 로그

```
43   data ;
44       set test;
45   run;

NOTE: 1개의 관측치를 데이터셋 WORK.TEST. (으)로부터  읽었습니다.
NOTE: 데이터셋 'WORK.DATA1'은(는) 1개 관측치, 1개 변수를 가지고 있습니다.
NOTE: DATA 문장 실행:
      실행 시간          0.00 초
      cpu 시간           0.00 초

46   data ;
47       set test;
48   run;

NOTE: 1개의 관측치를 데이터셋 WORK.TEST. (으)로부터  읽었습니다.
NOTE: 데이터셋 'WORK.DATA2'은(는) 1개 관측치, 1개 변수를 가지고 있습니다.
NOTE: DATA 문장 실행:
      실행 시간          0.00 초
      cpu 시간           0.00 초
```

Note PROC TRANSPOSE 및 PROC RANK 등 데이터 처리용 PROC 스텝의 일부는 출력 데이터셋 옵션을 별도로 지정하지 않으면 데이터셋 명칭 자동 설정 방식으로 출력 데이터셋을 설정한다.

프로그램 3.8 (예약어 _LAST_의 사용)

예약어 _LAST_는 가장 직전에 생성된 데이터셋을 호출하는 기능을 한다. 다음 로그를 보면, _LAST_가 TEST로 치환되어 적용되었음을 확인할 수 있다.

SAS 로그

```
31   data test;
32       var=1;
33   run;

NOTE: 데이터셋 'WORK.TEST'은(는) 1개 관측치, 1개 변수를 가지고 있습니다.
NOTE: DATA 문장 실행:
      실행 시간          0.00 초
      cpu 시간           0.00 초

34   data test2;
35       set _last_;
36   run;

NOTE: 1개의 관측치를 데이터셋 WORK.TEST. (으)로부터  읽었습니다.
NOTE: 데이터셋 'WORK.TEST2'은(는) 1개 관측치, 1개 변수를 가지고 있습니다.
NOTE: DATA 문장 실행:
      실행 시간          0.00 초
      cpu 시간           0.00 초
```

Note 예약어 _LAST_는 PROC 스텝에서도 사용할 수 있다.

Chapter

4

SAS 라이브러리

4.1. SAS 데이터 라이브러리란?

4.2. SAS 탐색기를 활용한 라이브러리 정의

4.3. 라이브러리의 정의

4.4. SAS 시스템 라이브러리

4.5. 라이브러리 엔진

4.6. 병합 라이브러리

4.7. 라이브러리 속성 확인 및 삭제

SAS 데이터셋을 생성하는 단계를 지난 후, 반드시 넘어야 할 벽은 아마 SAS 데이터 라이브러리의 개념을 이해하는 것이다. 라이브러리의 개념을 이해하려면, SAS 프로그래밍 관련 지식에 더하여, 다양한 외부파일의 종류 및 컴퓨터 운영체제에 따라 달라지는 파일의 물리적 저장 경로를 어떻게 식별하는지 이해해야 하기 때문에, 컴퓨터를 잘 다루지 못하는 독자들이라면 어려움을 느낄 수도 있겠다.

이 장에서는 SAS 데이터 라이브러리의 설정, 속성 확인, 삭제 및 다양한 유형의 SAS 데이터 라이브러리의 설정 방식들을 상세히 다룰 것이다. 이 장의 내용을 잘 이해한다면 SAS 데이터 파일을 관리하기 위한 라이브러리 관리 전략을 수립할 때 도움이 될 것이다.

4.1. SAS 데이터 라이브러리란?

SAS를 처음 접할 때 가장 먼저 부딪히는 난관은 **SAS 데이터 라이브러리(SAS data library)**를 이해하는 것이다.

SAS 라이브러리는 SAS에서 사용하는 파일(SAS 데이터셋 등)이 저장된 곳을 의미한다. 보다 쉽게 생각하면, 윈도우즈나 유닉스와 같은 운영체제 하에서 SAS 파일이 저장되어 있는 **디렉토리(directory)** 또는 **폴더(folder)**를 의미한다. 즉, 라이브러리는 **"SAS 파일이 저장된 디렉토리 또는 폴더"**라 생각하면 된다. SAS가 설치된 컴퓨터라면 운영체제에 관계없이 라이브러리를 설정하여 SAS 프로그램을 통해 파일을 관리할 수 있다.

SAS 라이브러리에 접근하려면 사전에 **라이브러리 참조명(library reference name)**을 할당해야 한다. 라이브러리 참조명은 데이터 파일이 위치한 물리적인 경로(path)에 SAS가 인식할 수 있는 간단한 별명(alias)을 부여하는 것으로 이해하면 편리하다. **[그림 4.1]**은 윈도우즈 운영체제에서 라이브러리와 폴더의 관계를 표현한 것으로, 라이브러리는 대상 폴더 내의 파일 중 SAS 파일만을 인식한다는 것을 알 수 있다.

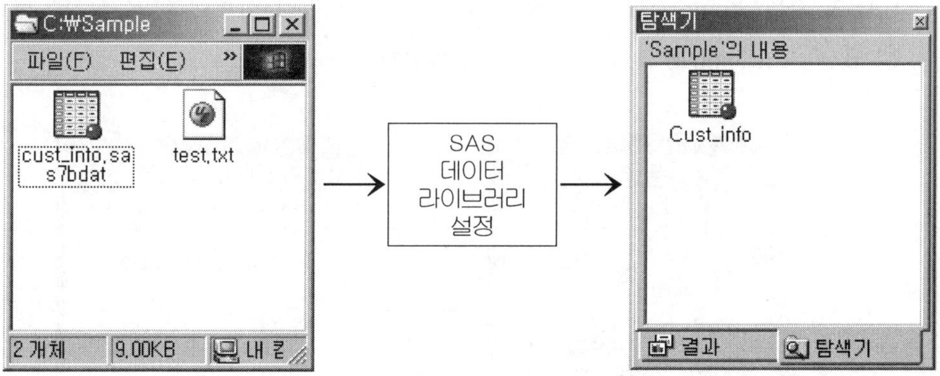

그림 4.1 SAS 라이브러리에서의 파일 인식

SAS 데이터 라이브러리 내에 저장된 SAS 파일들에 접근하기 위해서는 SAS 세션을 시작할 때마다 라이브러리 참조명을 할당해야 한다.

라이브러리를 삭제하거나 SAS 세션이 종료되면 라이브러리의 연결이 끊어지면서 더 이상 해당 라이브러리에 접근하지 못한다. 하지만 라이브러리에 저장되어 있는 파일들은 계속 폴더 내에 존재한다.

SAS 세션시작 → 라이브러리 참조명 할당 → SAS 세션종료 → 라이브러리 참조명 할당 종료

그림 4.2 라이브러리 참조명 처리 절차

SAS 데이터 라이브러리를 정의하려면 SAS 탐색기 창에서 메뉴 방식으로 정의하거나, **LIBNAME 구문**을 사용한다. 먼저, SAS 탐색기 창에서 라이브러리를 정의하는 방법을 살펴보자.

> **Note**
> 1. LIBNAME 구문은 임의 수정, 취소 또는 SAS 세션을 종료할 때까지 효과를 발휘하는 전역(global) 구문이다. 따라서, LIBNAME 구문은 현재 SAS 세션을 위한 라이브러리 참조명을 할당한다.
> 2. [3.1.4절]에서 다루는 인터페이스 라이브러리 엔진 설정 방식은 파일명까지 함께 지정해주어야 한다. 이는 라이브러리 설정 규칙의 예외이다.

4.2. SAS 탐색기를 활용한 라이브러리 정의

SAS의 화면 우측에 위치한 탐색기 창에서 라이브러리 아이콘을 클릭하면 현재 **활성 라이브러리(active library)**로 구성된 메뉴가 나타난다.

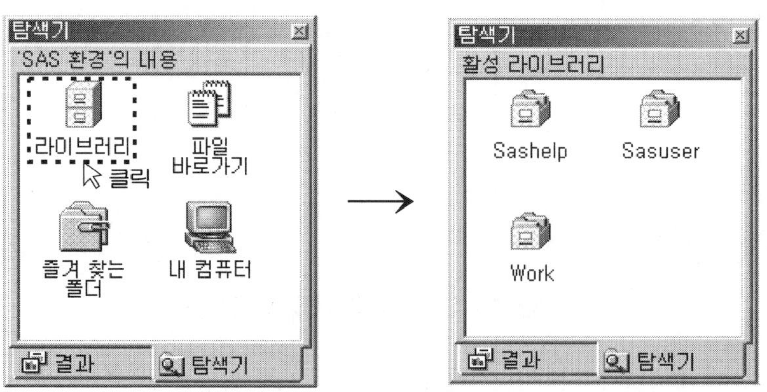

그림 4.3 [Step 1] 탐색기에서 라이브러리 설정 메뉴로 이동

탐색기내의 빈 공간에서 오른쪽 마우스 버튼을 클릭하면 [그림 4.4]와 같은 팝업 메뉴가 나타난다. 여기서 **"새로 만들기(N)"** 메뉴를 클릭한다.

그림 4.4 [Step 2] 새로 만들기 메뉴

이 단계까지 수행하면 [그림 4.5]와 같은 팝업 메뉴가 나타난다. **"새로운 라이브러리"** 라 명명된 메뉴에는 라이브러리 이름, 엔진, 자동할당여부, 경로, 옵션을 설정하는 하위 메뉴로 구성되어 있다. 라이브러리 이름으로 Sample을 입력한 후 "찾아보기" 버튼을 눌러보자.

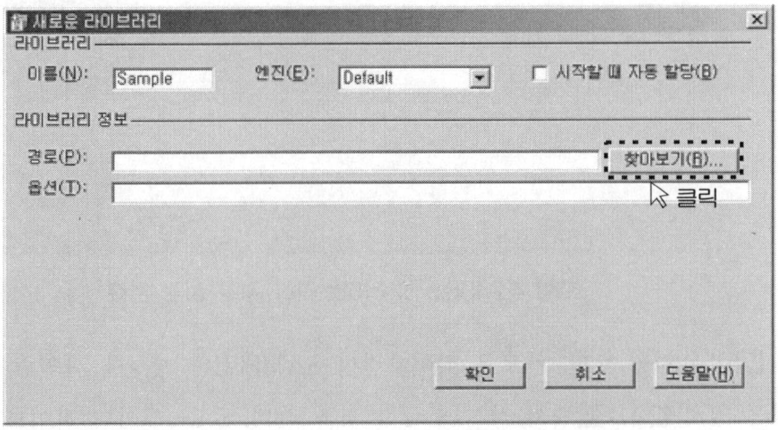

그림 4.5 [Step 3] 새로운 라이브러리 팝업 메뉴

그러면, 윈도우즈 프로그램에서 쉽게 접할 수 있는 **"선택"** 팝업 메뉴가 나타난다. 여기서는 "C:\Sample" 폴더를 지정한다.

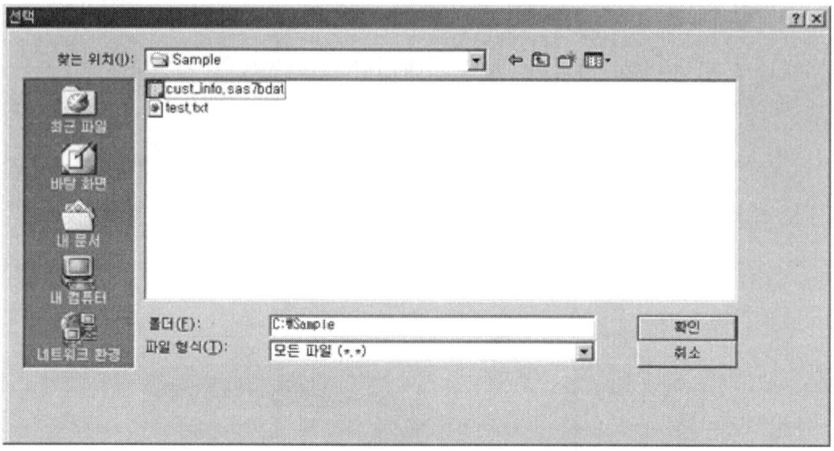

그림 4.6 [Step 4] 라이브러리 경로 설정 팝업 메뉴

폴더 지정을 마무리하면 경로에 지정한 폴더명이 작성된다. 마지막으로 **확인** 버튼을 클릭하면 새로운 라이브러리 설정이 완료된다.

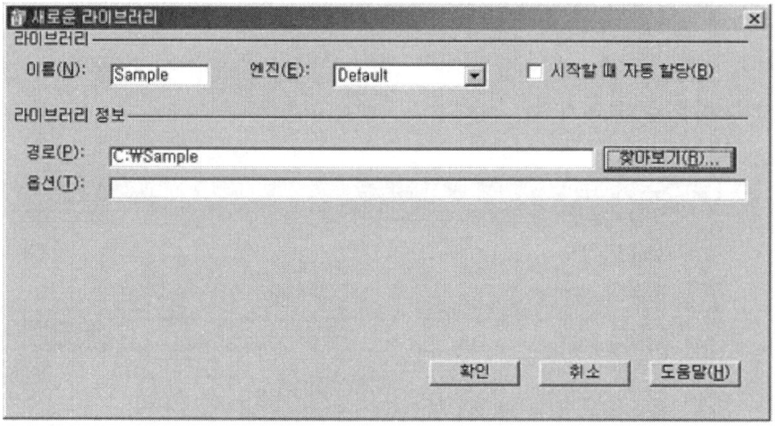

그림 4.7 [Step 5] 라이브러리 경로 설정 완료

[그림 4.8]을 보면, 새로운 라이브러리 SAMPLE의 생성을 확인할 수 있다. 이 과정은 결국 **[2.1.1절]**에서 잠시 언급한 것과 같이, SAS 데이터 라이브러리 참조명 SAMPLE에 윈도우즈 운영체제 내의 폴더인 "C:\Sample"을 대응시키는 절차가 된다.

그림 4.8 생성된 라이브러리 SAMPLE

Note

1. 엔진 선택 및 라이브러리 옵션은 각각에 해당하는 하위 메뉴를 클릭하면 쉽게 사용할 수 있으므로, 여기서는 다루지 않는다.
2. [그림 4.7]의 메뉴에서 [시작할 때 자동 할당]을 선택하면 SAS를 구동할 때마다 자동으로 활성화될 수 있도록 라이브러리를 지정할 수 있다.

4.3. 라이브러리의 정의

메뉴 방식은 손이 많이 가는 작업이기 때문에, 한꺼번에 여러 개의 라이브러리를 설정하고자 하는 경우에는 비효율적일 수 있다. **LIBNAME 구문**을 사용하면 SAS 프로그램을 수행하는 것만으로 라이브러리를 설정할 수 있다. LIBNAME 구문의 기본형은 다음과 같다.

[LIBNAME 구문 - 기본형]

```
LIBNAME libref  'SAS-data-library path';
```

- libref : 라이브러리 참조명을 지정한다. 영문자, 숫자, _ 기호로 1~8자까지 적당한 이름을 지정할 수 있으며, 반드시 영문자와 _ 기호로 시작해야 한다.
- SAS-data-library path : 운영체제 하에서 SAS 데이터 파일들이 저장되어 있는 폴더 또는 디렉토리의 경로를 지정한다. 경로 설정 방식은 운영체제마다 차이가 있다.

[표 4.1]은 윈도우즈 및 유닉스 운영체제에서 SAS 데이터 라이브러리 설정을 위한 디렉토리 경로 설정 방식이다.

표 4.1 운영체제에 따른 SAS 데이터 라이브러리의 물리적 경로 설정 예시

운영체제	물리적 이름의 예
Windows	c:\fitness\data
UNIX	/users/april/fitness/sasdata

라이브러리는 SAS가 접근할 수 있는 물리적인 경로를 의미한다고 언급하였다. 이는 SAS 라이브러리를 활용하여 처리할 수 있는 파일의 종류는 SAS 데이터셋(.sas7bdat), SAS 데이터뷰, SAS 인덱스(.sas7bidx), 카탈로그(.sas7bcat) 등과 같은 SAS 파일 유형에 한정된다는 것을 의미한다. 다음 예제에서 SAS 라이브러리 설정 및 처리 가능한 파일을 간단하게 살펴보기로 하자.

프로그램 4.1 **(SAS 데이터 라이브러리 설정)**

윈도우즈 운영체제 하에서의 폴더 c:\에 라이브러리 참조명 SAMPLE을 할당하기 위해 LIBNAME 구문을 사용한 프로그램은 다음과 같다.

SAS 프로그램

```
libname sample 'c:₩sample';
```

라이브러리가 성공적으로 할당되면 설정된 라이브러리의 엔진 및 물리적 경로에 대한 정보로 구성된 다음과 같은 로그 메시지를 생성한다.

SAS 로그

```
1     libname sample 'c:₩sample';
NOTE: 라이브러리 'SAMPLE'이(가) 다음과 같이 할당되었습니다.
      엔진:         V9
      물리적 경로: c:₩sample
```

실제 C:\Sample에는 데이터셋 CUST_INFO 외에도 텍스트 파일 TEST.TXT도 함께 저장되어 있다고 하자. 윈도우즈 탐색기와는 달리 SAS 탐색기로 라이브러리를 살펴보면 텍스트 파일을 인식하지 않는다는 것을 알 수 있다. 다음 그림을 살펴보자.

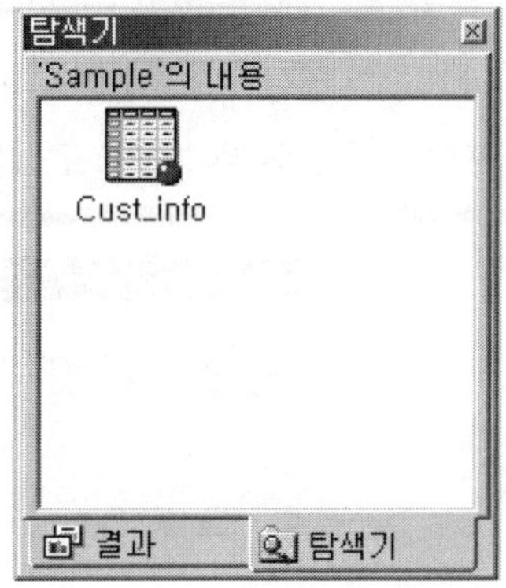

프로그램 4.2 **(존재하지 않는 폴더에 대한 SAS 데이터 라이브러리 설정의 오류)**

라이브러리 참조명이 할당될 폴더는 컴퓨터에 미리 생성되어 있어야 한다. 컴퓨터에 존재하지 않는 폴더명을 라이브러리로 설정하게 되면 다음과 같은 메시지가 나타난다.

SAS 로그

```
3    libname sample 'c:Wsampl';
NOTE: 라이브러리 'SAMPLE'이(가) 존재하지 않습니다.
```

이 프로그램을 수행하면 실제 라이브러리 설정 대상 폴더가 존재하지 않음에도 불구하고 라이브러리 참조명 설정은 정상적으로 진행된다. 탐색기를 보면 다음과 같이 라이브러리 SAMPLE이 할당되어 있는 것처럼 보일 것이다.

하지만, 라이브러리 Sample을 클릭하면 다음과 같은 팝업 오류메시지가 뜨면서 정상적인 처리가 진행되지 않는다. 따라서, 사전에 라이브러리 설정 대상 폴더가 존재하는지를 반드시 확인한 후 라이브러리를 설정하도록 하자.

4.4. SAS 시스템 라이브러리

SAS 구동 단계에서 사전 설정에 의해 자체적으로 사용하는 라이브러리를 **시스템 라이브러리(system library)**라 한다. 시스템 라이브러리는 [표 4.2]와 같다.

표 4.2 SAS 시스템 라이브러리

명 칭	기 능
WORK	임시 라이브러리
USER	사용자 정의 임시 라이브러리
SASHELP	SAS 세션에 중요한 영향을 미치는 정보가 저장된 라이브러리
SASUSER	SAS 세션에 가변적인 영향을 미치는 정보가 저장된 라이브러리

라이브러리 WORK와 USER의 사용법에 대해 살펴보자. **WORK 라이브러리**는 SAS 세션이 시작될 때마다 자동으로 정의되는 임시 라이브러리이며, 정상적인 처리에 의해 SAS 내부적으로 생성된 파일이 저장된다. 내부 생성 파일이란 임시로 작성한 SAS 데이터셋, 컴파일된 매크로의 카탈로그 또는 PROC SORT 등과 같은 데이터 처리 PROC 스텝의 수행 단계 중에 생성되는 임시 파일 등을 의미한다. 일반적으로 WORK 라이브러리는 현재 사용중인 SAS 세션을 정상적으로 종료하면 함께 지워진다.

USER 라이브러리는 LIBNAME 구문 등을 활용하여 사용자가 지정할 수 있다. 대부분의 기능은 WORK와 같으나 경로를 미리 지정해주어야 하며, 세션이 종료되더라도 파일이 자동 삭제되지 않는다.

WORK 라이브러리는 기본적으로 **1수준 이름(one-level name)**을 지원하지만, USER 라이브러리가 설정된 경우에는 반드시 라이브러리 참조명 WORK를 사용해야 한다. USER 라이브러리가 설정되더라도 임시 파일의 생성은 WORK 라이브러리에서 이루어진다는 것을 기억하자.

Note

1. 라이브러리 참조명을 포함한 데이터셋 참조 방식은 [3.4. 라이브러리 참조명과 데이터셋의 명칭 설정 규칙]을 참고하자.
2. SAS의 구동에 필요한 대다수의 정보는 SASUSER 및 SASHELP 라이브러리에 저장되어 있다. SASHELP 및 SASUSER 라이브러리의 기능은 이 책의 범위를 넘어서므로 상세히 다루지 않는다.

프로그램 4.3 **(USER 라이브러리와 WORK 라이브러리의 상호관계)**

데이터셋 생성 단계에서 라이브러리 참조명을 생략하면 USER 라이브러리가 정의되어 있지 않은 상태일 경우 WORK 라이브러리에 자동 저장된다. 다음의 로그에서 실제 저장된 파일의 라이브러리 참조명을 확인해보자.

SAS 로그

```
10   data test1; a=1; run;

NOTE: 데이터셋 'WORK.TEST1'은(는) 1개 관측치, 1개 변수를 가지고 있습니다.
NOTE: DATA 문장 실행:
      실행 시간            0.01 초
      cpu 시간             0.01 초
```

WORK 라이브러리에 생성한 데이터셋을 PROC 스텝에서 사용하는 경우에는 라이브러리 참조명을 생략할 수 있다.

SAS 로그

```
11   proc print data=test1; run;

NOTE: 1개의 관측치를 데이터셋 WORK.TEST1. (으)로부터  읽었습니다.
NOTE: 프로시저 PRINT 실행:
      실행 시간            0.00 초
      cpu 시간             0.00 초
```

USER 라이브러리는 일반적인 사용자 정의 라이브러리와 동일한 방식으로 설정한다. USER 라이브러리를 설정하면 라이브러리 참조명을 생략할 경우 무조건 USER 라이브러리를 검색하게 된다. 다음의 로그를 보자.

SAS 로그

```
14    libname user 'c:\sample';
NOTE: 라이브러리 'USER'이(가) 다음과 같이 할당되었습니다.
      엔진:        V9
      물리적 경로: c:\sample

15    data test2; a=1; run;

NOTE: 데이터셋 'USER.TEST2'은(는) 1개 관측치, 1개 변수를 가지고 있습니다.
NOTE: DATA 문장 실행:
      실행 시간            0.00 초
      cpu 시간             0.00 초
```

USER 라이브러리가 설정되지 않은 상황이라면 WORK 라이브러리에 설정한 데이터셋을 사용할 때 라이브러리 참조명을 생략할 수 있었다. 하지만, USER 라이브러리가 설정되었다면 WORK 라이브러리의 파일을 호출할 때 반드시 라이브러리 참조명을 함께 지정해야 한다. 다음 로그를 보자.

SAS 로그

```
13    proc print data=test1; run;
ERROR: 파일 'USER.TEST1.DATA'이(가) 존재하지 않습니다.

NOTE: 오류가 발생하여 SAS 시스템은 현재 스텝의 실행을 중지합니다.
NOTE: 프로시저 PRINT 실행:
      실행 시간            0.00 초
      cpu 시간             0.00 초

14    proc print data=work.test1; run;

NOTE: 1개의 관측치를 데이터셋 WORK.TEST1. (으)로부터  읽었습니다.
NOTE: 프로시저 PRINT 실행:
      실행 시간            0.00 초
      cpu 시간             0.00 초
```

Note

1. 실무에서 USER 라이브러리를 사용할 일은 그리 많지 않다. PC 환경에서 작업하는 경우라면 작업 대상 폴더의 경로가 수시로 바뀌는 경우 및 데이터셋을 종류에 따라 별도로 저장해야 하는 경우를 위해 라이브러리 참조명을 사전 할당해야 하는 경우가 많다.
2. 라이브러리 참조명을 생략하고 프로그램을 작성하는 습관은 SAS 학습 단계에서는 편리할 수 있다. 반면, 이는 작업 결과로 생성된 파일을 관리하지 않는다는 것이므로 바람직하지는 않다.

4.5. 라이브러리 엔진

SAS 라이브러리 엔진(SAS library engine)은 SAS 데이터 라이브러리의 파일 입출력 처리를 위해 설정하는 예약어이다.

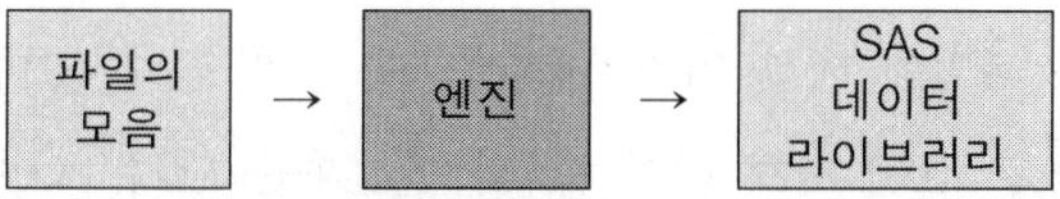

그림 4.9 SAS 라이브러리의 내부처리절차

라이브러리 엔진이 설정된 LIBNAME 구문은 SAS 파일을 처리하는 것 이외에도 **데이터베이스 관리 시스템(DBMS)**과 같이 다른 프로그램에 의해 생성된 파일들을 참조하기 위해 사용한다. 적절한 라이브러리 엔진을 설정하면, 해당 프로그램을 사용하지 않더라도, SAS로 이들 파일에 대한 입출력을 수행할 수 있다. 일반형은 다음과 같다.

[LIBNAME 구문 - 라이브러리 엔진]

```
LIBNAME libref engine 'SAS-data-library path';
```

· engine : 처리해야할 파일 유형에 대응하는 라이브러리 엔진의 명칭을 지정한다.

SAS/ACCESS 제품이 시스템에서 사용할 수 있도록 허가되어 있다면 DBMS 파일 내에 저장된 데이터 파일에 접근하기 위해 LIBNAME 구문을 사용할 수 있다. [그림 4.10]은 SAS/ACCESS 엔진으로 지정가능한 파일 형태이다.

관계형 데이터베이스
ORACLE
SYBASE
Informix
DB2 for OS/390
DB2 for UNIX and PC
Oracle Rdb
ODBC
CA-OpenIngres

비관계형 파일
ADABAS
IMS/DL-I
CA-IDMS
SYSTEM 2000

PC 파일
Excel (.xls)
Lotus (.wkn)
DBF
DIF

그림 4.10 SAS/Access 소프트웨어로 접근 가능한 파일 형태

Note

1. SAS 파일을 처리하기 위해 사용하는 엔진을 자체 라이브러리 엔진(native library engine)이라 한다.
2. SAS V8 이후 버전에서는 SAS 데이터 라이브러리를 설정할 때 라이브러리 엔진을 생략할 수 있다. 하지만, SAS V6 이전 버전에서 생성된 파일을 사용하고자 한다면 반드시 자체 라이브러리 엔진인 V6을 설정해야 한다.

인터페이스 라이브러리 엔진(interface library engine) 기능을 이용하면 BMDP, OSIRIS, SPSS 파일에 대한 읽기전용 접근을 정의할 수 있다. 인터페이스 라이브러리 엔진을 사용할 경우 자체 라이브러리 엔진과는 달리 라이브러리 참조명에는 **실제 파일명**을 지정한다. 이는 라이브러리 참조명의 규칙에 대한 예외이다.

표 4.3 인터페이스 라이브러리 엔진

엔진	종류
BMDP	BMDP 파일의 읽기전용 접근
OSIRIS	OSIRIS 파일의 읽기전용 접근
SPSS	SPSS 파일의 읽기전용 접근

프로그램 4.4 **(SAS V6 라이브러리의 사용)**

SAS V6 이전 버전과 이후 버전의 데이터셋 파일은 물리적인 구조가 서로 다르기 때문에 SAS V6 이후 버전에서는 바로 인식되지 않는다. 따라서 이를 해결하려면 SAS 자체 엔진인 V6을 LIBNAME 구문에 함께 설정해야 한다. PC의 C:\Sample\ 폴더에 SAS V6 파일 sample2. sd2 파일이 저장되어 있다고 하자.

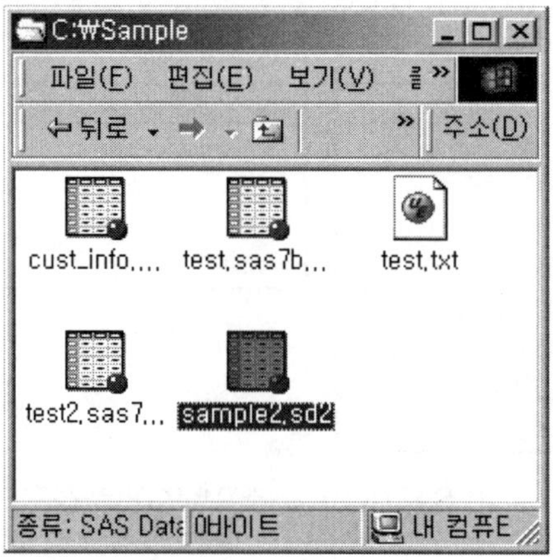

일반적인 LIBNAME 구문을 설정하면 다음과 같은 로그가 나타난다. 폴더 내에 SD2 파일이 있는지의 여부를 자동으로 검색하여 관련 메시지를 출력한다는 것을 기억하자.

SAS 로그

```
4    libname sample 'c:\sample';
NOTE: 라이브러리 'SAMPLE'의 디렉토리는 엔진 유형이 다른 파일들을 가지고
      있습니다.
NOTE: 라이브러리 'SAMPLE'이(가) 다음과 같이 할당되었습니다.
      엔진:        V9
      물리적 경로: c:\sample
```

라이브러리가 설정되었으므로 V6 파일 sample2. sd2로 출력 작업을 해보자.

SAS 로그

```
13   proc print data=sample.sample2;
ERROR: 파일 'SAMPLE.SAMPLE2.DATA'이(가) 존재하지 않습니다.
14   run;

NOTE: 오류가 발생하여 SAS 시스템은 현재 스텝의 실행을 중지합니다.
NOTE: 프로시저 PRINT 실행:
      실행 시간          0.00 초
      cpu 시간           0.00 초
```

로그를 보면, 파일은 분명히 존재하지만 정상적으로 인식되지 않는다. 이제 LIBNAME 구문에 SAS 자체 엔진 V6을 사용하여 라이브러리를 생성해보자. 로그는 다음과 같다.

SAS 로그

```
16   libname sample2 v6 'c:\sample';
NOTE: 라이브러리 'SAMPLE2'이(가) 다음과 같이 할당되었습니다.
      엔진:        V6
      물리적 경로: c:\sample
```

자체 엔진 V6이 사용되었다는 메시지가 출력된다. 다시 출력 처리를 수행하면 정상적인 처리가 수행된다.

SAS 로그

```
21   proc print data=sample2.sample2; run;

NOTE: 400개의 관측치를 데이터셋 SAMPLE2.SAMPLE2. (으)로부터  읽었습니다.
NOTE: 프로시저 PRINT 실행:
      실행 시간          0.25 초
      cpu 시간           0.07 초
```

SD2 파일(SAS V6 이전 버전의 SAS 데이터셋)은 SAS7BDAT 파일(SAS V7 이후 버전의 SAS 데이터셋)에 비해 기능이 다소 떨어지므로 V9 버전의 데이터셋으로 전환하는 것이 좋다. 다음은 서로 다른 엔진으로 구성된 라이브러리를 동시에 설정하여 파일을 이전하는 프로그램을 수행한 로그이다.

SAS 로그

```
24    data sample.sample2;
25        set sample2.sample2;
26    run;

NOTE: 400개의 관측치를 데이터셋 SAMPLE2.SAMPLE2. (으)로부터  읽었습니다.
NOTE: 데이터셋 'SAMPLE.SAMPLE2'은(는) 400개 관측치, 23개 변수를 가지고
      있습니다.
NOTE: DATA 문장 실행:
      실행 시간              0.15 초
      cpu 시간               0.03 초
```

탐색기를 확인해보면 SAMPLE2. SAS7BDAT 파일이 생성되었음을 알 수 있다.

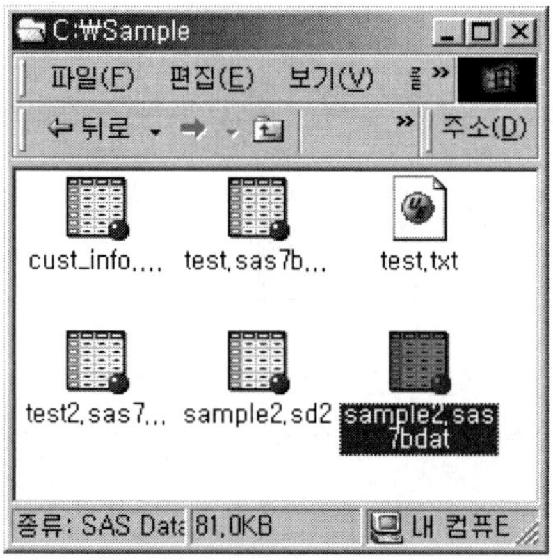

V6 엔진이 설정되어 있는 상황에서 데이터 파일을 생성하면 과거 버전이라 향후 지원되지 않을 수도 있다는 메시지가 출력된다. 다음의 로그를 보자.

SAS 로그

```
28    libname data1 v6 'C:₩Sample₩data1';
NOTE: 라이브러리 'DATA1'이(가) 다음과 같이 할당되었습니다.
      엔진:         V6
      물리적 경로: C:₩Sample₩data1

29    data data1.a1;
30        a = 1;
31        b = 2;
32        c = 3;
33    run;

NOTE: DATA1.A1.DATA is a Version 6 data set.  In future releases of SAS
      you may not be able to create or update Version 6 data sets. Use
      PROC MIGRATE to convert the data set to Version 9.
NOTE: 데이터셋 'DATA1.A1'은(는) 1개 관측치, 3개 변수를 가지고 있습니다.
NOTE: DATA 문장 실행:
      실행 시간              0.00 초
      cpu 시간               0.00 초
```

프로그램 4.5 **(SPSS 데이터 파일에 대한 라이브러리 엔진 사용)**

LIBNAME 구문을 활용하면 SPSS 파일을 직접 처리할 수 있다. SPSS 데이터 파일은 C:\sample\ 폴더에 자료.POR 파일로 저장되어 있다고 하자. 이 파일을 처리하기 위해서는 다음과 같이 LIBNAME 구문을 작성한다.

SAS 로그

```
28    libname data spss 'C:\sample\자료.por';
NOTE: 라이브러리 'DATA'이(가) 다음과 같이 할당되었습니다.
      엔진:        SPSS
      물리적 경로: C:\sample\자료.por
```

라이브러리 참조명 DATA 에는 SPSS 파일 C:\sample\자료.POR 이 연결되었다. 다음으로 SPSS 파일을 SAS 데이터셋으로 변환하기 위해서는 다음의 DATA 스텝 프로그램을 수행한다. SPSS 데이터를 가져오려면 반드시 예약어 _FIRST_를 사용해야 한다는 것을 기억하자.

SAS 로그

```
29    data spss;
30        set data._first_;
31    run;

NOTE: 2910개의 관측치를 데이터셋 DATA._FIRST_. (으)로부터  읽었습니다.
NOTE: 데이터셋 'WORK.SPSS'은(는) 2910개 관측치, 26개 변수를 가지고
있습니다.
NOTE: DATA 문장 실행:
      실행 시간           0.03 초
      cpu 시간            0.03 초
```

Note

1. SAS 인터페이스 라이브러리 엔진은 SPSS 포터블 파일 포맷(portable file format)인 POR 파일만을 지원한다.
2. SPSS의 일반적인 데이터 파일 포맷인 SAV 파일은 PROC IMPORT를 활용하여 SAS 데이터셋으로 전환 가능하다.
3. LIBNAME 구문으로 SPSS 파일을 처리하려면 LIBNAME 구문에 반드시 파일명을 함께 지정한다는 것에 주의해야 한다.
4. SPSS 파일에 대한 라이브러리 인터페이스 엔진을 설정할 때 FILENAME 구문을 사용할 수도 있다. 다음 로그를 보자.

```
5     filename spsspor 'C:\sample\자료.por';
6     libname spsspor spss ;
NOTE: 라이브러리 'SPSSPOR'이(가) 다음과 같이 할당되었습니다.
      엔진:        SPSS
      물리적 경로: C:\sample\자료.por
```

4.6. 병합 라이브러리

두 개 이상의 라이브러리를 논리적으로 통합하여 하나의 라이브러리로 정의하는 것을 **병합 라이브러리(concatenation library)**이라 한다. 이는 여러 개의 라이브러리에 흩어져 있는 SAS 데이터셋을 하나의 라이브러리 참조명으로 접근할 수 있도록 처리한다. 병합 라이브러리의 일반형은 다음과 같다.

[LIBNAME 구문 - 병합 라이브러리 설정]

```
LIBNAME libref (lib-spec-1 <…lib-spec-n>)
```

- libref : 라이브러리 참조명을 지정한다.
- (lib-spec-1 〈…lib-spec-n〉) : 기존에 설정된 라이브러리 참조명 또는 라이브러리를 설정할 절대 경로를 설정한다. 두 방식을 섞어서 사용할 수도 있다.

프로그램 4.6 **(라이브러리 병합 및 데이터 작업)**

SAS 내부 엔진 V6, V9 및 인터페이스 라이브러리 엔진 SPSS가 적용된 라이브러리 DATA1, DATA2, DATA3를 병합 라이브러리 참조명 DATA로 설정한 프로그램이다. 병합 라이브러리를 구성하는 하위 라이브러리의 개수(레벨)와 속성이 한꺼번에 로그로 출력된다.

SAS 로그

```
9    libname data1 v6   'C:\Sample\data1';
NOTE: 라이브러리 'DATA1'이(가) 다음과 같이 할당되었습니다.
      엔진:        V6
      물리적 경로: C:\Sample\data1
10   libname data2      'C:\Sample\data2';
NOTE: 라이브러리 'DATA2'이(가) 다음과 같이 할당되었습니다.
      엔진:        V9
      물리적 경로: C:\Sample\data2
11   libname data3 spss 'C:\sample\자료.por';
NOTE: 라이브러리 'DATA3'이(가) 다음과 같이 할당되었습니다.
      엔진:        SPSS
      물리적 경로: C:\sample\자료.por
12   libname data (data1,data2,data3);
NOTE: 라이브러리 'DATA'이(가) 다음과 같이 할당되었습니다.
      레벨:           3
      엔진(1):        V6
      물리적 경로(1): C:\Sample\data1
      엔진(2):        V9
      물리적 경로(2): C:\Sample\data2
      엔진(3):        SPSS
      물리적 경로(3): C:\sample\자료.por
```

병합 라이브러리 설정 단계에서 경로를 직접 설정할 수도 있다. 다음 로그는 최초 라이브러리에 경로 설정 방식을 사용한 병합 라이브러리 설정의 예시이다. 라이브러리 엔진을 설정하지 않으면 V9 엔진이 사용된다.

SAS 로그

```
42   libname data ('C:\Sample\data1',data2,data3);
NOTE: 라이브러리 'DATA'이(가) 다음과 같이 할당되었습니다.
      레벨:            3
      엔진(1):         V9
      물리적 경로(1): C:\Sample\data1
      엔진(2):         V9
      물리적 경로(2): C:\Sample\data2
      엔진(3):         SPSS
      물리적 경로(3): C:\sample\자료.por
```

병합 라이브러리에 대한 라이브러리 엔진 설정은 경로 지정 방식으로 정의했을 경우에만 적용된다. 다음 로그를 보면 앞의 프로그램과는 달리 최초 및 두 번째 라이브러리에 V8 엔진이 적용되었다는 것을 알 수 있다.

SAS 로그

```
54   libname data v8 ('C:\Sample\data1','C:\Sample\data2',data3);
NOTE: 라이브러리 'DATA'이(가) 다음과 같이 할당되었습니다.
      레벨:            3
      엔진(1):         V8
      물리적 경로(1): C:\Sample\data1
      엔진(2):         V8
      물리적 경로(2): C:\Sample\data2
      엔진(3):         SPSS
      물리적 경로(3): C:\sample\자료.por
```

반면, 라이브러리 참조명 지정 방식으로 병합 라이브러리를 설정한 경우에는 라이브러리 엔진 설정이 영향을 미치지 못한다.

SAS 로그

```
66   libname data v8 (data1,data2,data3);
NOTE: 라이브러리 'DATA'이(가) 다음과 같이 할당되었습니다.
      레벨:            3
      엔진(1):         V6
      물리적 경로(1): C:\Sample\data1
      엔진(2):         V9
      물리적 경로(2): C:\Sample\data2
      엔진(3):         SPSS
      물리적 경로(3): C:\sample\자료.por
```

경로 설정 방식을 통한 병합 라이브러리 설정에서는 파일에 대한 라이브러리 설정인 인터페이스 라이브러리 엔진과 폴더에 대한 라이브러리 설정인 내부 엔진 설정방식을 동시에 적용할 수 없다.

SAS 로그

```
53   libname data v8 ('C:\Sample\data1','C:\Sample\data2','C:\sample\자료.por');
ERROR: Library DATA is not in a valid format for access method RANDOM.
ERROR: LIBNAME 문장에 오류가 있습니다.
```

즉, 인터페이스 라이브러리 엔진과 내부 엔진을 동시에 설정하려면 라이브러리 참조명 지정 방식을 사용해야 한다는 것을 기억하자.

Note

1. 병합 라이브러리를 구성하는 하위 라이브러리 내에 동일한 명칭을 갖는 데이셋이 존재하는 경우에는 병합 라이브러리 설정 순서에 따라 파일을 검색한 후 처리를 진행한다.
2. 파일 생성 처리를 수행하면 하위 라이브러리 중 최초 지정 라이브러리에만 결과가 저장된다.
3. 파일명 변경 또는 삭제 처리를 수행하면 최초 지정 라이브러리에 존재하는 파일에 대해서만 처리가 일어난다.

4.7. 라이브러리 속성 확인 및 삭제

프로그램 상에서 라이브러리 속성을 확인하기 위해서는 LIBNAME 구문의 **LIST 옵션**을 사용한다. 일반형은 다음과 같다.

[LIBNAME 구문 - LIST 옵션]

```
LIBNAME libref LIST | _ALL_ LIST;
```

- LIST : 지정된 라이브러리의 속성을 로그에 출력한다.
- _ALL_ : 현재 SAS 세션 내에 설정된 모든 라이브러리에 대한 속성을 로그에 출력한다.

설정된 라이브러리를 삭제하려면 LIBNAME 구문의 **CLEAR 옵션**을 사용한다. 일반형은 다음과 같다.

[LIBNAME 구문 - CLEAR 옵션]

```
LIBNAME libref CLEAR | _ALL_ CLEAR;
```

- LIST : 지정된 라이브러리를 해제한다.
- _ALL_ : 현재 SAS 세션 내에 설정된 모든 사용자 정의 라이브러리를 해제한다.

프로그램 4.7 **(라이브러리 속성 확인)**

다음은 〔프로그램 4.4〕 및 〔프로그램 4.5〕에서 설정한 라이브러리 SAMPLE과 DATA의 속성을 확인한 것이다. 라이브러리 이름, 엔진, 물리적 경로 및 파일 이름 등의 정보를 확인할 수 있다.

SAS 로그

```
2    libname sample list ;
NOTE: 라이브러리 이름=   SAMPLE
      범위=     DMS Process
      엔진=    V9
      물리적 경로= c:\sample
      파일 이름= c:\sample
```

SAS 로그

```
3   libname data   list ;
NOTE: 라이브러리 이름=    DATA
      범위=     DMS Process
      엔진=    SPSS
      물리적 경로= C:\sample\자료.por
```

프로그램 4.8 **(라이브러리 삭제)**

라이브러리 삭제는 SAS와 실제 데이터 저장 폴더와의 논리적인 연결(connection)을 끊는 것을 의미한다. 따라서, 삭제 처리된 라이브러리는 프로그램 내에서 더 이상 사용할 수 없다. 하지만, 라이브러리 내의 파일은 그대로 존재한다는 것을 기억하자. 다음은 CLEAR 옵션을 사용하여 라이브러리 참조명 SAMPLE을 삭제하는 프로그램을 수행한 결과이다.

SAS 로그

```
4    libname sample clear;
NOTE: 라이브러리 'SAMPLE'이(가) 삭제되었습니다.
```

Chapter

5

SAS 변수

이제, SAS 데이터셋을 생성해서 라이브러리에 저장하는 것까지 살펴보았다. 사실상 여기까지만 이해하더라도 SAS로 간단한 데이터 분석 작업을 수행하는 데 큰 무리는 없을 것이다.

하지만, 데이터 관리 및 조작 도구로 SAS를 활용한다면 지금부터 SAS의 강점을 확인하는 단계로 생각하자. SAS는 오라클과 같은 여타 데이터베이스 프로그램과는 달리 변수(variable, column) 위주로 데이터를 다룬다. 따라서, 변수가 갖는 기본적인 속성을 이해하는 것은 SAS를 십분 활용하기 위한 필수조건일 것이다.

이 장에서는 SAS 변수명의 설정 방식, 속성, 변수의 추가 및 제거, 변수명 변경, 자동 변수 등 SAS 변수가 보유한 다양한 기능을 살펴보기로 한다. 이 장의 내용을 잘 이해한다면, SAS 데이터셋의 최적화 및 작업 후 보다 알아보기 쉽도록 데이터셋을 구성하는 것에 대한 개념을 얻을 수 있을 것이다.

5.1. SAS 변수의 생성 방식 및 속성

우리는 **[3.2. 데이터 영역]**에서 **변수(variable)**를 **"특성을 묘사한 값의 집합"**이라 정의하였다. DATA 스텝에서 변수를 생성하는 경우를 생각해보자. 우리는 사전 정의를 통해 미리 변수를 생성하거나, 외부 파일에 기초하여 변수를 생성할 수 있다. 또한, 할당 구문을 활용하여 연산 결과를 새로운 변수로 저장할 수도 있을 것이다.

이와 같은 방법에 의해 생성된 변수는 다양한 **속성(attribute)**을 갖는다. 우리가 잘 알아두어야 할 변수의 속성으로는 변수명, 변수의 길이, 저장될 데이터의 유형, PDV내의 변수 위치, 입력될 데이터의 구조, 입력된 값을 다시 출력할 때의 시각화 형태, 변수에 대한 추가적인 설명, 특정 변수에 대한 인덱스의 설정 여부 등이 있다. 이러한 변수 속성을 적절히 설정한다면, 데이터의 용량을 절감하거나 데이터 가독성을 강화하는 등의 장점이 있으므로 다양한 관점에서 변수 속성의 최적화에 대한 고민을 할 필요는 있다.

사실, 초보 프로그래머라면 이러한 속성에 대해 그다지 고민할 필요는 없다. SAS는 변수 정의 단계에서 특별한 속성이 지정되지 않았다면 변수 속성에 대한 기본 설정을 자동적으로 적용한다. **[표 5.1]**은 각각의 변수 속성이 갖는 기본값을 정리한 것이다.

표 5.1 SAS 변수의 속성 및 기본값

변수 속성	기본값
이름	없음
라벨	없음
변수 위치	없음
인덱스 설정 여부	없음

변수 속성	기 본 값
유형	수치형
길이	변수 유형과 무관하게 8B
출력형식	문자형 : $w. / 수치형 : BEST12.
입력형식	문자형 : $w. / 수치형 : w.d

우리가 접할 수 있는 거의 모든 데이터는 텍스트와 같은 외부 파일 유형으로 저장되어 있기 때문에, 보통은 INPUT 구문을 활용한 데이터 입력을 가장 많이 접하게 된다. 이미 **[2.2. 외부 파일 입력]**에서 간단한 INPUT 구문의 활용 방법에 대해 살펴본 바 있으므로, 이 장에서는 변수를 다루는 데 필요한 여러 가지 개념 및 관련 구문들을 살펴보기로 한다.

Note

1. 변수의 속성 정보는 데이터셋의 요약정보 영역(description portiong)에 저장된다.
2. 변수의 최대 저장 한계는 V9.1.3 기준으로 32,767개라는 것을 기억하자.
3. 이 장에서 다룰 속성 이외에 정렬(align) 속성을 생각할 수 있다. 문자형 변수의 경우 기본값은 왼쪽 정렬이지만, 함수 또는 공백 문자를 활용하여 셀 내의 변수값 정렬 상태를 조정할 수 있다. 데이터값 정렬에 대한 상세한 내용은 〈SAS DATA STEP - 함수편〉을 참고하자.

5.2. 변수명 설정 - SAS 명칭 리터럴과 VALIDVARNAME= 옵션

시스템 옵션 VALIDVARNAME=을 사용하면 다른 SAS 명칭들에 비해 SAS 변수명의 정의 규칙을 보다 다양한 형식으로 확장할 수 있다. VALIDVARNAME= 옵션의 일반형은 다음과 같다.

[변수 설정 - VALIDVARNAME= 옵션]

```
OPTIONS VALIDVARNAME = V7|UPCASE|ANY;
```

- V7 : 기본 설정값이며 32자까지의 영문자, 숫자, 언더스코어로 구성된 변수명을 정의할 수 있다. 프로그래머가 정의한 대소문자 그대로 변수명으로 저장되기 때문에, 이를 잘 활용하면 데이터셋 내용 확인시에 유용하다.
- UPCASE : 기본적인 정의방식은 V7과 동일하지만 소문자를 대문자로 변경하여 데이셋에 저장한다.
- ANY : 공백문자 및 특수문자, 2B 문자를 활용하여 변수명을 정의할 수 있다.

Note

1. VALIDVARNAME=ANY를 적용하면 로그에 Base SAS 및 SAS/Stat에서만 검증되었다는 내용의 메시지가 나타난다. 하지만 우리가 주로 쓰는 SAS 패키지는 Base SAS 와 SAS/Stat를 벗어나지 않으므로, 크게 문제되지는 않는다.
2. 유닉스 운영체제에서 VALIDVARNAME=ANY를 적용한 후, "연" 또는 "클"을 포함한 한글 변수명을 설정하면 오류가 나타나는 것에 주의하자.

VALIDVARNAME=ANY 옵션은 한글 변수명을 사용하는 경우 매우 편리하다. 하지만, 이 옵션을 사용하더라도 특수 문자를 포함한 문자열을 변수명으로 사용하려면 **SAS 명칭 리터럴(SAS name literal)**을 활용해야 한다. 예제를 통해 다양한 유형의 변수명 설정방식을 살펴보도록 하자.

[변수 설정 - 명칭 리터럴]

'string'n | "string"n

- 따옴표로 감싼 문자열 뒤에는 반드시 n을 붙여야 한다.
- 변수명, 구문 라벨, 외부 데이터베이스 (DBMS)의 테이블명 및 컬럼명을 생성 또는 참조하는 경우에만 사용해야 한다.
- SAS Base 및 SAS/Stat 제품군에서만 사용가능하다.
- 매크로 트리거로 사용되는 % 및 &를 변수명으로 사용하려면 반드시 작은 따옴표로 명칭 리터럴을 지정해야 의도하지 않은 결과를 피할 수 있다.
- 문자열 뒤에 공백문자가 삽입되면 추가되는 문자가 없는 것으로 간주한다.

프로그램 5.1 **(VALIDVARNAME=V7의 사용)**

VALIDVARNAME=V7 옵션을 사용하면 변수명에 대소문자를 구분하여 설정할 수 있다. SAS 내부 처리 과정에서는 변수명을 대문자로 전환하여 처리하기 때문에 프로그램에서 사용할 때는 대소문자를 구분하지 않아도 정상적으로 동작한다. VALIDVARNAME=V7 옵션은 다른 설정값을 사용하지 않았다면 기본 적용 옵션으로 처리된다. 다음 프로그램 및 로그를 보자.

SAS 프로그램

```
data test;
   UPCASE  = "대문자   ";
   lowcase = "소문자  ";
   MixCase = "대소문자";
run;

proc print;
   var upcase lowcase mixcase;
run;
```

데이터셋 TEST

UPCASE	lowcase	MixCase
대문자	소문자	대소문자

예제 프로그램의 PROC PRINT에서 알 수 있듯이 이미 설정된 변수명은 대소문자를 구분하지 않는다. 따라서, 변수명에 대소문자를 적절히 설정하는 습관은 프로그램의 가독성을 높여주는 역할을 하게 된다.

프로그램 5.2 **(VALIDVARNAME=UPCASE의 사용)**

VALIDVARNAME=UPCASE 옵션을 사용하면 프로그램에서의 대소문자 여부에 관계없이 대문자로 전환되어 변수명이 설정된다. 프로그램 및 PROC PRINT 출력 결과를 살펴보자.

SAS 로그

```
34   option validvarname = upcase;
35   data test2;
36       Test = 1;
37   run;

NOTE: 데이터셋 'WORK.TEST2'은(는) 1개 관측치,
      1개 변수를 가지고 있습니다.
NOTE: DATA 문장 실행:
      실행 시간            0.00 초
      cpu 시간             0.00 초
```

데이터셋 TEST2

TEST
1

프로그램 5.3 **(VALIDVARNAME=ANY의 사용)**

SAS는 기본적으로 한글 변수명을 허용하지 않는다. 다음 로그를 보면, 허용된 이름이 아니라는 메시지가 출력된 후 데이터셋 생성을 중지한다.

SAS 로그

```
39   option validvarname = v7;
40   data test3;
41       테스트 = 1;
ERROR: '테스트'은(는) 올바른 SAS 이름이 아닙니다.
42   run;

NOTE: 오류가 발생하여 SAS 시스템은 현재 스텝의 실행을 중지합니다.
WARNING: 데이터 셋 WORK.TEST3이(가) 불완전합니다.  이 스텝은 0개의 관측치와
         0개의 변수가 있을 때 중단되었습니다.
NOTE: DATA 문장 실행:
      실행 시간            0.01 초
      cpu 시간             0.01 초
```

반드시 한글 변수명을 사용하고자 한다면 VALIDVARNAME=ANY 옵션을 설정하면 된다. 옵션을 수행하면 경고메시지가 출력되지만, 실제 우리가 사용하는 범위 내에서는 크게 문제가 되지 않으며, 프로그램이 정상적으로 수행된다는 것을 확인할 수 있다.

SAS 로그

```
44   option validvarname = any;
WARNING: Only Base procedures and SAS/STAT procedures have been tested for use
         with VALIDVARNAME=ANY. Other use of this option is considered
         experimental and may cause undetected errors.
45   data test4;
46       테스트 = 1;
47   run;

NOTE: 데이터셋 'WORK.TEST4'은(는) 1개 관측치, 1개 변수를 가지고 있습니다.
NOTE: DATA 문장 실행:
      실행 시간            0.01 초
      cpu 시간             0.01 초
```

VALIDVARNAME=ANY 옵션은 2B 문자로 구성된 변수명을 명칭 리터럴 없이 사용할 수 있도록 한다. 또한, 이 옵션이 적용되면 특수문자가 사용된 변수명도 허용한다. 즉, 변수명 설정 시에 길이 이외에 특별히 제한을 가하지 않는 옵션이라 생각하면 이해가 빠를 것이다.

특수문자를 변수명에 사용하기 위해서는 명칭 리터럴과 함께 사용해야 한다. 먼저 다음 로그를 보자.

SAS 로그

```
49   data test5;
50       # = 1;
         -
         180
문장이 올바르지 않거나 적당한 순서에 사용되지 않았습니다.

51   run;

NOTE: 오류가 발생하여 SAS 시스템은 현재 스텝의 실행을 중지합니다.
WARNING: 데이터 셋 WORK.TEST5이(가) 불완전합니다.  이 스텝은 0개의 관측치와
         0개의 변수가 있을 때 중단되었습니다.
NOTE: DATA 문장 실행:
      실행 시간             0.00 초
      cpu 시간              0.00 초
```

한글 변수명 설정과는 달리 특수문자는 변수명에 특별한 조치 없이 적용하면 오류 메시지가 나타난다. 이를 해결하기 위해서는 앞에서 살펴본 명칭 리터럴을 활용하여 다음과 같이 변수명을 설정한다.

SAS 로그

```
53   data test6;
54       '#'n = 1;
55   run;

NOTE: 데이터셋 'WORK.TEST6'은(는) 1개 관측치, 1개 변수를 가지고 있습니다.
NOTE: DATA 문장 실행:
      실행 시간             0.01 초
      cpu 시간              0.01 초
```

명칭 리터럴은 옵션 VALIDVARNAME=ANY가 적용되었을 경우에만 효과가 있다. 다음 로그에 나타난 것과 같이 VALIDVARNAME=V7 하에서 명칭 리터럴을 사용하여 특수 문자를 변수명으로 정의하게 되면 SAS에서 허용한 명칭이 아니라는 오류 메시지가 출력된다는 것을 기억하자.

SAS 로그

```
1     option validvarname = v7;
2     data test7;
3         '#'n = 1;
ERROR: '#'은(는) 올바른 SAS 이름이 아닙니다.
4     run;

NOTE: 오류가 발생하여 SAS 시스템은 현재 스텝의 실행을 중지합니다.
WARNING: 데이터 셋 WORK.TEST7이(가) 불완전합니다.  이 스텝은 0개의 관측치와
         0개의 변수가 있을 때 중단되었습니다.
NOTE: DATA 문장 실행:
      실행 시간           0.10 초
      cpu 시간            0.01 초
```

5.3. SAS 변수열

우리가 학교에서 접하는 데이터는 상당히 간단한 형태로 구성되는 경향이 있다. 하지만, 통계 분석 실무에서 다루는 데이터는 이보다 훨씬 많은 변수를 보유한 경우가 대부분이다. 예를 들어 100개의 변수로 구성된 데이터셋을 생성해야 한다고 가정하자. 이 경우에 모든 변수를 **[그림 5.1]**과 같이 구성한다는 것은 상상만으로도 지겨운 변수명 설정 과정을 거쳐야 하며, 설사 설정했다 하더라도 해당 변수를 분석하고자 한다면 다시 변수명을 일일이 입력해야 한다는 난제에 빠지게 된다.

```
data test;
   input a1 a2 a3 a4 a5 a6 a7 a8 a9 a10 a11 a12 a13 ... a100;
   ... (생략) ...
```

그림 5.1 엄청나게 많은 변수명 설정 예시

이와 같이 다수의 변수들을 설정 또는 참조해야 하는 상황이 발생했을 때 이를 축약하는 기능을 **SAS 변수열(variable list)**이라 한다. SAS 변수열은 변수명이 갖는 패턴에 기초한 묶음을 지정하는 방식으로, 적절히 활용한다면 프로그램 작성 분량을 상당부분 줄일 수 있게 된다.

각각의 변수열은 사용할 수 있는 상황이 조금씩 틀리기는 하지만 변수와 관련된 구문 및 데이터셋 옵션이라면 대부분 사용 가능하다. SAS에서 지원하는 변수열 및 기능을 하나씩 살펴보기로 하자.

5.3.1. 범위 부여 변수열과 접두어 변수열

범위부여 변수열(numbered range variable list)은 마지막 문자를 제외한 나머지 변수명이 동일한 이름을 가진 변수들의 수열로 구성되어있을 때 사용한다. 일반형은 다음과 같다.

[변수 설정 - 범위 부여 변수열]

```
VARIABLEm - VARIABLEn
```

· VARIABLE : 변수열 접두어를 지정한다.
· m / n : 변수열 시작/종료 숫자를 지정한다.

> **Note**
> 1. 변수열에 사용되는 숫자는 반드시 자연수이어야 하며, 시작/종료 숫자가 연속된 자연수라는 전제만 성립한다면 어떤 숫자라도 사용가능하다.
> 2. 범위 부여 변수열은 다른 변수열과 달리 시작 숫자와 종료 숫자에 의해 변수 생성 패턴이 사전 지정되는 방식이다. 따라서, 범위 부여 변수열은 데이터 입력 처리에서 사용가능한 유일한 변수열이다.
> 3. 함수에서 변수열을 사용하기 위해서는 함수 내에 "of"라는 예약어를 변수열 앞에 반드시 지정해야 한다는 것을 기억하자. (예. sum(of x1-x10))

접두어 변수열(prefix variable list)은 사전 설정된 문자열로 시작하는 모든 변수를 선택하는 기능을 한다. 일반형은 다음과 같다.

[변수 설정 - 접두어 변수열]

```
prefix:
```

· prefix: : 변수에 존재하는 접두어 패턴을 지정한다.

> **Note**
> 접두어 변수열은 특정 문자열로 시작하는 패턴을 지정한다는 측면에서 범위 부여 변수열과 사용 방법이 유사하며, 접두어에 뒤따르는 변수명이 숫자가 아니더라도 사용가능하다. 단, 접두어에 뒤따르는 변수명을 사전 설정할 수 없기 때문에 데이터 입력 처리에서는 사용할 수 없다.

프로그램 5.4 **(리스트 입력에서의 범위부여변수열 활용)**

일정한 식별번호로 변수를 입력 처리할 수 있는 상황이라면 언제든지 범위 부여 변수열을 사용할 수 있다. 다음 프로그램 및 출력 결과를 보면 변수 a1, …, a10이 순차적으로 생성되었다는 것을 확인할 수 있다.

SAS 프로그램

```
data VarList1;
input a1-a10;
cards;
1 2 3 4 5 6 7 8 9 0
0 9 8 7 6 5 4 3 2 1
;
```

데이터셋 VARLIST1

a1	a2	a3	a4	a5	a6	a7	a8	a9	a10
1	2	3	4	5	6	7	8	9	0
0	9	8	7	6	5	4	3	2	1

변수열의 시작 숫자는 반드시 0으로 시작할 필요는 없으며, 변수열의 시작 숫자에 0을 적절히 설정하여 변수명을 구성하는 문자열수를 고정시킬 수도 있다. 다음 프로그램 및 결과를 보면, 10개의 변수 a02, …, a11가 생성되었다.

SAS 프로그램

```
data VarList2;
input a02-a11;
cards;
1 2 3 4 5 6 7 8 9 0
0 9 8 7 6 5 4 3 2 1
;
```

데이터셋 VARLIST2

a02	a03	a04	a05	a06	a07	a08	a09	a10	a11
1	2	3	4	5	6	7	8	9	0
0	9	8	7	6	5	4	3	2	1

변수열의 시작 숫자가 종료 숫자보다 작으면 변수가 역순으로 생성된다. 다음 결과를 보자.

SAS 프로그램

```
data VarList3;
input a10-a1;
cards;
1 2 3 4 5 6 7 8 9 0
0 9 8 7 6 5 4 3 2 1
;
```

데이터셋 VARLIST3

a10	a9	a8	a7	a6	a5	a4	a3	a2	a1
1	2	3	4	5	6	7	8	9	0
0	9	8	7	6	5	4	3	2	1

Note

리스트 입력에 대한 상세한 내용은 〈SAS DATA STEP - 응용편〉을 참고하자.

프로그램 5.5 (잘못된 범위부여변수열의 사용예 - 범위설정오류)

이번에는 기존 데이터에 변수가 존재하지 않는 상황에서 변수열 종료숫자를 잘못 지정한 경우를 살펴보자. 예를 들어, 월별 매출 자료를 다루다 보면, Use200501, Use200502, …, Use200512, Use200601 등과 같이 변수명을 설정하는 경우가 많다. 다음은 신용카드 소지회원의 월별 유실적 여부에 기초하여 최근 6개월 유실적 개월수를 계산하고자 하는 프로그램의 로그이다.

SAS 로그

```
34    data UsageMonth;
35       input use200501-use200512 use200601;
36       usenum = sum(of use200508-use200512 use200601);
37    cards;

NOTE: 데이터셋 'WORK.USAGEMONTH'은(는) 1개 관측치, 14개 변수를 가지고 있습니다.
NOTE: DATA 문장 실행:
      실행 시간            0.00 초
      cpu 시간             0.00 초
```

변수 의미 식별이 용이하도록 년월을 변수명의 종료숫자로 지정하는 경우에 자주 저지르는 실수는 다음 프로그램과 같다. 로그를 보면, 해당 변수가 존재하지 않는다는 엄청난 분량의 오류가 출력되어 있을 것이다.

SAS 프로그램

```
data UsageMonth;
   input use200501-use200512 use200601;
   usenum = sum(of use200508-use200601);
cards;
1 0 1 0 1 0 1 1 0 1 1 0 1
;
```

SAS 로그

```
28    data UsageMonth;
29       input use200501-use200512 use200601;
30       usenum = sum(of use200508-use200601);
31    cards;

NOTE: 변수 'use200513'이(가) 초기화되지 않았습니다.
NOTE: 변수 'use200514'이(가) 초기화되지 않았습니다.

... (중략) ...

NOTE: 변수 'use200599'이(가) 초기화되지 않았습니다.
NOTE: 변수 'use200600'이(가) 초기화되지 않았습니다.
NOTE: 데이터셋 'WORK.USAGEMONTH'은(는) 1개 관측치, 102개 변수를 가지고 있습니다.
NOTE: DATA 문장 실행:
      실행 시간            0.06 초
      cpu 시간             0.01 초
```

프로그램 5.6 (접두어 변수열의 활용)

[프로그램 5.5]에서 다룬 예제 프로그램을 다시 한 번 살펴보자. SAS 데이터셋 UsageMonth는 유실적 여부를 의미하는 모든 변수가 접두어 USE를 포함하고 있으며, 2005년을 의미하는 변수는 접두어 USE2005라는 것을 쉽게 확인할 수 있다. 그러면, 접두어 변수열을 활용하여 12개월 및 13개월 유실적 개월수를 계산해보자. 프로그램 및 결과는 다음과 같다.

SAS 프로그램

```
data UsageMon;
   input use200501-use200512 use200601;
   usage12= sum(of use2005:);
   usage13 = sum(of use:);
cards;
1 0 1 0 1 0 1 1 0 1 1 0 1
;
```

데이터셋 USAGEMON1

usage12	usage13
7	8

프로그램 5.7 **(접두어 변수열 사용시 주의사항(1) - 접두어 설정 오류)**

접두어 변수열을 사용할 경우, 다른 변수에 의해 파생되는 변수명을 설정할 때 주의해야 한다. 〔프로그램 5.6〕에서 다룬 예제 프로그램 중 변수명 Usage12와 Usage13을 각각 Use12, Use13으로 바꾼 후 프로그램을 수행해 보자. 변수명만을 바꾸었지만, 결과는 틀리게 계산된다는 것을 확인할 수 있다.

SAS 프로그램

```
data UsageMon2;
   input use200501-use200512 use200601;
   use12 = sum(of use2005:);
   use13 = sum(of use:);
cards;
1 0 1 0 1 0 1 1 0 1 1 0 1
;
```

데이터셋 USAGEMON2

use12	use13
7	15

SAS는 기본적으로 프로그램 구문을 작성 순서대로 처리하기 때문에, 접두어 변수열은 프로그램의 직전 행까지 생성된 변수명을 전부 고려하여 연산을 수행한다. 예제 프로그램에서는 먼저 Use12의 값을 7로 계산한 후, Use13의 값을 계산할 때 Use12의 값을 포함하여 연산하기 때문에 위와 같은 논리적 오류가 발생하게 된다.

프로그램 5.8 **(접두어 변수열 사용시 주의사항(2) - 다른 변수형을 갖는 경우)**

접두어 변수열은 해당 패턴을 따르는 변수들이 동일한 변수형을 갖는 것으로 간주하기 때문에, 변수열 내에 다른 변수형이 존재할 경우 오류가 나타날 수 있다. 다음 로그를 보자.

SAS 로그

```
65    data UsageMonth;
66       input use0501-use0511 use0512 $;
67       use12 = sum(of use05:);
68    cards;

NOTE: 다음의 위치에서 문자형 값이 숫자형 값으로 변환되었습니다: (행):(칼럼)
      67:24
NOTE: 올바르지 않은 숫자형 데이터: use0512='X'(행 67 칼럼 24).
RULE:
----+----1----+----2----+----3----+----4----+----5----+----6----+----7----+----
69        1 0 1 0 1 0 1 1 0 1 1 X
use0501=1 use0502=0 use0503=1 use0504=0 use0505=1 use0506=0 use0507=1 use0508=1
use0509=0 use0510=1 use0511=1 use0512=X use12=7 _ERROR_=1 _N_=1
NOTE: 데이터셋 'WORK.USAGEMONTH'은(는) 1개 관측치, 13개 변수를 가지고 있습니다.
NOTE: DATA 문장 실행:
      실행 시간          0.00 초
      cpu 시간           0.00 초
```

접두어 변수열은 지정한 문자열로 시작하는 변수라면 변수형을 따지지 않고 모두 연산에 사용한다. 따라서, 예제와 같이 문자형 변수를 함수 연산에 사용하면 자동 변환 처리가 일어나고, 변수값이 숫자로 표현되지 않은 값이라면 해당 변수는 결측치로 간주한다.

Note

1. 대용량 데이터를 다룰 때는 기존에 만들어진 SAS 데이터셋을 쓰는 경우가 많기 때문에, 범위 부여 변수열 및 접두어 변수열을 사용할 때 자주 이러한 실수를 한다는 것에 주의하자.
2. 변수형 자동 변환은 〔6.3.4절〕에서 상세히 다룬다.

5.3.2. 특수 변수열과 명칭 범위 변수열

SAS는 변수명의 패턴을 정의하는 변수열 설정 방식과 더불어, 변수형(variable type)을 지정하는 변수열 설정방식인 **특수 변수열**(special variable list)과 **명칭 범위 변수열**(name range list)도 지원한다. 먼저, SAS에서 제공하는 특수 변수열은 다음과 같다.

[변수 설정 - 특수 변수열]

```
_NUMERIC_ | _CHARACTER_  | _ALL_
```

- _NUMERIC_ : 현재 데이터 스텝 내에 정의된 모든 수치형 변수 지정
- _CHARACTER_ : 현재 데이터 스텝 내에 정의된 모든 문자형 변수 지정
- _ALL_ : 현재 데이터 스텝 내의 모든 변수 지정

Note

특수 변수열의 명칭인 _NUMERIC_, CHARACTER_, _ALL_은 사용자 정의 변수명으로 쓸 수 없다.

특수 변수열은 데이터셋 내에서 지정한 변수형을 갖는 변수 전체를 간단히 지정하는 방식이라 생각하자. 이에 반해, 명칭 범위 변수열은 변수형에 더하여 데이터셋 내에 저장된 변수의 위치까지 활용해야 하는 경우에 사용한다. 일반형은 다음과 같다.

[변수 설정 - 명칭 범위 변수열]

```
x--a | x-numeric-a | x-character-a
```

- x--a : 변수 X부터 A까지 순차적으로 전체 선택
- x-numeric-a : 변수 X부터 A까지 순차적으로 수치형 변수만 선택
- x-character-a : 변수 X부터 A까지 순차적으로 문자형 변수만 선택

프로그램 5.9 **(특수 변수열의 사용)**

예제 프로그램은 번호와 이름, 몸무게, 성별, 키가 순서대로 저장되어 있으며, 이중 이름과 성별은 문자형 변수이다. PROC PRINT의 VAR 구문에 특수 변수열을 사용해 보기로 하자. 프로그램은 다음과 같다. 첫 번째 출력 프로그램은 저장된 변수중 수치형 변수만을, 두 번째는 문자형 변수만을 세 번째는 모든 변수를 출력한다.

SAS 프로그램 (데이터 입력)

```
data test;
   input idnum name $ weight
         gender $ height;
cards;
1 안상욱  90 1 182
2 최홍만 158 1 218
3 이효리  48 2 167
;
run;
```

SAS 프로그램 (데이터 출력)

```
proc print data=test; var _numeric_;   run;

proc print data=test; var _character_; run;

proc print data=test; var _all_;       run;
```

SAS 출력 (1)

OBS	idnum	weight	height
1	1	90	182
2	2	158	218
3	3	48	167

SAS 출력 (2)

OBS	name	gender
1	안상욱	1
2	최홍만	1
3	이효리	2

SAS 출력 (3)

OBS	idnum	name	weight	gender	height
1	1	안상욱	90	1	182
2	2	최홍만	158	1	218
3	3	이효리	48	2	167

프로그램 5.10 **(명칭 범위 변수열의 사용)**

SAS 데이터셋의 변수명에 일정한 패턴이 없으며, 수치형 변수와 문자형 변수가 뒤섞여 있는 경우 명칭 범위 변수열은 유용하다. 〔프로그램 5.9〕에서 살펴본 프로그램 중 특수 변수열 대신 명칭 범위 변수열을 사용해 보기로 하자. 명칭 범위 변수열의 프로그램은 다음과 같다.

SAS 프로그램 (데이터 입력)

```
data test;
   input idnum name $ weight
         gender $ height;
cards;
1 안상욱  90 1 182
2 최홍만 158 1 218
3 이효리  48 2 167
;
run;
```

SAS 프로그램 (데이터 출력)

```
proc print data=test;
   var name-numeric-height;
run;

proc print data=test;
   var name-character-height;
run;

proc print data=test;
   var name--height;
run;
```

SAS 출력 (1)은 저장된 변수중 수치형 변수만을, (2)는 문자형 변수만을 (3)은 모든 변수를 출력한다. 명칭 범위 변수열을 변수 Name부터 설정했기 때문에, 〔프로그램 5.9〕의 결과와는 달리 변수 idnum의 출력이 제한되었음을 확인할 수 있다.

SAS 출력 (1)

OBS	weight	height
1	90	182
2	158	218
3	48	167

SAS 출력 (2)

OBS	name	gender
1	안상욱	1
2	최홍만	1
3	이효리	2

SAS 출력 (3)

OBS	name	weight	gender	height
1	안상욱	90	1	182
2	최홍만	158	1	218
3	이효리	48	2	167

명칭 범위 변수열의 경우 데이터셋 내의 변수 저장 순서에 의존하기 때문에, 데이터셋 생성 전에 저장 순서를 적절히 설정해두면 편리하다는 것을 기억하자.

5.4. 변수 속성 조절 관련 구문

5.4.1. 변수의 유형, 길이, 순서 지정 - LENGTH 구문

변수의 유형(type)은 크게 **문자형 변수**(character variable)와 **수치형 변수**(numeric variable)로 나눌 수 있다. 문자형 변수는 **어떠한 값**이라도 저장될 수 있으며, 수치형 변수는 반드시 **수치형 값**(0~9, +, -, E)만을 저장해야 한다.

변수의 유형에 따라 결측치의 표현 방식도 달라진다. [그림 5.2]에 제시된 데이터셋에서 Name과 Sex는 문자형 변수이고 Age와 Weight는 수치형 변수이다. 문자형 변수에서는 결측치를 **공백**(blank)으로 표현하고, 수치형 변수에서는 **마침표**(.)로 표현한다.

Name	Sex	Age	Weight
	M	48	128.6
Laverne	M	58	158.3
Jaffe	F	.	115.5
Wilson	M	28	170.1

그림 5.2 변수형태에 따른 결측치 표현 방식

> **Note** 결측치와 관련한 보다 상세한 내용은 [6.6. 결측치]을 참고하자.

SAS에서 변수값을 저장하기 위해 사용되는 저장 공간의 분량을 길이(length)라 하며, 단위로는 **바이트**(byte, B)를 사용한다. 우리가 사용하는 영문자와 숫자는 한 자당 1B의 저장 공간을, 한글문자 및 일부 특수문자는 한 자당 2B의 저장공간을 점유한다는 것을 기억하자.

길이를 사전 설정하지 않는다면 변수 유형에 관계없이 8B의 기본값을 갖는다. 문자형 변수는 32,767B까지 설정할 수 있으며, 수치형 변수는 3~8B의 길이를 지정할 수 있다. 지정된 길이는 해당 변수에 저장될 수치형 데이터의 정밀도(precision)를 결정한다. [표 5.2]는 지정된 길이에 따라 정확하게 표현되는 정수의 최대 한도를 보여준다.

표 5.2 길이에 따른 정수의 표현 한도

길이(Bytes)	최대값	길이(Bytes)	최대값
3	8,192	6	137,438,953,472
4	2,097,152	7	35,184,372,088,832
5	536,870,912	8	9,007,199,254,740,992

Note

1. 최대값을 넘어가는 정수는 정상적으로 저장되지 않는다.
2. 실수의 경우 동일한 값을 할당하더라도 길이에 따라 저장되는 값이 달라진다.
3. 소규모 데이터에서는 수치형 변수에 정의된 길이가 SAS 데이터셋의 용량에 크게 영향을 미치지 않지만, 수천만건 이상으로 구성된 대용량 데이터에서는 수치형 변수의 길이를 1B만 줄이더라도 데이터 실제 용량이 수십MB나 줄어들기 때문에, 효율적인 데이터셋 용량 관리 방법으로 길이 조정을 검토할 수 있다.

변수의 순서(order)는 데이터셋을 구성하는 변수의 설정된 물리적인 저장 순서를 의미한다. **[그림 5.3]**에 제시된 데이터셋의 변수 순서는 (1) Part, (2) Jan, (3) Apr, (4) Jul, (5) Oct 이다. **[5.3. SAS 변수열]**에서 살펴본 여러 종류의 변수열을 적절히 사용하기 위해서는 변수 순서를 잘 이해할 필요가 있다.

Part	Jan	Apr	Jul	Oct

그림 5.3 변수의 순서

지금까지 살펴본 변수 유형, 길이, 순서는 데이터셋을 다룰 때 상황에 따라 자주 변경해야 하는 중요한 속성들이다. 이 속성들을 정의하기 위해 SAS는 **LENGTH 구문**을 지원한다. 일반형은 다음과 같다.

[DATA 스텝 - LENGTH 구문]

```
LENGTH VAR1 <$> length … VARn <$> length ;
```

- VARn : 길이를 할당할 변수의 이름을 설정한다.
- $: 문자형 변수일 경우 설정한다.
- length : 변수의 길이를 설정하는 정수를 지정한다.

LENGTH 구문은 변수의 속성을 선언하는 구문(declare statement)이다. 즉, 데이터 입력 (SET, INPUT 구문) 전에 LENGTH 구문을 사용되면 PDV의 변수 순서를 사전 정의하는 기능을 한다. 이를 적절히 활용하면 기존 데이터셋의 변수 순서를 적절히 변경할 수 있다. 하지만, 데이터 입력 처리 이후에 LENGTH 구문을 사용하게 되면 실제 정상적인 변수 유형, 길이, 순서 설정 기능을 수행하지 못한다.

데이터 입력 이후에 새로 생성된 변수의 속성을 설정하는 경우라면 입력 단계와 생성 단계 사이에 LENGTH 구문을 사용하여 속성을 정의할 수 있다. 단, 기존에 설정된 변수의 속성들은 변경할 수 없으나, 수치형 변수의 길이 변경만을 수행하고자 하는 경우라면 DATA 스텝의 어디서든지 LENGTH 구문을 사용할 수 있다. 예제를 통해 LENGTH 구문의 다양한 사용법을 살펴보도록 하자.

> **Note** 변수의 길이를 사전 설정하지 않은 LENGTH 구문을 생각해보자. 할당 구문으로 문자형 변수를 생성하면 할당된 값의 실제 길이만큼 자동으로 설정되며, 수치형 변수를 생성하면 8B의 길이가 자동 할당된다. 문자형 변수에 대한 길이 속성 자동 할당은 IF 구문을 활용한 조건부 할당 처리에서 주요하게 사용된다. 조건부 할당 처리에 대한 상세한 내용은 [7.2. 조건부 처리 (1) - IF-THEN/ELSE 구문]을 참고하자.

프로그램 5.11 **(문자형 변수의 길이에 따른 변수값 저장 결과의 차이)**

LENGTH 구문으로 문자형 변수의 길이 속성을 사전 설정할 수 있다. 단, 이 경우에는 저장될 값의 최대 길이에 해당하는 속성을 사전설정해야 정상적인 처리가 이루어진다. 다음 로그 및 출력 결과를 보자.

SAS 로그

```
data LengthTest1;
     length String1 $ 7 String2 $ 10 String3 $ 7 ;
     String1 = 'Epik High';
     String2 = 'Epik High';
     String3 = '에픽하이';
     String4 = '에픽하이';
     String5 = '에픽 하이';
run;

NOTE: 데이터셋 'WORK.LENGTHTEST1'은(는) 1개 관측치, 5개 변수를 가지고 있습니다.
NOTE: DATA 문장 실행:
      실행 시간          0.00 초
      cpu 시간           0.00 초
```

SAS 출력

OBS	String1	String2	String3	String4	String5
1	Epik Hi	Epik High	에픽하?	에픽하이	에픽 하이

문자열의 실제 길이에 비해 변수 길이 속성이 짧은 경우에는 사전 설정된 길이 속성만큼만 저장된다. 한글과 같은 2B 문자열의 경우는 설정된 길이와 문자열의 길이가 충돌하는

경우도 존재한다. 예를 들어, 7B의 문자형 변수에 9B의 영문자열 및 8B의 한글 문자열을 할당 다음 그림을 보면, 영문자 할당과 한글 할당의 차이점을 이해 할 수 있을 것이다.

	1	2	3	4	5	6	7
Epik High	E	p	i	k		H	i
에픽하이	에		픽		하		?

프로그램 5.12 (수치형 변수의 길이에 따른 변수값 저장 결과의 차이)

〔표 5. 2〕에서 살펴보았듯이 수치형 변수의 경우는 표현 가능한 최대 한도가 정해져 있기 때문에, 사전 길이 할당은 매우 조심스럽게 접근해야 한다.

먼저 정수의 경우를 살펴보자. 정수값의 크기가 클수록 사전 길이 할당이 문제가 될 수 있다. 다음 프로그램은 〔표 5. 2〕에 제시한 최대 한도를 넘어가는 숫자를 할당하는 예제이다. 모든 변수에는 123, 456, 789, 012, 345를 할당한다.

SAS 로그

```
data LengthTest2;
    length Number1 3 Number2 5 Number3 6 Number4 8;
    Number1 = 123456789012345;
    Number2 = 123456789012345;
    Number3 = 123456789012345;
    Number4 = 123456789012345;
    format number1-number4 comma20.;
run;

NOTE: 데이터셋 'WORK.LENGTHTEST2'은(는) 1개 관측치, 4개 변수를 가지고 있습니다.
NOTE: DATA 문장 실행:
      실행 시간            0.00 초
      cpu 시간             0.00 초
```

출력 결과를 살펴보면 Number1는 2249056121, Number2는 122745, Number3는 889 만큼의 오차가 발생한 채로 저장된다.

SAS 출력

OBS	Number1	Number2	Number3	Number4
1	123,454,539,956,224	123,456,788,889,600	123,456,789,011,456	123,456,789,012,345

실수(real number)를 다루는 경우라면 길이 조정을 하지 않는 것이 좋다. 먼저 큰 실수값을 할당하는 예제를 살펴보자. 모든 변수에는 1, 234, 567, 890. 12345를 할당한다.

SAS 로그

```
data LengthTest3;
    length Number1 3 Number2 5 Number3 6 Number4 8;
    Number1 = 1234567890.12345;
    Number2 = 1234567890.12345;
    Number3 = 1234567890.12345;
    Number4 = 1234567890.12345;

    format number1-number4 comma23.5;
run;
```

출력 결과를 보면 Number1는 131794.12345, Number2는 2.12345, Number3는 0.01407만큼의 오차가 발생한 채로 저장된다.

SAS 출력

Number1	Number2	Number3	Number4
1,234,436,096.00000	1,234,567,888.00000	1,234,567,890.10938	1,234,567,890.12345

다음으로 작은 실수값을 할당하는 예제를 살펴보자. 모든 변수에는 1.1을 할당한다.

SAS 로그

```
data LengthTest4;
    length Number1 3 Number2 5 Number3 6 Number4 8;
    Number1 = 1.1;
    Number2 = 1.1;
    Number3 = 1.1;
    Number4 = 1.1;

    format number1-number4 comma15.10;
run;

NOTE: 데이터셋 'WORK.LENGTHTEST4'은(는) 1개 관측치, 4개 변수를 가지고 있습니다.
NOTE: DATA 문장 실행:
      실행 시간          0.01 초
      cpu 시간           0.01 초
```

1.1은 모든 길이에서 감당 가능한 정도의 숫자로 생각할 수 있다. 그러나, 출력 결과를 살펴보면, Number1는 0.0001464844, Number2는 0.0000000012 만큼의 오차가 발생한 채로 저장된다. 즉, 정밀도를 요구하는 연산의 경우 임의로 수치형 변수의 길이를 조절하게 되면 결과의 변동성을 예측할 수 없기 때문에, 실수 데이터를 활용한 처리에서는 가급적 사전 길이 할당을 피하는 것이 좋다.

SAS 출력

OBS	Number1	Number2	Number3	Number4
1	1.0998535156	1.0999999978	1.1000000000	1.1000000000

프로그램 5.13 **(변수 순서 조정)**

데이터 입력 관련 구문 (SET, MERGE, INPUT 구문 등) 보다 앞서 LENGTH 구문과 같은 선언 구문들을 사용하면 구문에 지정된 순서대로 변수가 저장된다. 먼저, 다음과 같이 순서를 조절할 예제 데이터셋 LengthTest4를 생성해보자.

SAS 로그

```
data LengthTest4;
   String5 = '에픽하이';
   String1 = '각나그네';
   String4 = '드렁큰타이거';
   String2 = '아이에프';
   String3 = '다이나믹듀오';
run;

NOTE: 데이터셋 'WORK.LENGTHTEST4'은(는) 1개 관측치, 5개 변수를 가지고 있습니다.
NOTE: DATA 문장 실행:
      실행 시간          0.00 초
      cpu 시간           0.00 초
```

데이터셋 LengthTest4를 출력하면 다음과 같다.

SAS 출력

OBS	String5	String1	String4	String2	String3
1	에픽하이	각나그네	드렁큰타이거	아이에프	다이나믹듀오

데이터셋 LengthTest4에서 변수 String1부터 String3까지 순서대로 나열해 보자. 다음과 같이 SET 구문 앞에 LENGTH 구문을 설정하여 데이터셋 LengthTest5를 생성해보자.

SAS 로그

```
data LengthTest5;
    length String1 $ 8 String2 $ 8 String3 $ 12 ;
    set LengthTest4;
run;

NOTE: 1개의 관측치를 데이터셋 WORK.LENGTHTEST4. (으)로부터  읽었습니다.
NOTE: 데이터셋 'WORK.LENGTHTEST5'은(는) 1개 관측치, 5개 변수를 가지고 있습니다.
NOTE: DATA 문장 실행:
      실행 시간          0.00 초
      cpu 시간           0.00 초
```

출력 결과를 보면, 변수 String1, 변수 String2, 변수 String3 가 순서대로 출력된다는 것을 확인할 수 있다. 이때 LENGTH 구문에 지정되지 않은 변수들은 사전 설정된 변수 뒤에 기존 데이터셋에 저장된 순서대로 저장된다.

SAS 출력

OBS	String1	String2	String3	String5	String4
1	각나그네	아이에프	다이나믹듀오	에픽하이	드렁큰타이거

Note INPUT 구문 앞에 LENGTH 구문을 사전 설정하면 문자형 변수 입력 처리 시 식별자 $를 사용할 필요가 없다. 이는 LENGTH 구문이 선언 구문이기 때문이다.

프로그램 5.14 **(데이터 입력 이후의 LENGTH 구문 사용)**

LENGTH 구문은 선언 구문임을 앞에서 간단히 언급하였다. 선언 구문의 특성 상, 데이터 입력 구문 (SET, MERGE, INPUT 구문 등) 뒤에 LENGTH 구문을 사용하는 것은 주의해야 한다. 예제를 통해 문자형 변수와 수치형 변수의 예를 각각 살펴보기로 하자.
문자형 변수에 대한 LENGTH 구문이 데이터 입력 구문 뒤에 위치하면 "해당 문자형 변수의 길이 속성이 이미 설정되었다"는 경고 메시지를 출력한 후, 길이 속성을 변경하지 않는다. 로그 및 출력 결과는 다음과 같다.

SAS 로그

```
241  data LengthTest6;
242      set LengthTest4;
243      length String1 $ 9 String2 $ 8 String3 $ 12 ;
WARNING: Length of character variable String1 has already been set.
         Use the LENGTH statement as the very first statement in the DATA STEP
         to declare the length of a character variable.
244  run;

NOTE: 1개의 관측치를 데이터셋 WORK.LENGTHTEST4. (으)로부터 읽었습니다.
NOTE: 데이터셋 'WORK.LENGTHTEST6'은(는) 1개 관측치, 5개 변수를 가지고 있습니다.
NOTE: DATA 문장 실행:
      실행 시간            0.00 초
      cpu 시간             0.00 초
```

SAS 출력

OBS	String5	String1	String4	String2	String3
1	에픽하이	각나그네	드렁큰타이거	아이에프	다이나믹듀오

수치형 변수에 대한 LENGTH 구문이 데이터 입력 구문 뒤에 위치하면 별다른 오류 메시지가 나타나지 않는다. 따라서, 이 방식은 수치형 변수의 길이 속성 조절을 통한 데이터셋 용량 절감에 도움이 될 수 있다. 단, 이 경우 LENGTH 구문으로 지정 가능한 또 다른 속성인 변수 순서(order)의 조정은 이루어지지 않는다. 다음 로그 및 출력 결과를 보자.

SAS 로그

```
data LengthTest7;
    Number2 = 34; Number3 = 56; Number1 = 12; Number4 = 78;
run;

NOTE: 데이터셋 'WORK.LENGTHTEST7'은(는) 1개 관측치, 4개 변수를 가지고 있습니다.
NOTE: DATA 문장 실행:
      실행 시간           0.18 초
      cpu 시간            0.03 초

data LengthTest8;
    set LengthTest3;
    length Number1 8 Number2 6 Number3 4;
run;

NOTE: 1개의 관측치를 데이터셋 WORK.LENGTHTEST7. (으)로부터  읽었습니다.
NOTE: 데이터셋 'WORK.LENGTHTEST8'은(는) 1개 관측치, 4개 변수를 가지고 있습니다.
NOTE: DATA 문장 실행:
      실행 시간           0.00 초
      cpu 시간            0.00 초
```

SAS 출력

OBS	Number2	Number3	Number1	Number4
1	34	56	12	78

프로그램 5.15 **(LENGTH 구문에서의 변수열 사용)**

LENGTH 구문을 통한 사전 변수 설정에서도 변수열을 사용할 수 있다. 출력 결과를 보면, 별도 설정된 변수 String1은 10B의 길이가 할당되었지만, 변수열 String2-String5에 대해 한꺼번에 8B의 길이가 할당됨으로 인하여 일부 변수값들이 정상적으로 저장되지 않았음을 확인할 수 있다.

SAS 로그

```
data LengthTest9;
    length String1 $ 10 String2-String5 $ 8;
    String1 = 'Epik High'; String2 = 'Epik High';
    String3 = '에픽하이';  String4 = '에픽하이'; String5 = '에픽 하이';
run;

NOTE: 데이터셋 'WORK.LENGTHTEST9'은(는) 1개 관측치, 5개 변수를 가지고 있습니다.
NOTE: DATA 문장 실행:
      실행 시간           0.00 초
      cpu 시간            0.00 초
```

SAS 출력

OBS	String1	String2	String3	String4	String5
1	Epik High	Epik Hig	에픽하이	에픽하이	에픽 하?

5.4.2. 영구 라벨 할당 - LABEL 구문

변수에 설명을 부여할 필요가 있는가에 대한 질문에는 **'그럴 필요도 있고, 그렇지 않을 필요도 있다'**라고 대답할 수 있다. 데이터를 다루다 보면 변수의 의미에 맞게 변수명이 설정되어 있지 않은 경우는 드물지 않다. 특히, 실무에서는 데이터베이스 관리 정책(DB management policy)에 따라 변수명(컬럼명)은 영문으로 처리하고, 변수에 대한 설명(라벨)을 한글로 처리하는 경우가 많다. 예를 들어, 매출금액을 Sales라는 변수명으로 정의할 수도 있지만 A1324와 같이 알 수 없는 일련번호의 조합으로 설정하는 경우도 있는 것이다.

SAS에서는 변수명만으로 변수의 의미를 정확히 파악할 수 없는 경우를 보완하기 위해 **LABEL 구문**으로 변수의 실제 의미를 구체적으로 설명할 수 있도록 지원한다. 일반형은 다음과 같다.

[DATA 스텝 - LABEL 구문]

```
LABEL variable(s) = 'variable-label';
```

- variable-label : 변수에 대한 라벨을 지정한다.
- 라벨을 취소하고자 할 경우 공백문자로 라벨을 지정한다.

프로그램 5.16 **(LABEL 구문의 사용)**

간단한 예제로 LABEL 구문의 사용법을 살펴보자. 다음 프로그램을 수행한 후 뷰테이블로 데이터셋을 열어보면 라벨이 정상적으로 적용되었음을 확인할 수 있다.

SAS 프로그램

```
data LabelTest;
   a = 1;
   label a='라벨/테스트';
run;
```

데이터셋 LABELTEST

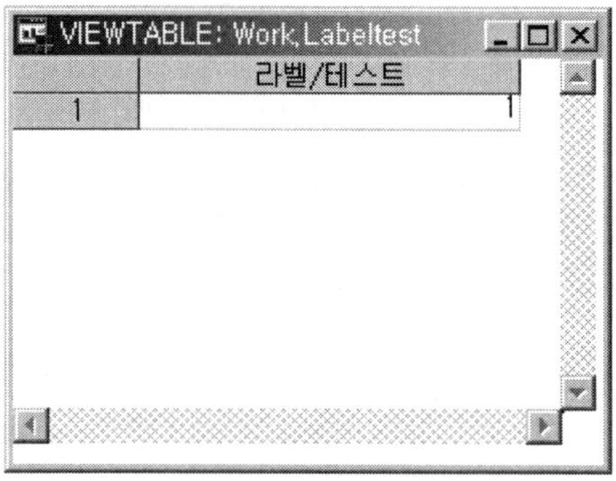

프로그램 5.17 **(지정된 라벨의 제거)**

한 번 적용한 라벨을 여러 가지 사정에 따라 제거해야 할 경우도 자주 접할 수 있다. 라벨을 할당하는 과정 자체는 우리가 매우 익숙한 할당 구문과 유사하기 때문에, 할당된 라벨을 제거하고자 하는 경우에도 다음 프로그램과 같이 공백문자 없이 따옴표로만 구성된 LABEL 구문을 사용하는 경우가 많다. 하지만, 이와 같이 할당구문을 설정하더라도 정상적으로 라벨 제거 처리가 일어나지는 않는다. 뷰테이블 결과를 확인해보자.

SAS 프로그램

```
data LabelTest2;
   set LabelTest;
   label a='';
run;
```

데이터셋 LABELTEST2

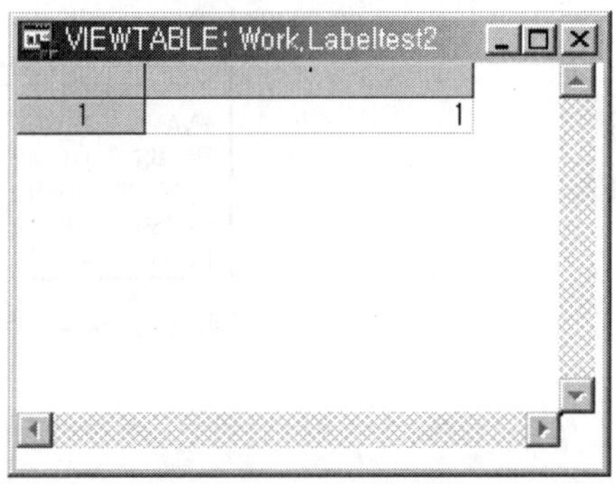

이를 해결하려면 공백문자 하나를 라벨에 포함시켜 설정해주면 된다. 다음 프로그램 및 뷰테이블 결과를 보면 할당된 라벨이 제거되고 변수명이 출력되는 것을 확인할 수 있다.

SAS 프로그램

```
data LabelTest3;
   set LabelTest;
   label a=' ';
run;
```

데이터셋 LABELTEST3

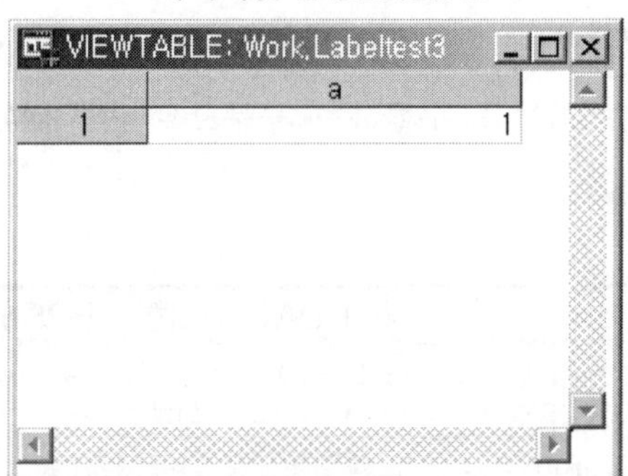

5.4.3. 변수에 대한 입출력 형식 할당 - INFORMAT, FORMAT 구문

수치형 데이터는 숫자, 소숫점, E 표기법(E-notation, scientific notation), +, -만으로 구성된 수치형 데이터를 **표준 수치형 데이터**(standard numeric data)라 하고, %, $, 쉼표(,)와 같은 특수문자를 포함하거나, 분수, 2진수, 16진수 형태 등 각종 다양한 형태로 구성된 수치형 데이터를 **특수 수치형 데이터**(special numeric data)라 한다. 예를 들어, [그림 5.4]에 제시된 데이터의 세 번째 열은 -, E, 소숫점, 숫자만으로 구성된 표준 수치형 데이터인 반면, 네 번째 열은 쉼표를 포함한 특수 수치형 데이터이다.

```
----+----1----+----2----+---
EVANS     DONNY 2112 29,996.63
HELMS     LISA  21E1 18,567.23
HIGGINS JOHN    2111 25,309.00
LARSON    AMY   21.3 32,696.78
MOORE     MARY  -112 28,945.89
```

그림 5.4 특수 수치형 데이터의 예시

이와 같이 숫자에 단위를 추가하거나 자릿수에 표식을 삽입하여 가독성을 넓히는 것처럼, 데이터의 표현 방법을 다채롭게 확장하는 개념을 일컬어 **형식**(form)이라 하며, 데이터 입력 단계에서 사용하는 형식을 **입력 형식**(informat), 데이터 출력 단계에서 사용하는 형식을 **출력 형식**(format)이라 한다. 출력형식은 데이터의 **"실제 출력형태를 조절"**하며, 입력형식은 읽을 데이터가 **"어떠한 형태로 조직화되었는지 지정"**하는 것이라 이해하면 편리하다. SAS에서 상황에 적절한 입출력 형식을 연동하는 기능을 수행하는 구문으로 **FORMAT/INFORMAT 구문**을 지원한다. 일반형은 다음과 같다.

[DATA 스텝 - FORMAT/INFORMAT 구문]

```
FORMAT variable(s) format-name<w>.<d>;
INFORMAT variable(s) informat-name<w>.<d>;
```

- variable(s) : 입출력형식을 연동시킬 변수를 지정한다.
- format-name : SAS 출력형식 또는 사용자 정의 출력형식을 지정한다.
- informat-name : SAS 입력형식 또는 사용자 정의 입력형식을 지정한다.
- <w> : 입출력형식의 전체 너비를 지정한다.
- <d> : 입출력형식의 소숫점 이하 너비를 지정한다.

입출력형식은 **전체 필드 너비(width, w)**와 **소숫점(.), 소숫점 이하 필드 너비(decimal, d)**를 순차 지정하는 방식으로 정의한다. 여기서 전체 필드 너비의 설정 시에는 데이터 꾸밈 문자를 감안하여 설정해야 하지만, 소숫점 이하 필드 너비는 굳이 지정하지 않아도 관계없다.

데이터를 입력하는 경우라면 먼저 데이터의 생김새를 파악한 후, 적절한 입력 형식을 지정하면 된다. 데이터 파일 유형, 필드 구성 유형, 데이터 생김새를 미리 파악한 후에 입력 처리를 수행해야 오류를 최소화할 수 있다는 점을 기억하자.

출력 형식을 사용하는 경우에는 고려할 상황들이 더 많아진다. [그림 5.5]는 수치형 데이터 38245.3975에 서로 다른 출력형식 및 필드 너비, 소숫점 자리수를 지정한 상황에서의 데이터 출력 예시이다. 충분한 길이가 주어진 경우라면, 모든 양식이 정상적으로 표현되지만(③), 주어진 수치에 비해 소숫점 자리수가 적게 설정된 경우는 지정한 자리수에서 반올림하여 출력된다(①, ②, ④, ⑤). 꾸밈 문자를 포함한 출력형식은 충분한 필드 너비가 주어진 상황에서는 정상적으로 출력되지만(①, ③), 그렇지 않은 경우라면 SAS가 자동으로 꾸밈문자를 제거하여 출력 처리한다. ③, ④, ⑤를 비교해 보면, 너비에 따른 출력 형태의 변화 양상을 살펴볼 수 있다.

포맷	출력결과											
	1	2	3	4	5	6	7	8	9	0	1	2
① 12.2	3	8	2	4	5	.	4	0				
② COMMA12.2	3	8	,	2	4	5	.	4	0			
③ DOLLAR12.4	$	3	8	,	2	4	5	.	3	9	7	5
④ DOLLAR9.2	$	3	8	2	4	5	.	4	0			
⑤ DOLLAR8.2	3	8	2	4	5	.	4	0				

그림 5.5 너비 및 소숫점 자리수 지정에 따른 출력 형식 적용 결과의 변화

Note

1. 특수 수치형 데이터로 구성된 데이터를 정상적으로 입력처리 하려면 반드시 입력형식을 적용해야 한다.
2. 입력형식은 이 장에서 다루는 INFORMAT 구문 이외에도 수정 리스트 입력 또는 형식화된 입력 방식을 통한 데이터 입력 처리를 수행할 때 주로 사용된다. 이에 대한 상세한 내용은 〈SAS DATA STEP - 응용편〉을 참고하자.
3. 개별 변수에 대해 FORMAT/INFORMAT 구문을 사용하거나 단일 FORMAT/INFORMAT 구문을 통해 여러 개의 변수에 입출력형식을 적용시킬 수 있다.
4. 적용된 출력형식을 취소하기 위해서는 출력형식을 지정하지 않은 FORMAT 구문을 설정한다.
5. SAS에서는 자체 입출력형식과 PROC FORMAT을 활용한 사용자 정의 입출력형식을 지원한다. 입출력 형식의 설정에 대한 상세한 내용은 〈SAS PROC STEP - 데이터처리편〉에서 상세히 다룬다.

프로그램 5.18 **(FORMAT 구문을 활용한 출력형식 지정)**

프로그램 (1)과 같이 FORMAT 구문을 사용하지 않고 데이터를 출력하면, 입력된 수치가 그대로 출력된다. 하지만, 프로그램 (2)와 같이 출력형식 dollar9.2를 적용하면, 수치에 쉼표와 달러 기호($)가 추가되어 함께 출력된다는 것을 쉽게 확인할 수 있다.

SAS 프로그램 (1)

```
data unformat;
   input code $ payment;

   cards;
A1    1.37
A2 1013.99
A3    9.40
A4   75.79
;
```

SAS 프로그램 (2)

```
data format;
   input code $ payment;
   format payment dollar9.2;
   cards;
A1    1.37
A2 1013.99
A3    9.40
A4   75.79
;
```

데이터셋 UNFORMAT

code	payment
A1	1.37
A2	1013.99
A3	9.40
A4	75.79

데이터셋 FORMAT

code	payment
A1	$1.37
A2	$1,013.99
A3	$9.40
A4	$75.79

프로그램 5.19 **(INFORMAT 구문을 활용한 입력형식 지정)**

특수 수치형 데이터를 입력할 경우에, 입력형식을 적용하지 않으면 정상적인 입력 처리가 수행되지 않는다. 먼저 다음 로그를 보면 데이터 입력이 정상적으로 이루어지지 않았음을 알리는 메시지가 나타난다.

SAS 프로그램

```
data informatting;
   input code $
         payment;
   cards;
A1 $1.37
A2 $1,013.99
A3 $9.40
A4 $75.79
A5 $83.12
;
```

SAS 로그

```
NOTE: 변수 payment에 대해 올바르지 않은 데이터 : 행 75 4-8.
RULE:       ----+----1----+----2----+----3----+----4----+
75          A1 $1.37
code=A1 payment=. _ERROR_=1 _N_=1
NOTE: 변수 payment에 대해 올바르지 않은 데이터 : 행 76 4-12.
76          A2 $1,013.99
code=A2 payment=. _ERROR_=1 _N_=2
NOTE: 변수 payment에 대해 올바르지 않은 데이터 : 행 77 4-8.
77          A3 $9.40
code=A3 payment=. _ERROR_=1 _N_=3
NOTE: 변수 payment에 대해 올바르지 않은 데이터 : 행 78 4-9.
78          A4 $75.79
code=A4 payment=. _ERROR_=1 _N_=4
NOTE: 변수 payment에 대해 올바르지 않은 데이터 : 행 79 4-9.
79          A5 $83.12
code=A5 payment=. _ERROR_=1 _N_=5
NOTE: 데이터셋 'WORK.INFORMATTING'은(는) 5개 관측치, 2개
      변수를 가지고 있습니다.
NOTE: DATA 문장 실행:
      실행 시간            0.00 초
      cpu 시간             0.00 초
```

이와 같은 경우에 INFORMAT 구문을 활용하면 특수 수치형 변수값에서 꾸밈 문자를 제외한 수치형 값만을 입력처리하는 프로그램을 작성할 수 있다. 프로그램 및 결과를 보자.

SAS 로그

```
data informatting;
   input code $ payment;
   informat payment dollar9.2;
   cards;
A1 $1.37
A2 $1,013.99
A3 $9.40
A4 $75.79
A5 $83.12
;
```

데이터셋 INFORMATTING

code	payment
A1	1.37
A2	1013.99
A3	9.40
A4	75.79
A5	83.12

5.4.4. 통합 속성 설정 - ATTRIB 구문

ATTRIB 구문은 지금까지 살펴본 여러 가지 속성을 한꺼번에 설정하는 기능을 지원한다. 일반형은 다음과 같다.

[DATA 스텝 - ATTRIB 구문]

```
ATTRIB variable-list(s) attribute-list(s) ;
```

· variable-list : 속성을 연동할 변수명을 지정한다.
· attribute-list : 변수에 할당한 속성을 지정한다. 지정 가능한 속성은 다음과 같다.
☞ FORMAT/INFORMAT=format/informat : 입출력형식
☞ LABEL='label' : 라벨
☞ LENGTH=〈$〉length : 길이

동일 변수에 설정해야 할 변수 속성이 많다면 ATTRIB 구문으로 한꺼번에 설정하는 것이 훨씬 편리하다. 예제를 통해 ATTRIB 구문의 사용법을 살펴보자.

프로그램 5.20 **(ATTRIB 구문의 사용)**

다음은 내부 데이터 입력 방식을 활용하여 데이터셋 Djia를 생성하는 프로그램이다. INPUT 구문 앞에 설정된 LENGTH 구문은 변수 Year에 4B, LowDate에 7B의 길이를 할당하며, 입력 데이터의 순서에 관계없이 생성할 데이터셋의 변수순서를 재조절한다. INPUT 구문 뒤의 INFORMAT 구문은 변수 HighDate를 날짜 데이터로 입력처리 하기 위해 입력형식 date7. 을 사용하며, 뒤따르는 FORMAT 구문은 변수 HighDate에 출력형식 yymmdd10. 을, Low에는 dollar7. 2를 각각 적용한다. 마지막으로 LABEL 구문은 변수 High와 Low에 각각 라벨을 할당하는 기능을 한다.

SAS 프로그램

```
data djia;
   length Year $ 4 LowDate $ 7;
   input Year HighDate High LowDate Low;
   informat highdate date7. ;
   format highdate yymmdd10. low dollar10.2 ;
   label high = '최대' low = '최소';
cards;
1954  31DEC54  404.39  11JAN54  1279.87
1955  30DEC55  488.40  17JAN55   388.20
1956  06APR56  521.05  23JAN56   462.35
;
```

이 프로그램은 LENGTH, INFORMAT, FORMAT, LABEL 구문이 모두 사용되어 산만한 구조를 갖는다. 이와 동일한 기능을 하도록 ATTRIB 구문으로 다시 작성한 프로그램은 다음과 같다.

SAS 프로그램

```
data djia;
   attrib Year      length=$4
          LowDate   length=$7
          HighDate  informat=date7. format=yymmdd10.
          High      label = '최대'
          Low       format=dollar10.2  label = '최소';
   input Year HighDate High LowDate Low;
   cards;
1954  31DEC54  404.39  11JAN54  1279.87
1955  30DEC55  488.40  17JAN55   388.20
1956  06APR56  521.05  23JAN56   462.35
1957  12JUL57  520.77  22OCT57   419.79
1958  31DEC58  583.65  25FEB58   436.89
1959  31DEC59  679.36  09FEB59   574.46
;
```

5.5. 변수의 선택 및 제거

데이터 처리 과정에서는 필요하지만, 최종 데이터셋에 보유할 필요까지는 없는 변수들이 존재하는 경우가 있다. **DROP/KEEP 구문**을 사용하면, 특정 변수를 제거 또는 보유할 수 있다. 일반형은 다음과 같다.

[DATA 스텝 - DROP / KEEP 구문]

```
DROP variable(s); / KEEP variable(s);
```

· variable(s) : 보유 또는 제거하고자 하는 변수를 지정한다.

Note

1. 보유해야 할 변수보다 제거해야 될 변수가 많다면, DROP 구문보다 KEEP 구문을 사용하는 것이 효과적이다.
2. DROP/KEEP 구문은 PROC 스텝에서 사용할 수 없다.
3. 데이터셋 옵션 DROP=/KEEP=은 DROP/KEEP 구문과 동일한 기능을 수행한다. DROP=/KEEP= 에 대한 상세한 내용은 [A2. 데이터셋 옵션]을 참고하자.

프로그램 5.21 **(KEEP 구문 vs. DROP 구문)**

변수 추가/제거를 위한 KEEP 구문과 DROP 구문의 사용법을 간단히 살펴보기로 하자. 먼저, 특정 변수만을 남겨두는 KEEP 구문을 사용한 프로그램의 예제는 다음과 같다.

SAS 프로그램

```
data KEEP;
   input use1-use8;
   usage = sum(of use:);
   keep use2 use4 use6 use8;
cards;
1 0 1 0 1 0 1 1
;
```

데이터셋 KEEP

use2	use4	use6	use8
0	0	0	1

DROP 구문을 사용하여 특정변수를 제거하는 프로그램 및 수행 결과는 다음과 같다.

SAS 프로그램

```
data drop;
   input use1-use8;
   usage = sum(of use:);
   drop use2 use4 use6 use8;
cards;
1 0 1 0 1 0 1 1
;
```

데이터셋 DROP

use1	use3	use5	use7	usage
1	1	1	1	5

5.6. 변수명의 변경

RENAME 구문은 DATA 스텝에서 기존 변수명을 변경해야 하는 경우에 사용한다. 일반형은 다음과 같다.

[DATA 스텝 - RENAME 구문]

```
RENAME old-name-1=new-name-1 … <old-name-n=new-name-n>;
```

· old-name-n : 원본 변수명을 지정한다.
· new-name-n : 변경 변수명을 지정한다.

Note 데이터셋 옵션 RENAME=은 RENAME 구문과 동일한 기능을 수행한다. RENAME= 옵션에 대한 상세한 내용은 [A2. 데이터셋 옵션]을 참고하자.

프로그램 5.22 **(RENAME 구문)**

RENAME 구문을 활용하면 변수명을 원하는 대로 변경할 수 있다. 예제에서 INPUT 구문에서는 Newscore1, Newscore2, Newscore3, Firstname의 변수명으로 설정했으나, 뒤따르는 RENAME 구문으로 각각 Score1, Score2, Score3, Name으로 변경한다. RENAME 구문에서도 변수열을 활용할 수 있다는 것을 기억하자.

SAS 프로그램

```
data Rename;
   input Newscore1-Newscore3 Firstname $;
   rename Firstname=Name
          Newscore1-Newscore3=score1-score3;
   datalines;
12 24 36 Lisa
22 44 66 Fran
;
```

데이터셋 RENAME

score1	score2	score3	Name
12	24	36	Lisa
22	44	66	Fran

5.7. 자동 변수

[2.5. DATA 스텝 내부 처리 과정 (1) - 외부 파일 입력]에서 우리는 SAS 데이터셋 생성을 위한 내부 처리 과정에서 PDV를 사용한다는 것을 살펴보았다. DATA 스텝 프로그램을 수행할 때, PDV에는 데이터 처리 과정에서 사용하기 위한 자동변수 _N_과 _ERROR_를 항상 생성한다. **[그림 5.6]**을 보자.

PDV

_N_	_ERROR_	

그림 5.6 최초 생성된 프로그램 데이터벡터(PDV) 및 자동생성변수

자동변수 _N_에는 현재 관측치가 몇 번째 관측치인지의 여부를 알 수 있도록 행번호가 저장된다. 또한 자동변수 _ERROR_에는 현재 관측치를 입력 처리할 때 오류가 발생되었는지의 여부를 확인하여 0 또는 1의 값이 할당된다.

Note

1. 자동변수명인 _N_과 _ERROR_는 사용자 정의 변수명으로 사용할 수 없다.
2. 자동변수 _N_은 행번호를 활용한 조건부 처리에 유용하다. 〔프로그램 8.7〕을 참고하자.
3. ERROR 구문은 자동변수 _ERROR_의 값에 따라 수행되는 구문으로, DATA 스텝 프로그램의 오류 식별을 위해 주로 사용한다. 자동변수 _ERROR_와 ERROR 구문의 활용법은 〈SAS DATA STEP - 응용편〉에서 상세히 다룬다.
4. 구문 옵션 등의 설정에 따라 임시 변수(temporary variable)를 정의할 수 있다. 임시 변수는 0 또는 1의 값을 가진다는 측면에서 자동 변수와 유사하지만, 옵션을 설정해야만 생성된다는 점에서 자동변수와 구별된다. 다양한 유형의 임시변수에 대해서는 〔A2. 데이터셋 옵션〕을 참고하자.

프로그램 5.23 **(자동 변수 _n_)**

자동 변수 _N_은 행번호를 부여하거나 행번호를 활용한 조건부 처리에서 유용하게 활용할 수 있다. 다음 프로그램은 데이터에 식별번호로 행번호를 부여하는 예시이다.

SAS 프로그램

```
data RawData;
   input data @@;
cards;
10 15 28 13
;

data RowNum;
   set RawData;
   IdNum = _n_;
run;
```

데이터셋 RAWDATA

data
10
15
28
13

데이터셋 ROWNUM

data	IdNum
10	1
15	2
28	3
13	4

Chapter 6

SAS 표현식

누구나 어린 시절 처음 수학을 접할 때 기본적으로 사칙연산기호와 등호를 활용한 계산(표현식)을 익힌 기억이 있을 것이다. 이를 한 문장으로 요약한다면, **"정해진 규칙에 따라 계산한다"**는 것으로 설명할 수 있겠다.

프로그래밍 언어에서의 연산도 이와 유사한 과정을 의미하며, SAS에서 지원하는 연산자와 피연산자는 거의 모든 프로그래밍 언어에서 지원하는 것과 동일하다. 이 책에서는 연산자와 피연산자의 묶음을 일컬어 "표현식"이라는 단어로 설명할 것이다.

이 장에서는 표현식의 구성 요소인 연산자, 피연산자에 대해 살펴본다. 또한 이를 활용한 할당 구문 및 할당 구문의 특수한 형태인 합 구문에 대해 살펴보고, 마지막으로 피연산자에 결측치가 주어졌을 때 어떠한 결과가 나타나는지를 확인해 보기로 한다. 표현식은 이 책의 후반부에서 다룰 조건부 처리와 반복 처리에 무수히 많이 언급되므로 반드시 숙지하고 넘어가도록 하자.

6.1. 표현식의 구성요소

사전에 의도한 결과를 계산하기 위해 연산자와 피연산자를 적절히 배열한 것을 일컬어 **표현식(expression)**이라 한다. 이는 우리가 수학에서 자주 접할 수 있는 사칙연산 및 수학기호가 포함된 연산을 SAS가 처리할 수 있도록 표현해주는 것이라 생각하면 이해가 수월하다. SAS를 활용한 대부분의 작업 - 조건부 처리, 변수 생성 및 계산 결과 할당, 변수 변환 등 - 에서 우리는 어떤 방식으로든지 표현식을 사용하고 있다. [그림 6.1]은 표현식의 구성요소를 알기 쉽게 정리한 것이다.

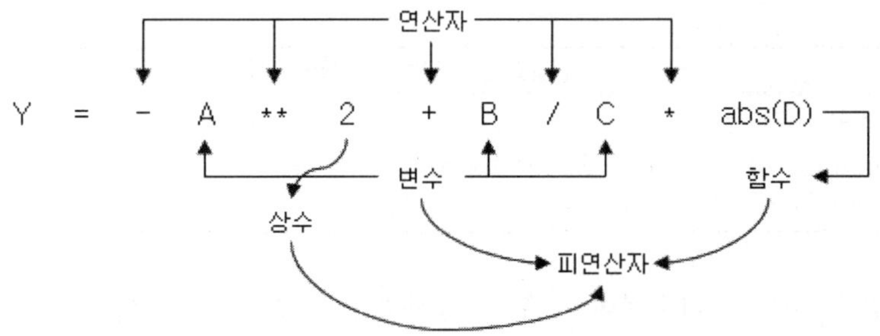

그림 6.1 표현식의 구성요소

[그림 6.1]에서 등호의 우측을 표현식이라 한다. 표현식의 좌측에 등호 및 변수가 존재하는 경우를 특히 **할당 구문(assignment statement)**이라 하며, 여기서 좌측 변수를 **할당 변수(assignment variable)**이라 한다. 할당 구문에 대해서는 [6.2. **할당 구문**]에서 다시 살펴보기로 하자.

[그림 6.1]에서 보듯이 **피연산자(operand)**란 상수, 변수, 함수와 같이 실제 연산에 사용되는 값을 의미하고, 여기에 정해진 연산을 수행하는 기호를 통칭하여 **연산자(operator)**라 한다. 피연산자 및 연산자에 대한 상세한 내용은 각각 [6.3. **피연산자**] 및 [6.4. **연산자**]에서 다루기로 한다.

Note

1. WHERE 구문 및 데이터셋 옵션 WHERE=에 사용하는 표현식을 WHERE 표현식(WHERE-expression)이라 한다.
2. WHERE 표현식은 자체 연산자를 지원하기 때문에, DATA 스텝에서 지원하는 표현식에 비해 보다 확장된 기능을 지원한다. WHERE 표현식에 대한 보다 자세한 내용은 [8장. WHERE 처리의 개념]에서 다룬다.

6.2. 할당 구문

우리가 다루는 거의 모든 데이터 작업은 원본 데이터에 기초하여 현재 데이터셋에 저장되어 있지 않은 새로운 값을 생성해야 하는 상황을 수반한다.

SAS에서는 원시 데이터에 존재하지 않는 새로운 변수를 생성하거나 입력받은 변수를 수정하고자 하는 경우를 위해 **할당 구문(assignment statement)**을 지원한다. 일반형은 다음과 같다.

> **Note**
> 1.할당 구문은 예약어로 시작하지 않는 극소수의 SAS 구문 중 하나이다.
> 2.할당 구문은 표현식의 결과가 결측치인 경우 해당 변수에 결측치를 할당한다.

[DATA 스텝 - 할당 구문]

```
variable=expression;
```

· variable : 표현식의 값이 저장될 할당 변수의 이름을 지정한다.
· expression : 유효한 SAS 표현식을 지정한다.

할당 구문을 활용하여 변수를 생성하는 경우 가장 주의해야 하는 것은 할당 변수의 길이 속성이 정의되는 규칙이다. [표 6.1]은 다양한 형태의 할당 구문에 의해 생성되는 변수 X의 유형 및 속성과 생성 과정을 설명한 것이다.

표 6.1 할당 변수 X의 길이 속성 정의 규칙

할당구문	예시	유형	길이	내부 설정 과정
수치형 변수	length a 4; x=a;	수치형	8	할당구문으로 생성한 수치형 변수는 사전 길이 설정 절차가 없을 경우 8B로 설정된다.
문자형 변수	length a $ 4; x=a;	문자형	4	할당구문으로 생성한 문자형 변수는 사전 길이 설정 절차가 없을 경우 원본 변수의 길이로 설정된다.
문자열 상수 연속 설정	x='ABC'; x='ABCDE';	문자형	3	문자열 상수가 연속으로 할당되면 최초 할당된 값의 길이로 설정된다.
문자형 변수 접합	length a $ 4 b $ 6; x=a||b;	문자형	10	접합 연산 시에는 접합 대상 변수들의 개별 길이를 합산한 값이 할당 변수의 길이로 설정된다.

이제 다양한 유형의 연산자가 표현식 및 할당 구문에서 어떻게 사용되는지 예제를 통해 살펴보기로 하자.

6.3. 피연산자

6.3.1. 피연산자의 이해

피연산자는 수학에서 유래된 개념으로 "연산에 사용되는 값"이라 이해하면 편리하다. 피연산자는 다시 그 구조에 따라 **상수**(constant, literal), **변수**(variable), **함수**(function)로 구분 가능하다.

먼저, 상수와 변수의 차이를 이해하자면, 모든 관측치가 동일한 값을 갖는 경우를 상수, 개별 관측치마다 서로 다른 값을 갖는 경우를 변수라 한다. [**그림 6.2**]는 상수의 변수 차이를 단적으로 보여준다. SAS에서는 표현식에 상수를 그대로 사용할 수 있으므로, 상수를 데이터셋에 개별 관측치의 형태로 구성할 필요는 없다.

우리는 이미 변수의 속성을 다루는 다양한 방식에 대해 [**5장. SAS 변수**]에서 학습한 바 있다. 상수에 대한 보다 세부적인 내용은 [**6.3.2절**]과 [**6.3.3절**]에서 살펴보기로 하자.

상수+변수	
상수	변수
2	5
2	6
2	4
2	7

=

<table>
<tr><th colspan="2">2+변수</th></tr>
<tr><td>상수</td><td>변수</td></tr>
<tr><td rowspan="4">2</td><td>5</td></tr>
<tr><td>6</td></tr>
<tr><td>4</td></tr>
<tr><td>7</td></tr>
</table>

그림 6.2 상수와 변수의 차이점

함수는 상수 또는 변수에 대해 사전 정의된 연산을 수행하는 예약어를 말한다. 상수와 변수는 데이터셋에 값을 실제로 저장할 수 있으나, 함수는 이와 개념이 다르다. 상수 및 변수는 그 자체로 의미를 갖는 데이터이지만, 여기에 함수를 덧씌우면 원래 값과는 전혀 다른 새로운 값으로 변환되기 때문에, **"함수가 적용된 변수 또는 상수"**를 묶어서 피연산자로 이해해야 한다. SAS 함수는 광범위한 분야에서 매우 막강한 기능을 지원한다.

> **Note** SAS 함수에 대한 상세한 내용은 〈SAS DATA STEP - 함수편〉에서 상세히 다룬다.

6.3.2. 문자형 상수

문자형 상수(character constant)는 32,767자까지의 **문자열**로 구성할 수 있으며, 반드시 따옴표에 의해 감싼 형태로 사용해야 한다. 문자형 상수 정의에 있어서의 따옴표 사용 규칙은 [표 6.2]와 같다.

표 6.2 문자형 상수 정의에서의 따옴표 사용 규칙

규칙		예시
따옴표 종류 일치		'Tom'
따옴표가 포함된 문자열 정의	혼합 지정 방식	"Tom's"
	연속 지정 방식	'Tom''s'
매크로 변수 참조		"&name"

Note

1. 매크로 변수 참조를 문자형 상수로 사용하려면 반드시 큰 따옴표로 감싸주어야 한다. SAS 매크로에 대한 상세한 내용은 〈SAS 매크로 프로그래밍〉을 참고하자.
2. 문자형 상수는 따옴표로 감싼 후 문자열 x를 추가하는 형태인 16진 표기법(hexadecimal form)으로도 표현할 수 있다. 16진 표기법을 활용하면 특수 기능을 수행하는 아스키 코드 문자도 지정할 수 있다. 예를 들어, 데이터 필드 분리기호로 사용하는 대표적인 특수 문자인 탭(Tab)은 '09'x로 설정한다.

프로그램 6.1 **(문자형 상수 지정에서 따옴표의 사용시 주의사항)**

다음 프로그램은 〔표 6.2〕에 제시된 방식들로 문자형 상수를 구성한 예시이다. 프로그램을 수행해보면 정상적으로 동작한다는 것을 확인할 수 있다.

SAS 프로그램

```
data string_example;
   string1 = "Tom";
   string2 = 'Tom';
   string3 = "Tom's";
   string4 = 'Tom''s';
run;
```

그러면, 따옴표를 잘못 설정하는 경우에 대해 살펴보자. 먼저, 다음 프로그램은 따옴표의 짝을 잘못 맞춘 경우이다.

SAS 프로그램

```
data string_example;
   string1 = "Tom ‘;
run;
```

이 프로그램을 한 번 수행하면 로그에 아무런 메시지도 출력되지 않는다. 이를 재차 수행하면 로그에 따옴표를 바꿔야 한다는 메시지를 출력한다.

SAS 로그

```
164  data string_example;
165     string1 = "string';
166  run;
NOTE 49-169: The meaning of an identifier after a quoted string may change in
             a future SAS release.  Inserting white space between a quoted
             string and the succeeding identifier is recommended.
165     string1 =
165! "
     -
     49
165! string';

167  data string_example;
168     string1 = "string';
169  run;
```

다음으로, 따옴표를 포함한 문자열 상수를 설정할 때 상수에 포함되는 따옴표인지의 여부가 확인되지 않는 경우를 살펴보자.

SAS 프로그램

```
data string_example;
   string2 =  'Tom 's';
run;
```

역시 메시지를 생성한 후 정상적으로 수행되지 않는다. 다음 로그를 확인하자.

SAS 로그

```
345  data string_example;
346     string2 = 'Tom's';
                  -----
                  49
NOTE 49-169: The meaning of an identifier after a quoted string may change in
             a future SAS release.  Inserting white space between a quoted
             string and the succeeding identifier is recommended.

347  run;
```

이와 같이 따옴표 설정 오류가 존재하는 DATA 스텝 프로그램을 수행하면 프로그램 창에 “DATA 스텝 수행 중” 이라는 메시지가 뜨면서 이후에 수행하는 프로그램들이 정상적으로 동작하지 않는다. 이를 해결하려면 SAS 아이콘바의 우측상단에 존재하는 ⓘ 아이콘을 클릭한 후 다음 팝업에서 “1. 실행된 문장 취소”를 선택한 후 확인 버튼을 클릭하면 DATA 스텝이 강제 종료되면서 정상적인 구동 상태로 전환된다.

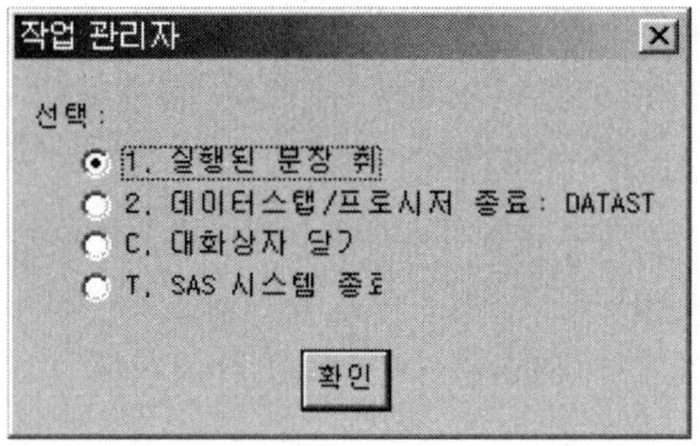

6.3.3. 수치형 상수

SAS 구문 작성 시에 사용하는 모든 형태의 숫자를 **수치형 상수**(numeric constant)라 한다. 수치형 상수를 표현하는 방식은 **표준 표기법**(standard notation)과 **E 표기법**(scientific notation)으로 구분한다.

수치형 상수를 지정하는 경우의 규칙을 살펴보자. 표준 표기법의 경우는 첫째, 부호가 없는 경우는 양수로 간주한다. 둘째, 지정된 숫자의 시작 부분이 0일 경우 없는 것으로 간주한다.

E 표기법은 SAS에서 지원하는 정도(precision)를 넘어서는 매우 크거나 작은 숫자를 표기하는데 사용한다. 여기서 E는 10의 멱(power)을 의미한다는 것을 기억하자. 예를 들어, 4E3은 4×10^3=4000, 242E-3은 242×10^{-3}=0.242 가 된다.

> **Note** SAS는 이 절에서 언급한 상수 이외에 날짜형(date), 일시형(datetime), 시간형(time) 상수를 지원한다. 날짜 데이터를 다루는 다양한 방법은 <SAS DATA STEP - 함수편>을 참고하자.

프로그램 6.2 **(수치형 상수 표기법의 예시)**

다음은 수치형 상수의 지정 예시이다. 각 표기법이 실제로 어떻게 저장되는지 살펴보자.

SAS 프로그램

```
data numeric;
   num1 = 4000; num2 = 0450;
   num3= 4E3;   num4 = 4E-3;
run;
```

데이터셋 NUMERIC

num1	num2	num3	num4
4000	450	4000	.004

6.3.4. 변수형 자동 전환

피연산자로 변수를 사용하는 경우, **변수형 자동 전환 처리**(automatic varaible type conversion)에 주의해야 한다. 변수형 자동 전환 처리가 일어나는 상황은 [표 6.3]와 같다.

표 6.3 변수형 자동 전환이 발생하는 상황

자동 전환 상황	자동 전환 유형
수치형 연산자에 문자형 변수를 피연산자로 사용	문자 → 수치
문자형 변수와 수치형 변수를 비교 연산하는 경우	문자 → 수치
문자형 연산자에 수치형 변수를 피연산자로 사용	수치 → 문자
할당 변수와 표현식의 유형이 서로 다른 경우	수치 ↔ 문자

Note

1. 자동 전환 현상이 일어나면 로그에 전환이 일어났음을 알리는 메시지가 출력된다.
2. 문자 → 수치 변환이 일어나는 경우, 문자로 저장된 숫자가 아니라면 오류 메시지가 출력된다.
3. 수치형 변수가 문자형 변수로 자동 전환되는 경우에는 출력형식 BEST12.가 적용되며 값은 오른쪽으로 정렬된다. 즉, 수치-문자 자동전환에 의한 연산 결과는 프로그래머가 의도하지 않은 형태일 수 있으므로, 적절한 함수를 활용하여 원하는 형태로 처리하는 것이 좋다.
4. PUT 및 INPUT 함수를 사용하면 변수값의 유형을 강제 전환할 수 있으며, 이 방식은 자동 전환에 비해 더욱 효율적이다. PUT, INPUT 함수에 대한 내용은 〈SAS DATA STEP - 함수편〉에서 상세히 다룬다.

프로그램 6.3 **(자동 전환의 예시)**

수치-문자 자동 전환이 일어나면 관련 노트가 로그에 출력된다. 주의할 점은 자동 전환에 사용되는 기본 출력형식이 Best12.라는 것이다. 다음 프로그램에서 변수 NumToChar1은 자동 전환 대상 수치형 변수를 그대로 사용하였고, NumToChar2와 NumToChar3는 compress 및 put 함수를 각각 사용하여 처리한 것이다.

SAS 로그

```
5     data AutoConvert1;
6         Num = 10;
7         NumToChar1 = '문제'||Num;
8         NumToChar2 = compress('문제'||Num);
9         NumToChar3 = '문제'||put(Num,2.);
10    run;

NOTE: 다음의 위치에서 숫자형 값이 문자형 값으로 변환되었습니다: (행):(칼럼)
      7:26   8:35
NOTE: 데이터셋 'WORK.AUTOCONVERT1'은(는) 1개 관측치, 3개 변수를 가지고 있습니다.
NOTE: DATA 문장 실행:
      실행 시간            0.03 초
      cpu 시간             0.01 초
```

출력 결과를 보면, NumToChar1은 숫자값앞에 10자리의 공백문자가 추가되어 있다. 구문 NumToChar1 = '문제'||Num; 은 NumToChar1 = '문제'||put(Num, best12.); 과 동일한 기능을 수행하기 때문에, 불필요한 공백문자가 함께 삽입되는 문제가 발생한다. 공백문자를 제거해주는 compress 함수나, 지정한 출력 형식에 기초하여 수치형 값을 문자형 값으로 강제 변환해주는 put 함수를 사용하여 이 문제를 해결한다.

SAS 출력

OBS	Num	NumToChar1	NumTo Char2	NumTo Char3
1	10	문제␣␣␣␣␣␣␣␣␣␣10	문제10	문제10

문자-수치 자동변환은 숫자로만 구성되어 있는 문자형 값인 수치-문자형 값(numerical character value)에 수치형 연산을 수행하는 경우 발생한다. 다음 프로그램은 수치-문자형 값으로 구성된 변수 Char1과 일반 문자형 값으로 구성된 변수 Char2에 대해 각각 1을 더하는 할당구문을 수행한 것이다.

SAS 로그

```
11   data AutoConvert2;
12       Char1 = '10';
13       Char2 = '문제';
14       CharToNum1 = Char1 + 1;
15       CharToNum2 = Char2 + 1;
16   run;

NOTE: 다음의 위치에서 문자형 값이 숫자형 값으로 변환되었습니다: (행):(칼럼)
      14:18   15:18
NOTE: 올바르지 않은 숫자형 데이터: Char2='문제'(행 15 칼럼 18).
Char1=10 Char2=문제 CharToNum1=11 CharToNum2=. _ERROR_=1 _N_=1
NOTE: 결측값을 사용한 연산의 결과로 결측값이 생성되었습니다.
      생성 정보: (발생횟수) || (행):(칼럼).
      1 at 15:24
NOTE: 데이터셋 'WORK.AUTOCONVERT2'은(는) 1개 관측치, 4개 변수를 가지고 있습니다.
NOTE: DATA 문장 실행:
      실행 시간           0.00 초
      cpu 시간            0.00 초
```

수치-문자형 값에는 자동 전환 메시지가 출력되며, 일반 문자형 값의 경우는 올바른 데이터 유형이 아니어서 결측값을 생성한다는 메시지가 출력된다. 생성 결과는 다음과 같다.

SAS 출력

OBS	Char1	Char2	Char ToNum1	Char ToNum2
1	10	문제	11	.

6.4. 연산자

SAS 프로그램에서 산술, 비교, 논리 연산의 정의를 위해 사용하는 기호를 **연산자**(operator)라 한다. 우리가 잘 알고 있는 +, -, > 등의 기호가 이에 해당한다.

연산자는 피연산자 기준 위치에 따라 크게 **접두 연산자**(prefix operator)와 **접미 연산자**(infix operator)로 구분할 수 있으며, 피연산자의 부호를 결정하는 +, -와 부정을 의미하는 논리연산자 NOT을 제외하면, 대부분의 연산자는 접미 연산자로 분류할 수 있다. 그러면, 이 절에서는 상황에 따라 연산자를 어떻게 사용하는지에 대해 상세히 살펴보기로 한다.

> **Note** WHERE 구문에서만 사용 가능한 특수 연산자도 있다. 이에 대한 상세한 내용은 [8.2. WHERE-표현식의 확장 연산자]에서 상세히 다룬다.

6.4.1. 산술 연산자

사칙연산과 같은 간단한 계산을 수행하려면 **산술연산자**(arithmetic operators)를 사용한다. [표 6.4]는 산술 연산자를 요약한 것이다.

표 6.4 산술연산자의 종류

연산자	기능	연산자	기능	연산자	기능
-	음수표시	*	곱셈	+	덧셈
**	멱	/	나눗셈	-	뺄셈

> **Note**
> 1. 산술 연산에서 사용되는 +, - 는 접미 연산자로 분류한다.
> 2. 곱셈 연산을 하는 경우 아스테리스크(*)를 반드시 사용해야 한다. 일반적인 수학 표현처럼 2Y 또는 2(Y)로 사용하면 오류가 나타난다.
> 3. 산술 연산에서 피연산자의 값이 결측치일 경우, 결과도 결측치로 반환된다.

6.4.2. 비교 연산자

비교 연산자는 두 종류의 피연산자에 대한 비교 연산을 수행하며, 설정된 비교 연산이 참인 경우 1, 거짓인 경우에는 0의 값을 반환한다. 비교 연산자는 기호로 구성된 연산자 또는 영문 약어(mnemonic)로 사용할 수 있다. [표 6.5]는 **비교연산자**(comparison operator)를 정리한 것이다.

표 6.5 비교연산자의 종류

기 능	연산자	약어	예 시
같다	=	eq	name='Jones, C.'
같지않다	^=	ne	temp ne 212
크다	>	gt	income>20000
크거나 같다	>=	ge	id>='1543'
작다	<	lt	partno lt 'BG05';
작거나 같다	<=	le	pulse le 85
존재한다		in	num in (3, 4, 5)

IN 연산자는 사전 설정된 목록 내에 비교 대상 변수값이 존재하는지를 검증하는 기능을 한다. 따라서, OR 연산자를 포함한 논리 표현식과 동일한 기능을 한다. [그림 6.3]은 동일한 처리가 일어나도록 IN 연산자와 OR 연산자를 설정한 예시이다.

```
if state in ('NY','NJ','PA') then region+1;
if state='NY' or state='NJ' or state='PA' then region+1;
```

그림 6.3 IN 연산자와 OR 연산자

IN 연산에서 비교 대상 목록이 정수열 형태로 구성되어 있다면, 일일이 목록 내에 숫자를 삽입할 필요없이 "M:N" 형태로 설정할 수 있다. 여기서 M은 정수열의 가장 작은 값을, N은 가장 큰 값을 의미한다. 또한, 중간에 수열이 끊어지는 경우 목록 지정 방식과 혼용할 수도 있다. [그림 6.4]는 동일한 기능을 하도록 설정된 IN 연산자의 예시이다.

```
x in (0,1,2,3,4,5,9)
x in (0,9,1:5);
```

그림 6.4 IN 연산자의 특수용법

최소값/최대값 검색 연산자 >< (minimum) 과 <> (maximum)은 비교 연산자의 특수한 형태이다. 다른 비교 연산이 참, 거짓을 판별하여 표현식에 1 또는 0을 할당하는 방식이라면, 이 연산자들은 두 변수를 비교한 후 큰 값 또는 작은 값을 그대로 할당하도록 처리한다.

Note

1. 논리연산자에 대한 내용은 [6.3.4절]에서 다룬다.
2. 약어 NE에 대응하는 연산자 기호는 운영체제에 따라 다를 수 있다.
3. >=, <=는 각각 =>, =< 으로도 사용할 수 있다. 단, WHERE 구문 및 PROC SQL에서는 사용할 수 없다.
4. 보조 연산자 콜론(:)을 사용하면 문자열의 지정된 앞부분만을 비교할 수 있다.
5. WHERE 구문 및 PROC SQL에서는 범위 지정 방식이 적용된 IN 연산자를 사용할 수 없다.
6. WHERE 구문 및 PROC SQL에서 <> 연산자는 NE (같지 않다)와 동일한 기능을 한다.
7. 표현식의 피연산자로 문자열 상수를 지정할 경우에는 반드시 데이터셋에 나타난 것과 동일한 대소문자를 사용하여 따옴표로 감싸주어야 한다. 따옴표를 생략하면 비교대상을 변수로 간주하기 때문에 오류가 나타날 수 있으며, 이는 의외로 자주 범하게 되는 실수이다.

```
status='OK'
status='S' or cond='E'
region not in ('NE','SE')
```

프로그램 6.4 (할당 구문에서의 비교 연산자 사용)

할당 구문에 비교연산을 포함한 표현식을 사용할 수 있다. 비교 연산은 주어진 조건이 참일 경우 1, 거짓일 경우 0의 값을 갖기 때문에 이는 통계학에서 자주 접할 수 있는 지표 함수(indicator function) 기능을 수행하게 된다. 다음 프로그램 및 결과를 보자.

SAS 프로그램

```
data operater4;
   x = 8;
   y = 0;
   c = 5*(x<y)+12*(x>=y);
run;
```

데이터셋 OPERATOR4

x	y	c
8	0	12

이 연산에서 x<y 는 거짓이기 때문에 결과값으로 0이 반환되고, x>=y 는 참이므로 1이 반환된다. 따라서 $c = 5\times(x < y)+12\times(x \geq y) = 5\times0+12\times1 = 12$가 반환된다.

프로그램 6.5 (문자형 변수의 비교)

문자형 피연산자의 비교는 왼쪽에서 오른쪽으로 진행되며, 대소관계는 문자 코드 (예. 아스키 코드)의 값에 기초한다. 따라서 영문자에 대한 대소관계 비교연산에서는 대소문자가 다를 경우 원하지 않는 결과가 나타날 수 있다. 먼저 한 문자열에 대한 비교 과정을 살펴보자.

SAS 프로그램

```
data operater2;
   x = "A";    y = "b";    z = "B";
   a = x > y; b = y > z; c = x > z;
run;
```

데이터셋 OPERATOR1

x	y	z	a	b	c
A	b	B	0	1	0

영문자는 알파벳 순서가 나중에 위치하는 것이 더 큰 것으로 인식하며, 대소문자의 경우 소문자가 대문자보다 큰 것으로 인식한다. 하지만, 문자열에 대해 비교 연산을 수행하는 경우는 흔하지 않다는 것을 기억해두자.

문자열 비교에서 가장 혼동하기 쉬운 것은 공백문자를 포함한 문자열을 비교하는 경우이다. 공백문자는 문자열의 맨 뒤에 존재하는지의 여부에 따라 인식하는 방법이 다르다. 다음 프로그램을 보자.

SAS 프로그램

```
data operater2;
   x = "Ab "; y = " Ab"; z = "Ab";
   a = (y=z); b = (x=z);
run;
```

데이터셋 OPERATOR2

x	y	z	a	b
Ab	Ab	Ab	0	1

문자열 비교연산에서 피연산자의 맨 뒤에 존재하는 공백문자는 아무 것도 저장되지 않은 것과 동일하게 인식한다는 것을 기억하자.

프로그램 6.6 **(IN 연산자의 사용)**

IN 연산자는 현재 변수값이 표현식의 목록에 존재하는 값인지의 여부를 판정하는 연산자이다. 다음 프로그램은 할당구문으로 IN 연산자의 적용 결과를 확인하는 프로그램이다. 표현식의 목록에 존재할 경우 참(1), 그렇지 않을 경우 거짓(0)으로 저장된다는 것을 기억하자.

SAS 프로그램

```
data intest;
   input i;
   cards;
   0 1 2 3 4 5 6 7 8 9
;

data intest1;
   set intest;
   A = i in (0,1,2);
run;
```

데이터셋 INTEST1

i	A
0	1
1	1
2	1
3	0
4	0
5	0
6	0
7	0
8	0
9	0

복합 표현식을 사용하여 데이터셋 INTEST1과 동일한 결과를 얻으려면 다음과 같이 표현식을 작성해야 한다. 목록에 포함할 변수값의 개수가 많아진다면 IN 연산자를 사용하는 것이 훨씬 효율적이라는 것을 쉽게 알 수 있다.

SAS 프로그램

```
data intest2;
   set intest;
   A = (i=0 or i=1 or i=2);
run;
```

데이터셋 INTEST2

i	A
0	1
1	1
2	1
3	0
4	0
5	0
6	0
7	0
8	0
9	0

데이터셋 INTEST1을 생성하기 위해 사용한 표현식에서 IN 연산 목록의 값을 다음과 같이 수열 형태로 지정한다면 프로그램의 길이를 훨씬 줄일 수 있다.

SAS 프로그램

```
data intest3;
   set intest;
   A = i in (0:2);
run;
```

데이터셋 INTEST3

i	A
0	1
1	1
2	1
3	0
4	0
5	0
6	0
7	0
8	0
9	0

목록이 띄엄띄엄 존재한다면 다음과 같이 수열형태와 목록 나열 형태를 섞어서 사용할 수도 있다.

SAS 프로그램

```
data intest3;
   set intest;
   A = i in (7,0:2);
run;
```

데이터셋 INTEST4

i	A
0	1
1	1
2	1
3	0
4	0
5	0
6	0
7	1
8	0
9	0

프로그램 6.7 **(최대/최소값 식별 연산자 사용)**

다른 비교 연산자는 연산 결과로 1 또는 0의 값을 반환하는 반면, 최대(〈〉), 최소(〉〈) 연산자는 주어진 두 피연산자를 비교한 후 최대값 또는 최소값을 연산 결과로 반환한다. 다음 프로그램은 최대, 최소 연산자의 사용 예시이다.

SAS 프로그램

```
data operater3;
   x = 8;          y = 0;
   max = x <> y; min = x >< y;
run;
```

데이터셋 OPERATOR3

x	y	max	min
8	0	8	0

6.4.3. 접합 연산자

문자형 데이터를 다루다 보면 특정 두 변수를 묶어서 새로운 변수를 만들거나, 변수에 문자열을 추가해야 하는 경우를 접할 수 있다. SAS에서 지원하는 **접합 연산자(concatenation operator, double pipe, ||)**는 주어진 문자형 피연산자를 나란히 붙이는 기능을 한다. [표 6.6]은 접합 연산자를 사용하는 상황을 요약한 것이다. 이때 변수 A에는 "1993"이, 변수 B에는 "년"이라는 값이 저장되어 있다고 가정하자.

표 6.6 접합 연산자의 사용 예시

상황	구문	결과
두 변수의 접합	c=a||b;	1993년
문자열 추가	c="서기 "||a||b;	서기 1993년

접합 연산자의 결과로 생성되는 새로운 변수의 길이는 두 변수 길이의 합으로 결정된다. 또한 접합 연산자는 문자열의 앞뒤에 공백문자가 있더라도 이를 제거하지 않는다. 따라서 접합 연산자를 정확하게 활용하려면 TRIM 함수 등과 같은 절사 함수와 함께 사용하는 경우가 많다.

Note

1. TRIM 함수에 대한 상세한 내용은 〈SAS DATA STEP - 함수편〉을 참고하자.
2. 접합 연산자 결과를 저장하는 변수의 길이를 LENGTH 또는 ATTRIB 구문으로 사전 정의할 수도 있다.

프로그램 6.8 **(접합 연산자의 사용)**

지금까지 다룬 연산자들은 피연산자의 변수형에 관계없이 연산 결과로 수치형 값을 반환한다. 이에 반해, 접합 연산자는 결과값으로 문자형 값을 반환하는 유일한 연산자이다.

접합 연산자를 사용할 수 있는 상황은 크게 (1) 공백없는 문자열 접합, (2) 공백을 포함한 문자열 접합 (함수 미사용), (3) 공백 존재 문자간 접합 (절사 함수 사용), (4) 문자와 숫자의 접합을 생각할 수 있다. 우리는 이미 변수형 자동 전환을 다룬 〔프로그램 6.3〕에서 (4)번 상황을 잠시 다룬 바 있다. (1)의 상황은 생성할 변수에 대한 사전 길이 설정에 문제가 없다면 어떤 경우라도 정상적으로 수행되기 때문에 생략하기로 한다. 이 예제에서는 (2)~(3)에 대해서 살펴보자.

SAS 프로그램

```
data Concate;
   color1='Black␣␣'; color2='Blue␣Black';
   name='Jack';
   game1=color1||name;
   game2=compress(color1||name);
   game3=compress(color2||name);
   game4=trim(color2||name);
   keep game:;
run;
```

변수 Color1은 문자열 끝부분에 공백문자 2개를 포함하고 있으며, Color2는 문자열 사이에 공백문자 1개를 포함한다. 접합 연산자만을 사용하여 변수 Color1과 Name을 접합하면 끝부분의 공백문자도 일반 문자열로 간주한다(변수 Game1). 접합연산 결과에 compress 함수를 적용하면 연산 결과 내부에 존재하는 모든 공백문자를 없앨 수 있다(변수 Game2, Game3). 하지만 원본 문자열의 띄어쓰기 등을 보존하기 위한 절차가 필요하다면 trim 함수를 사용할 수도 있다는 것을 기억하자(변수 Game4).

데이터셋 CONCATE

game1	game2	game3	game4
Black Jack	BlackJack	BlueBlackJack	Blue BlackJack

6.4.4. 논리 연산자와 복합 표현식

논리 연산자(logical operator, boolean operator)는 보통 여러 개의 비교 표현식을 연결하는 용도로 사용된다.

표 6.7 논리연산자의 종류

<table>
<tr><th>연산자</th><th>약어</th><th>기능</th><th>참 판정기준</th></tr>
<tr><td>&</td><td>AND</td><td>논리합</td><td>연결된 모든 표현식이 참일 경우</td></tr>
<tr><td>|</td><td>OR</td><td>논리곱</td><td>연결된 모든 표현식 중 하나라도 참일 경우</td></tr>
<tr><td>^</td><td>NOT</td><td>부정</td><td>지정된 표현식이 거짓일 경우</td></tr>
</table>

Note

1. or 및 not 연산자와 동일한 의미로 사용되는 기호 |와 ^ 는 윈도우즈 및 유닉스 운영체제에서만 사용하며, 그 외 운영체제에서는 다른 기호를 사용해야 할 수도 있다.
2. 논리 연산자 NOT은 적용된 모든 연산의 역(inverse)를 설정한다. 예를 들어, NOT(A and B) 는 NOT A or NOT B와 동일하며, NOT(A or B)는 NOT A & NOT B와 동일하다.

지금까지 살펴본 산술, 비교, 논리 연산을 단일 구문에 묶음 형태로 구현한 것을 **복합 표현식**(compound expression)이라 한다. 복합 표현식을 제대로 구현하려면 [표 6.8]에 정리된 연산자들의 **연산 우선 순위**(priority of evaluation)를 숙지해야 한다.

표 6.8 연산자의 연산 우선순위

<table>
<tr><th>순위</th><th>순서</th><th>연산자</th><th>순위</th><th>순서</th><th>연산자</th></tr>
<tr><td rowspan="2">1</td><td rowspan="2">←</td><td rowspan="2">멱(**),
접두 연산자 (+, -, ^),
최대,최소연산자(><,<>)</td><td>4</td><td>→</td><td>접합 연산자 (||)</td></tr>
<tr><td>5</td><td>→</td><td>비교 연산자
(>,=,<,>=,<=)</td></tr>
<tr><td>2</td><td>→</td><td>곱셈, 나눗셈 (*, /)</td><td>6</td><td>→</td><td>논리곱(&, and)</td></tr>
<tr><td>3</td><td>→</td><td>덧셈, 뺄셈 (+, -)</td><td>7</td><td>→</td><td>논리합(|, or)</td></tr>
</table>

먼저, 산술 연산자만이 사용된 경우를 살펴보자. 동일한 우선 순위를 갖는 연산이 수행되면 우선순위가 1인 연산자는 오른쪽에서 왼쪽으로 연산을 수행하며, 우선순위가 2, 3인 연산자는 왼쪽에서 오른쪽으로 연산을 수행한다. 연산의 순서를 제어하기 위해서 괄호를 사용할 수도 있다.

할당값	A=3, B=4, C=2, D=5				
표현식	**Y = - A ** 2 + B / C * D**			**수행 연산**	**연산 결과**
연산순서	1순위 연산	Step 1	3 ** 2	3**2	9
		Step 2	- 9	-9	-9
	2순위 연산	Step 3	- 9 4 / 2	4/2	2
		Step 4	- 9 2 * 5	2*5	10
	3순위 연산	Step 5	- 9 + 10	-9+10	1

그림 6.5 연산 순서에 따른 단계별 연산

Note

1. 1순위 연산자는 다른 연산자와 달리 연산순서가 오른쪽에서 왼쪽으로 진행된다. 따라서, x=2**3**4로 정의된 표현식은 x=(2**(3**4))로 해석되며, y=-3><-3은 -(3><-3) → -(-3) → +3으로 해석된다.
2. 비교 연산자를 여러 개 사용하는 경우는 복합 표현식의 축약 표현에 해당하기 때문에, [표 6.8]에 제시된 연산 우선 순위의 적용을 받지 않는다. 예를 들어, x<y<z 는 (x<y) and (y<z)로 해석된다.
3. 복합 표현식은 IF 구문 등에 의한 조건부 처리에서 주로 사용된다.

프로그램 6.9 **(연산 우선 순위의 변경)**

연산자의 종류에 따른 연산 우선순위와 이를 변경하는 방법에 대해 살펴보기로 하자. 데이터셋 CHANGE의 변수 A는 괄호 없이 연산을 정의하였고, 변수 B는 괄호를 활용하여 연산 순서를 변경한 것이다.

SAS 프로그램

```
data change;
   a = 1+2<3/2**4;
   b = 1+(2<3)/2**4;
run;
```

데이터셋 CHANGE

a	b
0	1.0625

후순위 연산을 먼저 처리하려면 소괄호를 사용하여 해당 연산을 감싸준다. 데이터셋 CHANGE의 생성 결과로도 확인할 수 있듯이 모든 연산자와 피연산자가 동일하게 구성되었더라도 변수 A에는 0이 할당되고, 괄호를 포함한 연산에 의해 생성된 변수 B에는 1.0625가 할당되었다. 각 변수값의 생성과정을 연산 순서별로 정리한 것은 다음과 같다.

표현식			A = 1 + 2 < 3 / 2 ** 4
연산순서	1순위	Step 1	2 ** 4
	2순위	Step 2	3 / 16
	3순위	Step 3	1 + 2 0.1875
	5순위	Step 4	3 < 0.1875

수행 연산	연산 결과
2**4	16
3/16	0.1875
1+2	3
3<0.1875	0

표현식			B = 1 + (2 < 3) / 2 ** 4
연산순서	5순위	Step 1	(2 < 3)
	1순위	Step 2	2 ** 4
	2순위	Step 3	1 / 16
	3순위	Step 4	1 + 0.0625

수행 연산	연산 결과
2<3	1
2**4	16
1/16	0.0625
1+0.0625	1.0625

6.5. 누적합의 처리

6.5.1. 합구문

특정 변수값의 누적합계로 구성된 새로운 변수를 생성하는 것이 유용할 경우가 종종 있으며, 이와 같은 유형의 연산을 누산(accumulate calculation)이라 한다. SAS에서는 누산 처리를 위해 **합 구문(sum statement)**을 사용한다.

[DATA 스텝 - 합 구문]

```
variable+expression;
```

· variable : 누적계산 변수의 이름을 지정한다. 첫 번째 값을 읽기 전에 자동으로 0의 값이 설정되며, 변수의 값은 DATA 스텝이 반복될때마다 계속 남아있다.
· expression : 유효한 SAS 표현식을 지정한다.

Note

1. 표현식이 결측치로 계산될 경우, 합 구문은 표현식의 계산결과를 0으로 간주하며, 직전 관측치의 결과를 변경하지 않고 저장한다.
2. 합 구문은 예약어로 시작하지 않는 극소수의 SAS 구문 중 하나이다.

합 구문은 +기호 오른쪽에 정의된 표현식의 결과를 왼쪽의 변수에 더한다. 합 구문에 지정된 변수는 일반적인 원시데이터를 읽는 경우와 달리 결측치로 초기화되지 않는다. 대신 이후에 입력되는 관측치를 처리할 때 합 구문으로 설정된 변수는 이미 사용했던 PDV 내의 값을 계속 보유하고 있기 때문에 결과적으로 누적합(accumulating total)이 계산된다.

프로그램 6.10 **(합구문을 활용한 누적연산)**

다음 데이터셋은 단순작업에 대한 스트레스 검사결과로 구성된 텍스트 파일 Tests에 의해 구성된 SAS 데이터셋 Clinic. Stress이다.

VIEWTABLE: Clinic.Stress

	ID	Name	RestHR	MaxHR	RecHR	TimeMin	TimeSec	Tolerance
1	2458	Murray, W	72	185	128	12	38	D
2	2539	LaMance, K	75	168	141	11	46	D
3	2552	Reberson, P	69	158	139	11	59	D
4	2572	Oberon, M	74	177	138	13	43	D
5	2574	Peterson, V	80	164	137	10	32	D
6	2584	Takahashi, Y	76	163	135	12	15	D
7	2462	Almers, C	68	171	133	10	5	I
8	2501	Bonaventure, T	78	177	139	11	13	I
9	2523	Johnson, R	69	162	114	9	42	S

이 데이터셋에서 스트레스 검사에서 경과시간의 총합(timemin*60+timesec)을 누적 합계시킨 새로운 변수 SumSec를 추가하려 한다고 가정하자. 단순한 작업에 대한 스트레스 검사에서 경과된 시간의 총합을 구하려면, 0에 개별 관측치의 경과 시간을 계산한 값을 증가시켜주는 변수가 필요하다. 다음에 제시된 DATA 스텝 프로그램은 누적 계산을 수행하기 위해 합 구문을 적용한 예이다. +기호의 왼쪽에 있는 변수의 값은 0부터 시작하여 개별 관측치의 TotalTime의 값에 의해 증가된다.

SAS 프로그램

```
libname clinic 'c:₩SAS DATA STEP';
data clinic.stress;
   length ID 8 Name $ 13;
   infile "c:₩SAS DATA STEP₩Tests.txt";
   input ID Name $ RestHR MaxHR RecHR
         TimeMin TimeSec Tolerance $ ;
   TotalTime=(timemin*60)+timesec;
   SumSec+totaltime;
run;
```

누적합 연산 결과

SumSec	=	Total Time	+	SumSec (직전단계)
0				
758	=	758	+	0
1464	=	706	+	758
2183	=	719	+	1464
3006	=	823	+	2183
3638	=	632	+	3006

VIEWTABLE: Clinic.Stress

	ID	Name	RestHR	MaxHR	RecHR	TimeMin	TimeSec	Tolerance	TotalTime	sumsec
1	2458	Murray, W	72	185	128	12	38	D	758	758
2	2539	LaMance, K	75	168	141	11	46	D	706	1464
3	2552	Reberson, P	69	158	139	11	59	D	719	2183
4	2572	Oberon, M	74	177	138	13	43	D	823	3006
5	2574	Peterson, V	80	164	137	10	32	D	632	3638
6	2584	Takahashi, Y	76	163	135	12	15	D	735	4373
7	2462	Almers, C	68	171	133	10	5	I	605	4978
8	2501	Bonaventure, T	78	177	139	11	13	I	673	5651
9	2523	Johnson, R	69	162	114	9	42	S	582	6233

6.5.2. 누적합의 초기치 할당 - RETAIN 구문

합 구문에 지정된 변수의 값에 0 대신 다른 값을 할당하고자 할 경우에는 **RETAIN 구문**을 사용한다. RETAIN 구문은 DATA 스텝 수행시 보유되는 변수에 초기치를 할당하고, DATA 스텝이 반복되는 동안 변수들이 초기화되는 것을 방지한다.

[DATA 스텝 - RETAIN 구문]

```
RETAIN variable initial-value;
```

· variable : 누적 연산을 수행하고자 하는 변수를 지정한다.
· initial-value : 누적 연산 변수의 초기치 (문자 또는 숫자)를 지정한다.

Note 초기치를 지정하지 않으면 DATA 스텝의 첫번째 반복시 RETAIN 구문에 지정된 변수는 결측치로 초기화되며, SET, MERGE, UPDATE 구문들에 의해 읽어들여진 변수에 영향을 주지 않는다.

프로그램 6.11 **(RETAIN 구문을 활용한 누적연산 초기값 변경)**

〔프로그램 6.10〕에서 살펴본 바와 같이 첫 번째 관측치를 읽기 전에 누적합이 저장될 변수 SumSec은 0으로 초기화된다. 이를 0이 아닌 다른 숫자로 초기화하는 경우를 살펴보자.

데이터셋 CLINIC.STRESS의 SumSec변수의 초기값을 예전의 스트레스 검사에서 누적된 총시간인 5400초로 설정하기 위해서는 다음과 같이 RETAIN 구문을 사용한다. SumSec의 값은 5400부터 개별 관측치 내 TotalTime의 값이 누적되어 저장됨을 확인할 수 있다.

SAS 프로그램

```
data clinic.stress;
   infile tests;
   input ID 1-4 Name $ 6-25
         RestHR 27-29 MaxHR 31-33
         RecHR 35-37 TimeMin 39-40
         TimeSec 42-43 Tolerance $ 45;
   TotalTime=(timemin*60)+timesec;
   RETAIN SumSec 5400;
   SumSec+totaltime;
run;
```

누적합 연산 결과

SumSec	=	Total Time	+	SumSec (직전단계)
5400				
6158	=	758	+	5400
6864	=	706	+	6158
7583	=	719	+	6864
8406	=	823	+	7583
9038	=	632	+	8406

VIEWTABLE: Clinic.Stress

	ID	Name	RestHR	MaxHR	RecHR	TimeMin	TimeSec	Tolerance	TotalTime	SumSec
1	2458	Murray, W	72	185	128	12	38	D	758	6158
2	2539	LaMance, K	75	168	141	11	46	D	706	6864
3	2552	Reberson, P	69	158	139	11	59	D	719	7583
4	2572	Oberon, M	74	177	138	13	43	D	823	8406
5	2574	Peterson, V	80	164	137	10	32	D	632	9038
6	2584	Takahashi, Y	76	163	135	12	15	D	735	9773
7	2462	Almers, C	68	171	133	10	5	I	605	10378
8	2501	Bonaventure, T	78	177	139	11	13	I	673	11051
9	2523	Johnson, R	69	162	114	9	42	S	582	11633

6.6. 결측치

특정 변수의 현재 관측치에 데이터값이 없는 경우를 일컬어 **결측치(missing value)** 라 한다. SAS는 수치형 변수라면 마침표(.)가, 문자형 변수라면 공백문자(blank)가 저장되어 있는 경우 결측치로 인식한다. 또한, 수치형 변수에 대해 특정 문자를 결측치로 정의할 수도 있다.

프로그램 수행시 의도하지 않은 결과를 방지하려면 결측치가 보이는 특성을 잘 이해해야 한다. 이 절에서는 결측치에 대한 여러 가지 개념을 살펴보기로 하자.

6.6.1. 특수 수치형 결측치

특수 수치형 결측치는 A부터 Z까지의 영문자 또는 언더스코어(_)를 사용하여 결측치를 여러 종류로 표현하고자 하는 경우 사용한다. 특수 결측치로 영문자를 지정하는 경우에는 대소문자 여부에 관계없이 대문자로 저장된다. 특수 수치형 결측치는 할당구문을 통한 직접 정의 방식과 MISSING 구문을 통한 사전 정의 방식으로 정의할 수 있다. [그림 6.6]과 같이 결측치를 뜻하는 마침표 뒤에 곧바로 영문자를 추가하는 방식을 직접 정의 방식이라 한다.

```
x=.d;
```

그림 6.6 특수 수치형 결측치의 할당

외부 파일로 저장된 데이터에 영문자로 결측치가 표현되어 있다면, **MISSING 구문**을 사용하여 사전에 특수 수치형 결측치로 사용할 문자를 지정할 수 있다. 일반형은 다음과 같다.

[DATA 스텝 - MISSING 구문]

```
MISSING value(s)
```

· value(s) : 결측치로 설정할 문자를 지정한다.

프로그램 6.12 **(특수 수치형 결측치 (1) - MISSING 구문의 활용)**

데이터가 존재하지 않는다는 사실은 동일하지만, 그 원인이 서로 다른 경우 특수 수치형 결측치를 활용하면 이를 쉽게 구분할 수 있다. 예제를 통해 살펴보자. 다음은 쪽지 시험 결과를 입력하는 것으로 결시는 A(absent), 시스템 오류로 인한 취소는 E(error)로 정의하였다. PROC PRINT에서 FOOTNOTE 구문을 사용하면 출력후에도 결측치의 종류를 쉽게 이해할 수 있을 것이다. 프로그램 및 결과는 다음과 같다.

SAS 프로그램 (1)

```
data period_a;
   missing A E;
   input Id $ Score1-Score5;
   cards;
01  50 45 65  E 78
04  13 52  A 76 22
;
```

SAS 프로그램 (2)

```
proc print data=period_a;
  title '중간고사결과';
  footnote1 'A : 결시 / E : 시스템오류';
run;
```

SAS 출력

```
                          중간고사결과

   OBS    Id    Score1    Score2    Score3    Score4    Score5

     1    01      50        45        65         E        78
     3    04      13        52         A        76        22

                    A : 결시 / E : 시스템 오류
```

6.6.2. 결측치의 연산

SAS는 산술연산자를 활용한 연산에 결측치가 반영될 경우 거의 대부분의 경우 결측치를 반환한다. 예외적인 상황이라면, 함수를 활용하거나, 누적합을 구현할 때이며, 이 경우에도 내부에 산술연산자를 활용한 연산이 포함되어 있다면 원치 않는 결과가 나타날 수 있다. [표 6.9]는 결측치를 활용한 다양한 연산 방식 및 반환 결과를 정리한 것이다.

구분	표현식	X	Y	반환값
사칙연산	A=X+Y	•	5	•
함수연산	B=SUM(X,Y)	•	5	5
합구문	Y=5 Y+X	•	5	5

표 6.9 결측치가 사용된 표현식의 수행 결과

Note

1.조건부처리에서 일어나는 결측치 처리는 〔프로그램 7.3〕을 참고하자.
2.MERGE 구문 등을 활용한 데이터 병합 작업에서 일어나는 결측치 처리는 〔프로그램 11.3〕을 참고하자.

프로그램 6.13 **(특수 수치형 결측치 (2) - 할당구문의 활용 및 산술연산)**

이번에는 할당구문으로 특수 수치형 결측치를 할당해보자. 프로그램 및 결과 데이터셋은 다음과 같다.

SAS 프로그램

```
data Missing;
   X = .d; Z = 1;
   A = X+Z;
   B = sum(X,Z);
run;
```

데이터셋 MISSING

X	Z	A	B
D	1	.	1

변수 X에는 특수 수치형 결측치 D를 할당하였다. 데이터셋을 출력해보면 변수 X에 값이 존재하는 것으로 보인다. 그러나, X+Z의 결과인 변수 A의 값이 결측치로 처리된다는 것에서 알 수 있듯이 실제 변수 X의 값은 결측치와 동일하게 처리된다.

6.6.3. 결측치의 비교

결측치를 다룰 때 가장 조심해야 하는 부분중 하나는 결측치의 순서가 된다. 정렬처리를 수행하거나, 두 변수의 대소 관계를 비교하는 경우를 생각해보자.

수치형 변수의 경우 결측치는 가장 작은 숫자로 인식하게 된다. 만일 특수 수치형 결측치가 혼재하는 상황이라면 ._ < . < .A < … < .Z < 음수 < 0 < 양수의 순서로 설정된다.

문자형 변수의 결측치로 사용되는 공백문자는 당연히 출력 가능한 문자값보다는 순서가 앞서는 것으로 인식한다. 하지만, 일부 눈에 보이지 않는 특수 문자(개행문자 등)들은 공백문자보다 작은 것으로 인식할 수도 있다. 하지만, 실무 데이터 작업에서 이를 접할 가능성이 거의 없다.

프로그램 6.14 **(결측치 대소관계 확인)**

〔프로그램 6.4〕에서 살펴본 비교 연산자를 활용한 할당 구문을 응용하여 결측치의 크기를 짐작해보자.

SAS 프로그램

```
data Missing;
   x = .;   y = 1;   z = -1;
   a = x > y; c = x > z;
run;
```

데이터셋 OPERATOR1

x	y	z	a	c
.	1	-1	0	0

결과를 보면 C = X 〉 Z = . 〉 -1 = False (0) 으로 반환되었음을 확인할 수 있다. 즉, 결측치는 어떤 비교 연산에서든 가장 작은 값 (minimum value) 으로 인식된다는 것을 기억하자.

Chapter
7

조건부 처리

프로그램을 작성한다는 것은 프로그래머가 구상한 논리의 흐름을 컴퓨터가 이해할 수 있도록 명시하는 과정이다. 이를 효과적으로 제어하는 방법은 기본적으로 "할당", "조건부", "반복" 처리 과정으로 요약할 수 있다.

조건부 처리와 반복 처리를 적재 적소에 활용하는 것은 효율적인 프로그램 작성의 필수 요소이며, 이를 활용해야 하는 상황은 거의 모든 경우에서 발생할 것이라 단언할 수 있다. 그만큼 조건부 처리는 SAS 프로그램 작성을 위한 기본적인 개념 중 하나라는 것이다.

이 장에서는 그 중 SAS에서 지원하는 조건부 처리 관련 구문 및 조건부 처리를 활용하는 여러 가지 상황에 대해 상세히 다룬다. 또한 처리 흐름을 제어하는 또 다른 형태인 강제 분기 처리에 대해서도 다루도록 한다.

7.1. 조건부 처리와 강제분기 처리

할당 구문은 주어진 표현식의 값에 기초하여 계산된 값을 할당 변수에 저장하는 기능을 수행하며, 계산 결과는 표현식을 구성하는 변수의 값에 기초하여 일정한 값을 가지게 된다.

그렇다면 이런 경우는 어떻게 해야 할까? 예를 들어, 신용카드 보유 고객 중 연체금액을 보유한 고객에 대해 연체금액의 일정비율만큼 연체수수료를 추가로 부여하여 월별 수수료를 계산해야 하는 경우라면? 또는 연체된 고객이 한 명이라도 존재하는 경우에 해당 고객에 대한 이후 처리를 건너뛰어야 한다면?

이 두 상황의 공통점은 **'특정 조건을 식별해야 한다'**는 것에 있으며, 차이점은 **'상황별로 서로 다른 처리를 수행하는가'**와 **'처리의 흐름을 강제로 돌리는가'**로 정리할 수 있을 것이다. 프로그래밍 기법 상의 개념으로 정리하면 전자를 **조건부 처리(conditional process)**라 하고 후자를 **강제분기 처리(branch process)**라 한다. 첫 번째 상황을 해결하려면 연체금액의 존재여부를 식별하여 서로 다른 수수료 계산 공식을 적용해야 하고, 두 번째 상황을 해결하려면 연체 여부를 판정한 다음 프로그램 내의 특정 위치로 처리를 강제 이동하도록 조치해야 한다. **[그림 7.1]**을 보자.

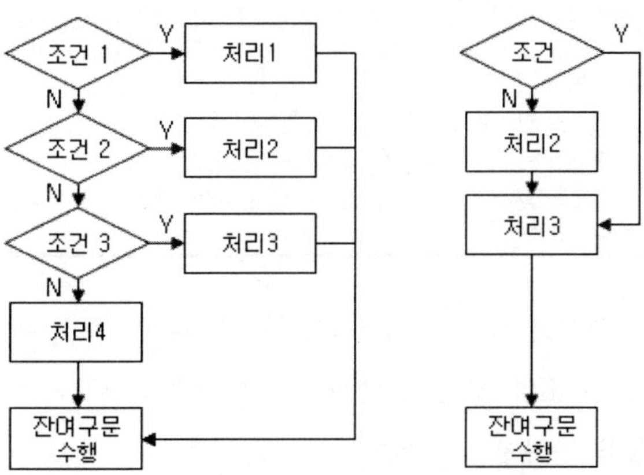

그림 7.1 조건부 처리(좌)와 강제 분기 처리(우)

이와 같이 사전 설정한 조건에 따라 서로 다른 구문을 처리하는 경우는 실무에서 매우 빈번히 접할 수 있다. 이 장에서 다루는 조건부 처리와 **[9장. DO 루프를**

활용한 반복처리]에서 다룰 반복 처리를 정확히 이해해야만, 독자 여러분들은 SAS가 지원하는 기능을 최대한 활용할 준비가 되었다고 볼 수 있을 것이다.

이 장에서는 SAS에서 지원하는 조건부 처리와 강제 분기 관련 구문을 다룬다. 조건을 표현하기 위한 표현식의 사용 방법, 그리고 프로그램 처리 제어에 관한 다양한 구문들을 순서대로 살펴보도록 하자.

7.2. 조건부 처리 (1) - IF-THEN/ELSE 구문

7.2.1. 조건부 처리의 설정

SAS 프로그래밍에서 IF-THEN / ELSE 구문은 가장 자주 접할 수 있는 조건부 처리 관련 구문이다. IF-THEN 구문은 IF 절에 제시된 조건의 판정결과가 참인 경우 뒤따르는 구문을 수행한다.

[조건부 처리 - IF-THEN / ELSE 구문]

```
IF      expression THEN <DO;> statement(s); <END;>
ELSE IF expression THEN <DO;> statement(s); <END;>
ELSE                    <DO;> statement(s); <END;>
```

· IF : 최초 조건을 지정할 때 사용한다.
· ELSE IF : 추가 조건을 지정할 때 사용한다.
· ELSE : 지정한 모든 조건을 충족하지 않는 경우에 수행할 구문을 지정해야 하는 경우 사용한다. ELSE 구문을 사용하지 않으면, 주어진 조건에 관측치가 해당되지 않는 경우에는 조건부처리를 수행하지 않는다.
· expression : 조건 처리를 위한 SAS 표현식을 지정한다.
· statement : 특정 조건에서 수행할 SAS 구문을 지정한다.
· DO-END : 수행할 SAS 구문이 여러 개인 경우를 위해 구문 묶음(statement block)을 표시하는 기능을 한다.

IF 구문의 최적화 방식에 대해 살펴보자. 예를 들어, 변수 TotalTime의 값에 기반하여 TestLength의 값을 할당한다고 가정하자. 이를 위해 **[그림 7.2]**와 같이 IF-THEN 구문을 추가할 수 있다.

```
if       totaltime> 800 then TestLength='Long';
if 750<=totaltime<=800 then TestLength='Normal';
if       totaltime< 750 then TestLength='Short';
```

그림 7.2 IF 구문만을 이용한 조건의 처리

서로 배타적인 조건을 개별적으로 설정한 IF 구문이 실행되었을 경우 개별 관측치는 제시된 조건중 단 하나의 조건에 대해서만 처리가 수행된다. 그러나 이와 같이 프로그래밍하면 첫 번째 조건이 참이더라도 뒤따라오는 모든 IF 구문이 처리되며, 이는 시스템 리소스를 낭비하여 프로그램의 처리를 더디게 한다.

이러한 상황을 방지하려면 IF-THEN 구문을 여러 개 사용하는 대신, 최초 설정된 IF-THEN 조건을 데이터가 만족하지 못하는 경우를 위해 다른 기능의 수행을 지정하기 위한 ELSE 구문을 사용한다. 배타적인 여러 조건들을 지정하기 위하여 **[그림 7.3]**과 같이 ELSE 구문을 여러 번 작성할 수도 있다. ELSE 구문은 프로그램 내의 IF-THEN 구문 이후에 즉시 사용해야 하며, 앞의 IF-THEN/ELSE 조건이 거짓인 경우에만 수행된다.

```
if          totaltime> 800 then TestLength='Long';
else if 750<=totaltime<=800 then TestLength='Normal';
else if     totaltime< 750 then TestLength='Short';
```

그림 7.3 ELSE IF 구문을 활용한 조건부 처리의 예시

IF 구문만으로 조건부 처리를 하는 것과 ELSE 구문을 적절히 섞어서 사용하는 것은 장단점이 분명히 존재한다. 앞에서 살펴본 것처럼 **상호 배타적인 조건**을 구성할 수 있는 상황이라면 ELSE 구문을 활용한 조건부 처리를 하는 것이 효율적이고, 조건에 겹치는 부분이 있다면 IF 구문만으로 구성해야 할 것이다. **[그림 7.4]**는 IF 구문만으로 구성된 조건부 처리와, ELSE IF 구문을 활용한 조건부 처리의 흐름을 도식화한 것이다.

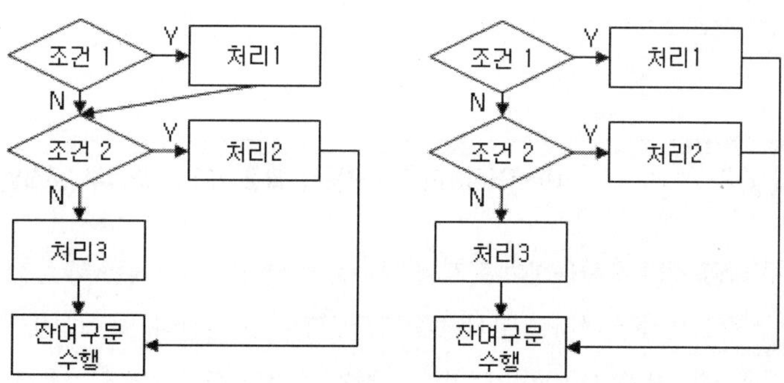

그림 7.4 IF(좌)와 ELSE IF(우)의 처리 흐름도

IF-THEN/ELSE 구문을 활용하여 변수값을 할당하는 것을 특별히 **조건부 할당(conditional assignment)**이라 한다. 조건부 할당값이 수치형일 경우는 별다른 추가 고려사항이 존재하지 않으나, 문자형이라면 할당값을 설정할 때 주의해야 한다. 예제를 통해 살펴보도록 하자.

프로그램 7.1 **(IF-THEN/ELSE 구문의 활용 (1) - 일반적 상황)**

예제를 통해 IF 구문의 사용법을 살펴보자. SAS 데이터셋 USE는 고객번호(Id)와 월간신용카드이용금액(Amount)으로 구성되어 있다. 변수 Amount의 값에 근거하여 신용카드 금액을 'Heavy', 'Middle', 'Tiny'로 구분하여 새로운 변수 Grade에 할당한다고 하자. 프로그램 및 결과는 다음과 같다.

SAS 프로그램

```
data use1;
   set use;
   if                amount < 300000 then Grade = 'Tiny  ';
   else if 300000 <= amount < 600000 then Grade = 'Middle';
   else                                   Grade = 'Heavy ';
run;
```

데이터셋 USE

ID	Amount
2458	758000
2539	306000
2552	719000
2572	823000
2574	632000
2584	335000
2462	605000
2501	673000
2523	282000

⇒

데이터셋 USE1

ID	Amount	Grade
2458	758000	Heavy
2539	306000	Middle
2552	719000	Heavy
2572	823000	Heavy
2574	632000	Heavy
2584	335000	Middle
2462	605000	Heavy
2501	673000	Heavy
2523	282000	Tiny

프로그램 7.2 **(IF-THEN/ELSE 구문의 활용 (2) - 조건부 문자열 할당시 주의사항)**

조건부 할당 처리를 활용하여 문자형 변수를 생성하는 경우에는 최초 정의된 조건에 제시된 할당 구문에 설정된 문자열 길이만큼 저장 공간을 배분한다. 데이터셋 USE2를 생성하는 프로그램을 보면 변수 Grade를 생성하는 최초 조건부 할당값의 길이가 4B(Tiny)로 설정되어 있으므로, 이보다 긴 값들인 Middle/Heavy는 Midd/Heav로 불완전하게 입력된다.

SAS 프로그램

```
data use2;
   set use;
   if              amount<300000 then Grade = 'Tiny';
   else if 300000<=amount<600000 then Grade = 'Middle';
   else                               Grade = 'Heavy';
run;
```

데이터셋 USE2

ID	Amount	Grade
2458	758000	Heav
2539	306000	Midd
2552	719000	Heav
2572	823000	Heav
2574	632000	Heav
2584	335000	Midd
2462	605000	Heav
2501	673000	Heav
2523	282000	Tiny

이와 같은 오류는 두 가지 방식으로 해결한다. 먼저, 다음과 같이 모든 할당값의 길이를 동일하게 정의하는 방식을 생각할 수 있다.

SAS 프로그램

```
data use1;
   set use;
   if                 amount < 300000 then Grade = 'Tiny  ';
   else if 300000 <= amount < 600000 then Grade = 'Middle';
   else                                    Grade = 'Heavy ';
run;
```

이러한 방식은 할당값의 갯수가 얼마되지 않는 경우라면 편리하다. 하지만, 수십개의 값을 IF-THEN/ELSE로 처리해야 하는 상황이라면 일일이 길이를 맞추어서 공백문자를 할당해야 하기 때문에 꼭 합리적인 방식이라고는 볼 수 없다. 이런 경우라면 다음과 같이 LENGTH 구문으로 할당변수의 길이를 사전 설정하는 방식으로 해결할 수 있을 것이다.

SAS 프로그램

```
data use3;
   set use;
   length Grade $ 6;
   if              amount<300000 then Grade = 'Tiny';
   else if 300000<=amount<600000 then Grade = 'Middle';
   else                               Grade = 'Heavy';
run;
```

데이터셋 USE3

ID	Amount	Grade
2458	758000	Heavy
2539	306000	Middle
2552	719000	Heavy
2572	823000	Heavy
2574	632000	Heavy
2584	335000	Middle
2462	605000	Heavy
2501	673000	Heavy
2523	282000	Tiny

프로그램 7.3 (IF-THEN/ELSE 구문의 활용 (3) - ELSE 구문의 누락)

이번에는 ELSE 구문을 누락하는 경우를 살펴보기로 하자. 다음 프로그램을 보면, 변수 Amount의 값이 600,000이상인 경우에 대한 처리가 정의되어 있지 않다. ELSE 구문이 누락된 조건부 처리는 설정된 조건에 대해서만 처리를 수행하기 때문에 다음과 같이 'Middle', 'Tiny'만 할당 처리된다.

SAS 프로그램

```
data use4;
   set use;
   if      amount<300000 then Grade = 'Tiny  ';
   else if amount<600000 then Grade = 'Middle';
run;
```

데이터셋 USE4

ID	Amount	Grade
2458	758000	
2539	306000	Middle
2552	719000	
2572	823000	
2574	632000	
2584	335000	Middle
2462	605000	
2501	673000	
2523	282000	Tiny

이와 같이 조건부 처리에서 ELSE 구문이 누락되면 모든 조건을 충족하지 않은 상황이 닥쳤을 때 아무런 값도 할당되지 않는다. 따라서, IF-THEN/ELSE 구문에서 조건 설정이 완벽하게 이루어졌는지를 검증하고자 할 때 이를 적절히 활용하면 유용하다.

프로그램 7.4 **(IF-THEN/ELSE 구문의 활용 (4) - IF와 ELSE IF의 차이)**

조건절의 개념에 익숙하지 않은 프로그래머의 경우, IF 구문만으로 조건절을 구축한 경험이 있을 것이다. 〔그림 7.2〕에서 살펴본 바와 같이 ELSE IF 구문을 사용하지 않은 조건절을 수행하면 틀린 결과를 얻을 수 있다. 다음 예제를 통해 확인해보기로 하자.

SAS 프로그램

```
data use5;
   set use;
   if amount<300000 then Grade = 'Tiny  ';
   if amount<600000 then Grade = 'Middle';
run;
```

데이터셋 USE5

ID	Amount	Grade
2458	758000	
2539	306000	Middle
2552	719000	
2572	823000	
2574	632000	
2584	335000	Middle
2462	605000	
2501	673000	
2523	282000	Middle

〔프로그램 7.3〕에서 살펴본 예제와는 두 번째 조건절이 ELSE IF 대신 IF 구문으로 정의되었다는 차이점이 있으며, 출력 결과를 보면 마지막 관측치에 'Middle'이 할당되어 있음을 확인할 수 있다.

즉, IF 구문만으로 조건절을 설정하면 데이터가 제시된 조건을 만족하더라도, 다음 조건을 다시 검증하는 방식으로 처리가 일어나게 된다. 따라서, 여러 개의 조건에 따라 별도의 처리가 필요한 프로그램을 작성하고자 한다면 반드시 ELSE IF구문을 사용한 조건절을 구축하는 것이 좋다.

7.2.2. 표현식의 작성 방법

IF-THEN/ELSE 구문을 비롯한 모든 유형의 조건부 처리 및 강제 분기 처리를 정확히 구사하려면 **[6.4. 연산자]**에서 다룬 비교 연산자와 논리 연산자를 활용한 표현식의 작성을 정확히 이해해야 한다. 이미 개별 연산자의 기능을 살펴보았으므로, 이제, 조건을 정의하기 위한 표현식의 작성 방법에 대해 살펴보기로 하자.

IF-THEN 구문을 활용한 조건부처리에서는 비교연산자와 논리연산자를 적재적소에 사용하여 필요한 조건을 조합해내는 능력이 필요하다. **[표 7.1]**은 **[6.3절]**에서 다룬 비교연산자 및 논리연산자를 다시 한 번 정리한 것이다.

표 7.1 비교연산자 및 논리연산자

비교연산자	의미
=, eq	같다.
^=, ne	같지 않다.
>, gt	크다.
<, lt	작다.
>=, ge	크거나 같다.
<=, le	작거나 같다.
in	리스트 중 하나가 있다.

논리연산자	의미
&, and	그리고
|, or	또는
^, not	부정

연결된 두 표현식이 모두 참일 경우에만 처리를 수행하고자 할 경우에는 AND 연산자를 사용하며, 어느 한 쪽이 참일 경우 처리를 수행하고자 하면 OR 연산자를 사용한다. NOT 연산자는 비교 논리를 반대로 적용할 때 사용한다.

표 7.2 비교연산자 및 논리연산자의 사용예

구분	사용례

비교연산자	if test < 85 and time <= 20 then Status='RETEST';
	if region in ('NE','NW','SW') then Rate=fee-25;
	if target gt 300 or sales ge 50000 then Bonus=salary*.05;

논리연산자	if status='OK' and type=3 then Count+1;
	if (age^=agecheck | time^=3) & error=1 then Test=1;
	if status='S' or cond='E' then Control='Stop';
	if not (loghours < 7500) then Schedule='Quarterly';
	if region not in ('NE','SE') then Bonus=200;

괄호 내부에 존재하는 논리 연산자는 다른 표현식들보다 먼저 참인지 거짓인지를 판별하는 역할을 한다. **[그림 7.5]**에 제시된 구문의 경우 괄호 내의 OR 연산자가 적용된 결과를 먼저 판정한 후 첫 번째 표현식과 OR 연산자의 적용 결과에 대한 AND 연산결과를 판정한다.

```
if error=1 and (age^=agecheck or time^=3) then Test=1;
```

2순위판정 1순위 판정

그림 7.5 연산자에 따른 해석 우선 순위

프로그램 7.5 (IN 연산자를 활용한 조건부 문자열 할당 처리)

IN 연산자는 사전 설정된 목록 내에 비교 대상 변수값이 존재하는지를 검증하는 기능을 한다. 따라서, OR 연산자를 포함한 논리 표현식과 동일한 기능을 한다.

지역별 우편번호 중 일부로 구성된 데이터셋 ZIPCODE에서 변수 Sido의 값이 '서울', '인천', '경기' 인 관측치에 대해 '경인'이라는 새로운 값을 할당하고자 한다. 프로그램에서는 OR 연산자를 활용한 복합 표현식 및 IN 연산자로 동일한 기능을 수행하도록 구성된 비교 표현식의 조건부 처리 결과를 각각 변수 Region1과 Region2에 저장하였다. 출력 결과를 보면 두 처리가 동일한 결과를 나타낸다는 것을 확인할 수 있다.

SAS 프로그램

```
data zipcode1;
   set zipcode;
   if   sido='서울' or sido='인천' or sido='경기' then region1='경인';
   else                                                region1='기타';
   if   sido in ('서울','경기','인천') then region2='경인';
   else                                  region2='기타';
run;
```

데이터셋 ZIPCODE

zipcode	sido	gugun
363-812	충북	청원군
301-215	대전	중구
678-862	경남	합천군
770-811	경북	영천시
210-811	강원	강릉시
413-902	경기	파주시
135-857	서울	강남구
269-849	강원	철원군
417-802	인천	강화군
539-855	전남	진도군

데이터셋 ZIPCODE1

zipcode	sido	gugun	region1	region2
363-812	충북	청원군	기타	기타
301-215	대전	중구	기타	기타
678-862	경남	합천군	기타	기타
770-811	경북	영천시	기타	기타
210-811	강원	강릉시	기타	기타
413-902	경기	파주시	경인	경인
135-857	서울	강남구	경인	경인
269-849	강원	철원군	기타	기타
417-802	인천	강화군	경인	경인
539-855	전남	진도군	기타	기타

프로그램 7.6 **(문자 비교 보조 연산자 콜론(:)의 사용)**

문자형 피연산자가 사용된 비교 표현식에서 연산자 뒤에 콜론(:)을 삽입하면 지정한 문자열이 접두어인지의 여부를 비교한다. 이 기법을 잘 활용하면 프로그램의 길이를 상당히 줄여주는 효과를 얻을 수 있다.

〔프로그램 7.5〕에서 사용한 데이터셋 ZIPCODE에서 변수 Sido의 값이 '경'으로 시작하는 변수에 체크하고자 한다. 이 경우는 개별 관측치가 보유한 변수 Sido의 값을 구성하는 첫 번째 문자열이 '경'인지의 여부만 파악하면 되기 때문에, =: 연산자를 사용한다. 프로그램 및 결과는 다음과 같다.

SAS 프로그램

```
data zipcode2;
   set zipcode;
   if sido=:'경' then region1='V';
run;
```

데이터셋 ZIPCODE2

zipcode	sido	gugun	region1
363-812	충북	청원군	
769-922	경북	의성군	V
301-215	대전	중구	
609-822	부산	금정구	
678-862	경남	합천군	V
770-811	경북	영천시	V
210-811	강원	강릉시	
413-902	경기	파주시	V
135-857	서울	강남구	
130-879	서울	동대문구	

이번에는 충청권 시도명인 대전과 충남, 충북이 변수 Sido의 값일 경우 체크하는 경우를 생각해보자. 이 경우는 in: 연산자를 활용하면 쉽게 해결할 수 있다. 프로그램 및 결과는 다음과 같다. (예제 데이터에는 "대구"가 포함되어 있지 않다는 것을 유의하자. "대구"가 포함되어 있다면 최초 의도와는 다른 결과가 나올 수도 있다.)

SAS 프로그램

```
data zipcode3;
   set zipcode;
   if sido in: ('충','대') then region1='V';
run;
```

데이터셋 ZIPCODE3

zipcode	sido	gugun	region1
363-812	충북	청원군	V
769-922	경북	의성군	
301-215	대전	중구	V
609-822	부산	금정구	
678-862	경남	합천군	
770-811	경북	영천시	
210-811	강원	강릉시	
413-902	경기	파주시	
135-857	서울	강남구	
130-879	서울	동대문구	

7.2.3. IF 구문의 활용 (1) - 불필요한 관측치의 제거

프로그램을 작성할 때 특정 조건에 해당하는 관측치를 제거해야 하는 경우가 자주 발생한다. 이때 IF-THEN 구문과 **DELETE 구문**을 함께 사용하면 삭제 처리를 수행한다.

[DATA 스텝 - DELETE 구문]

```
IF expression THEN DELETE;
```

· expression : 유효한 표현식을 지정한다.

프로그램 7.7 **(DELETE 구문의 활용)**

다음은 〔프로그램 7.4〕에서 살펴본 데이터셋 USE에서 변수 Amount의 값이 600,000 미만인 경우 삭제 처리하는 예제이다.

데이터셋 USE

ID	Amount
2458	758000
2539	306000
2552	719000
2572	823000
2574	632000
2584	335000
2462	605000
2501	673000
2523	282000

SAS 프로그램

```
data use5;
   set use;
   if amount<600000 then delete;
run;
```

데이터셋 USE5

ID	Amount
2458	758000
2552	719000
2572	823000
2574	632000
2462	605000
2501	673000

7.2.4. IF 구문의 활용 - 특정 관측치 채택

DELETE 구문과는 반대로 특정 조건을 만족하는 관측치만을 SAS 데이터셋에 저장해야 하는 상황도 발생할 수 있을 것이다. 이는 IF 구문에 조건만을 지정하는 **분할-IF(Subset-IF) 구문**을 사용하는 것으로 해결 가능하다.

[조건부 처리 - 분할-IF 구문]

```
IF expression;
```

· 주어진 표현식에 부합하는 관측치를 데이터셋에 입력한다. 특별한 조건없이 변수명만 기술되었을 경우, 해당 변수의 값이 1인 관측치만을 데이터셋에 입력한다.

Note 분할-IF 구문은 WHERE 구문과 동일한 기능을 수행한다. 분할-IF 구문은 이전에 정의된 구문들의 처리가 수행된 다음, 조건에 따라 데이터 채택 여부를 판단하는데 반해, WHERE 구문은 데이터의 최초 처리시 조건을 만족하는지의 여부를 먼저 판정하여 데이터 채택 여부를 결정한다.

프로그램 7.8 **(분할-IF 구문의 활용)**

다음은 〔프로그램 7.7〕에서 살펴본 것과 반대로 데이터셋 USE에서 변수 Amount의 값이 600,000 미만인 관측치만을 남기는 예제이다.

SAS 프로그램

```
data use5;
   set use;
   if amount<600000;
run;
```

데이터셋 USE

ID	Amount
2458	758000
2539	306000
2552	719000
2572	823000
2574	632000
2584	335000
2462	605000
2501	673000
2523	282000

데이터셋 USE7

ID	Amount
2539	306000
2584	335000
2523	282000

7.2.5. IF 구문의 활용 (3) - OUTPUT 구문과 다중 데이터셋 출력

입력데이터셋에서 기준 변수의 값에 기초한 부분 데이터셋을 여러 개 생성해야 하는 경우가 있다. [7.2.4절]에서 다룬 분할-IF 구문으로도 이를 해결할 수는 있으나, 개별 데이터마다 서로 다른 처리를 해야 한다면 효율적이지 않을 수 있다.

SAS는 이를 해결하기 위해 데이터셋 분할 출력을 지원한다. 먼저, **OUTPUT 구문**의 일반형은 다음과 같다.

[DATA 스텝 - OUTPUT 구문]

```
OUTPUT output-dataset-name;
```

· output-dataset-name : 관측치가 작성될 SAS 데이터셋 이름을 지정한다.

OUTPUT 구문을 수행하면 DATA 스텝은 곧바로 데이터셋에 현재 처리중인 관측치를 데이터셋에 출력한 후 다음 관측치로 DATA 스텝 처리를 이동한다. 이와 같은 기능 때문에 OUTPUT 구문을 **명시적 출력 구문**(explicit output statement)이라고도 한다. OUTPUT 구문이 적용된 상황에서의 DATA 스텝 출력 처리 과정은 **[그림 7.6]**과 같다.

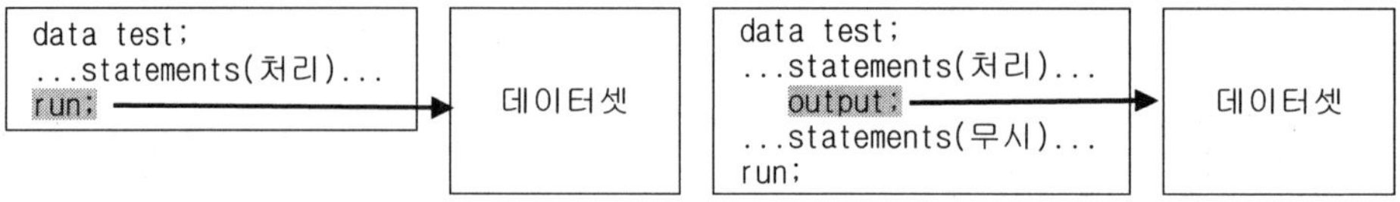

그림 7.6 OUTPUT 구문의 출력 처리 과정

> **Note**
>
> 1. 동일 DATA 스텝에 여러 개의 OUTPUT 구문이 정의되었다면, 해당 데이터셋 이름은 DATA 구문에 모두 지정되어 있어야 한다.
> 2. OUTPUT 구문에 지정한 출력데이터셋에는 데이터셋 옵션을 사용할 수 없다.
> 3. OUTPUT 구문 이후에 지정된 DATA 스텝 구문은 처리가 일어나지 않는다.
> 4. OUTPUT 구문에 출력 데이터셋 이름을 생략하면 현재 DATA 스텝의 DATA 구문에 정의된 데이터셋에 출력처리가 진행된다.
> 5. 출력 단계에서 데이터 구조를 조정하려면 DATA 구문에 정의된 데이터셋 이름에 데이터셋 옵션을 설정해야 한다.
> 6. OUTPUT 구문의 다양한 활용법은 이 절 및 [9장. DO 구문을 활용한 반복처리]에서 다룰 것이다.

OUTPUT 구문과 DATA 구문의 다중 출력데이터셋 지정 및 IF-THEN/ELSE 구문을 활용한 **데이터셋 분할 출력** 프로그래밍 방식은 다음과 같다.

[조건부 처리 - 다중 출력데이터셋 지정]

```
DATA output-dataset-name_1 ... output-dataset-name_n
   SET input-dataset-name;
       ... More SAS Statements ...
   IF      expression THEN OUTPUT output-dataset-name_1
   ELSE IF expression THEN OUTPUT output-dataset-name_2;
       ... More SAS Statements ...
   ELSE                    OUTPUT output-dataset-name_n;
RUN;
```

- DATA 구문 뒤에 출력하고자 하는 데이터셋 이름들을 나열한다.
- OUTPUT 구문 뒤에 데이터셋을 지정하면 지정된 이름을 갖는 데이터셋에 해당 데이터가 출력된다.

이 방식은 속성을 동일하게 유지한 상태로 관측치를 분할해야 하는 경우에 매우 유용하다. 동일 입력 데이터셋에 대해 분할-IF 구문을 사용한 데이터 분할 처리와 다중 출력 데이터셋 지정 방식을 통한 데이터 분할 처리를 적용하는 경우의 차이점은 **[그림 7.7]**과 같다.

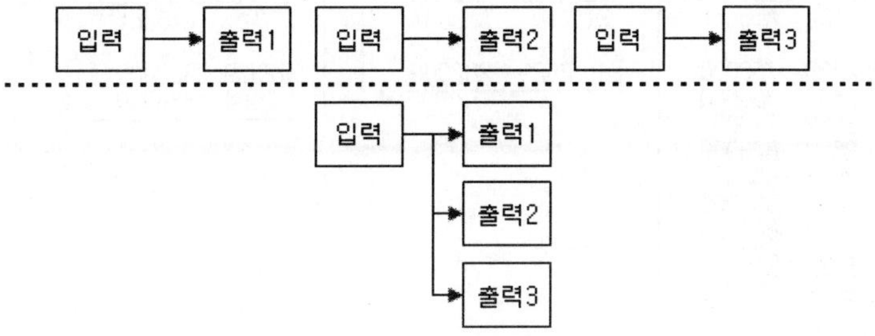

그림 7.7 데이터 분할(상)과 다중 데이터셋 출력(하)의 차이

[그림 7.7]에서 보다시피 일반적인 분할 처리는 매번 데이터셋 입력 과정을 거쳐야 하지만, 다중 출력 데이터셋 지정 방식은 단 한 번의 입력으로 여러 개의 출력 데이터셋을 한번에 만들 수 있기 때문에, 프로그램 작성 시간 및 데이터 처리 시간을 그만큼 단축할 수 있다는 것을 기억하자.

프로그램 7.9 **(IF-THEN/ELSE 구문을 활용한 다중 데이터셋 생성)**

다음은 동일한 결과를 얻기 위해 분할-IF 구문을 사용하는 방식과 다중 출력 데이터셋 지정 방식을 사용한 프로그램을 함께 작성한 것이다.

SAS 프로그램

```
data use8;
   set use;
   if amount<300000;
run;
data use9;
   set use;
   if 300000<=amount<600000;
run;
data use0;
   set use;
   if amount>=900000;
run;
```

SAS 프로그램

```
data use8 use9 use0;
   set use;
   if      amount<300000 then output use8
   else if amount<600000 then output use9;
   else                       output use0;
run;
```

후자의 경우 단 한 번의 입력 처리(SET 구문)로 원하는 결과를 얻을 수 있으며, 프로그램 길이가 훨씬 짧아진다는 것을 확인할 수 있다. 생성된 데이터셋은 다음과 같다.

데이터셋 USE

ID	Amount
2458	758000
2539	306000
2552	719000
2572	823000
2574	632000
2584	335000
2462	605000
2501	673000
2523	282000

데이터셋 USE8

ID	Amount
2523	282000

데이터셋 USE9

ID	Amount
2539	306000
2584	335000

데이터셋 USE0

ID	Amount
2458	758000
2552	719000
2572	823000
2574	632000
2462	605000
2501	673000

프로그램 7.10 (OUTPUT 구문 사용시 주의사항 (1) - 출력 데이터셋 구조 설정)

IF 구문을 활용한 데이터셋 다중 출력에서, 각각의 출력 데이터셋이 서로 다른 구조를 가져야 하는 경우가 있을 수 있다. 예를 들어 살펴보기로 하자.

SAS 데이터셋 CUSTOMER_DB는 백화점카드를 발급받은 고객의 정보가 저장된 고객DB이다. 가입기간이 6개월 미만일 때는 최근에 카드를 사용했는지의 여부를 확인할 수 있는 최근무실적개월수(NoUseMon)로 구성된 데이터셋 NEWCUST를, 그 외의 경우 최근월 이용실적(CurrentUse)으로 구성된 데이터셋 OLDCUST를 생성한다고 하자. 원본 데이터셋 구조를 고치지 않은 프로그램 및 출력 결과는 다음과 같다.

SAS 프로그램

```
data NewCust OldCust;
   set Customer_DB;
   if Term <= 6 then output NewCust;
   else              output OldCust;
run;
```

데이터셋 CUSTOMER_DB

CustID	Term	NoUseMon	CurrentUse
1	14	0	53000
4	3	1	0
8	10	6	0
15	2	0	78000

데이터셋 NEWCUST

CustID	Term	NoUseMon	CurrentUse
4	3	1	0
15	2	0	78000

데이터셋 OLDCUST

CustID	Term	NoUseMon	CurrentUse
1	14	0	53000
8	10	6	0

다중 출력에서 특별히 조치를 취하지 않았다면, 데이터셋에는 필요하지 않은 변수들도 포함되어 출력 처리된다. 이를 해결하려면 데이터셋 옵션 KEEP=을 사용해야 하며, 보통은 다음과 같이 생각하기 쉽다.

SAS 프로그램

```
data NewCust OldCust;
   set Customer_DB;
   if Term <= 6 then output NewCust(keep=CustID NoUseMon);
   else              output OldCust(keep=CustID CurrentUse);
run;
```

그러나, 이 프로그램을 수행하면 다음과 같은 오류 메시지와 함께 원하는 처리가 일어나지 않는다.

SAS 로그

```
NOTE: 오류가 발생하여 SAS 시스템은 현재 스텝의 실행을 중지합니다.
WARNING: 데이터 셋 WORK.NEWCUST이(가) 불완전합니다.  이 스텝은 0개의 관측치와
         4개의 변수가 있을 때 중단되었습니다.
WARNING: 데이터 셋 WORK.OLDCUST이(가) 불완전합니다.  이 스텝은 0개의 관측치와
         4개의 변수가 있을 때 중단되었습니다.
42    data NewCust OldCust;
43       set Customer_DB;
44       if Term <= 6 then output NewCust(keep=CustID NoUseMon);
                                         -
                                         22
                                         76
45    else               output OldCust(keep=CustID CurrentUse);
      ----
      180

ERROR 22-322: 구문 오류, 다음에 나열된 것들이 요구됩니다: 이름, 따옴표로
              둘러싸인 문자열, ;, RC, _DATA_, _LAST_, _NULL_.
ERROR 76-322: 구문 오류로 인하여 문장은 무시됩니다.

문장이 올바르지 않거나 적당한 순서에 사용되지 않았습니다.

45       else               output OldCust(keep=CustID CurrentUse);
                                   -------
                                   180

문장이 올바르지 않거나 적당한 순서에 사용되지 않았습니다.
46    run;
```

즉, OUTPUT 구문은 데이터의 출력 경로(데이터셋 이름)를 구분해주는 역할을 하지만, 실제로 데이터셋의 구조에 영향을 미치지는 않는다는 점에 주의하자. 주어진 상황은 다음과 같이 DATA 구문에 데이터셋 옵션을 설정하는 방식으로 해결할 수 있다.

SAS 프로그램

```
data NewCust(keep=CustID NoUseMon)
     OldCust(keep=CustID CurrentUse);
   set Customer_DB;
   if Term <= 6 then output NewCust;
   else              output OldCust;
run;
```

SAS 로그

```
NOTE: 4개의 관측치를 데이터셋 WORK.CUSTOMER_DB.
      (으)로부터 읽었습니다.
NOTE: 데이터셋 'WORK.NEWCUST'은(는) 2개 관측치,
      2개 변수를 가지고 있습니다.
NOTE: 데이터셋 'WORK.OLDCUST'은(는) 2개 관측치,
      2개 변수를 가지고 있습니다.
NOTE: DATA 문장 실행:
      실행 시간            0.01 초
      cpu 시간             0.01 초
```

데이터셋 NEWCUST

CustID	NoUseMon
4	1
15	0

데이터셋 OLDCUST

CustID	CurrentUse
1	53000
8	0

프로그램 7.11 (OUTPUT 구문 사용시 주의사항 (2) - 출력 데이터셋 이름의 누락)

출력하고자 하는 데이터셋의 개수가 많을 경우 OUTPUT 구문에 설정한 데이터셋 이름과 DATA 구문에 설정한 데이터셋 이름이 서로 누락되는 경우가 종종 일어난다. 다음 로그는 다중 출력에서 DATA 구문에 출력 데이터셋 이름을 누락시킨 경우의 로그이다.

SAS 로그

```
58   data NewCust(keep=CustID NoUseMon);
59      set Customer_DB;
60      if Term <= 6 then output NewCust;
61      else              output OldCust;
                                 -------
                                 455
ERROR 455-185: Data set was not specified on the DATA statement.

62   run;

NOTE: 오류가 발생하여 SAS 시스템은 현재 스텝의 실행을 중지합니다.
WARNING: 데이터 셋 WORK.NEWCUST이(가) 불완전합니다.  이 스텝은 0개의 관측치와
         2개의 변수가 있을 때 중단되었습니다.
WARNING: 데이터셋 'WORK.NEWCUST'은(는) 현재 스텝의 종료(으)로 인하여 변경되지
         않았습니다.
NOTE: DATA 문장 실행:
      실행 시간           0.00 초
      cpu 시간            0.00 초
```

반대로 OUTPUT 구문에 출력 데이터셋 이름을 누락하면 DATA 스텝은 정상적으로 동작하지만, 누락된 데이터셋에는 관측치가 저장되지 않는 논리적 오류가 일어날 수 있다. 다음 로그를 확인하자.

SAS 로그

```
64   data NewCust(keep=CustID NoUseMon)
65        OldCust(keep=CustID CurrentUse);
66      set Customer_DB;
67      if Term <= 6 then output NewCust;
68   run;

NOTE: 4개의 관측치를 데이터셋 WORK.CUSTOMER_DB. (으)로부터  읽었습니다.
NOTE: 데이터셋 'WORK.NEWCUST'은(는) 2개 관측치, 2개 변수를 가지고 있습니다.
NOTE: 데이터셋 'WORK.OLDCUST'은(는) 0개 관측치, 2개 변수를 가지고 있습니다.
NOTE: DATA 문장 실행:
      실행 시간           0.01 초
      cpu 시간            0.01 초
```

프로그램 7.12 **(OUTPUT 구문 사용시 주의사항 (3) - OUTPUT 구문의 위치)**

OUTPUT 구문은 강제출력처리를 진행하는 구문이기 때문에, 반드시 모든 처리가 마무리된 후에 사용해야 한다. 다음 프로그램과 같이 OUTPUT 구문 뒤에 부가적인 처리를 실시하더라도 그 결과는 출력데이터셋에 반영되지 않는다. 다음 두 프로그램에서 변수 NewTarget과 OldTarget을 설정하는 구문의 위치와 데이터셋 생성 결과를 연관지어 살펴보자.

SAS 프로그램 (1)

```
data NewCust(keep=CustID NoUseMon NewTarget)
     OldCust(keep=CustID CurrentUse OldTarget);
   set Customer_DB;
   if Term <= 6 then output NewCust;
   else              output OldCust;
   if NoUseMon ^= 0 then NewTarget = 1;
   if CurrentUse = 0 then OldTarget = 1;
run;
```

데이터셋 NEWCUST

CustID	NoUseMon	NewTarget
4	1	.
15	0	.

데이터셋 OLDCUST

CustID	CurrentUse	OldTarget
1	53000	.
8	0	.

SAS 프로그램 (2)

```
data NewCust(keep=CustID NoUseMon NewTarget)
     OldCust(keep=CustID CurrentUse OldTarget);
   set Customer_DB;
   if NoUseMon ^= 0 then NewTarget = 1;
   if CurrentUse = 0 then OldTarget = 1;

   if Term <= 6 then output NewCust;
   else              output OldCust;
run;
```

데이터셋 NEWCUST

CustID	NoUseMon	NewTarget
4	1	1
15	0	.

데이터셋 OLDCUST

CustID	CurrentUse	OldTarget
1	53000	0
8	0	1

7.3. 조건부 처리 (2) - SELECT 구문

SAS는 IF-THEN/ELSE 구문 이외에 조건부 처리를 위한 **SELECT 구문**을 지원한다. SELECT 구문은 SAS에서만 찾아볼 수 있는 특수한 조건부 처리 구문으로 반드시 **WHEN, OTHERWISE 구문**을 함께 사용해야 한다.

SELECT 구문에서 조건을 지정하는 방식은 크게 조건변수/조건값 지정방식과 표현식 지정 방식이 있다. 조건변수/조건값 지정방식은 SELECT 구문에 조건 변수를, WHEN 구문에 해당 변수의 상세 조건을 지정하는 형태를 말한다. 표현식 지정 방식은 SELECT 구문에 특별히 조건 변수를 지정하지 않고, WHEN구문에 조건절을 그대로 지정하는 방식으로 구성된다. [표 7.3]을 참고하자.

표 7.3 SELECT 구문의 조건 지정 방식

SELECT 구문 정의 방식	프로그램 예시

조건변수/조건값 지정	select (급여종류);
	   when ('monthly') amt=급여;
	   otherwise put '데이터오류. 관측치:' 직원번호;
	end;

표현식 지정	select;
	   when (직원번호<=1) amt=급여;
	   otherwise put '데이터오류. 관측치:' 직원번호;
	end;

SELECT 구문의 일반형은 다음과 같다.

[조건부 처리 - SELECT 구문]

```
SELECT <(select-expression)>;
   WHEN-1 (when-expression-1<,…,when-expression-n>) statement;
                   ⋮
  <WHEN-n (when-expression-1<,…,when-expression-n>) statement;>
  <OTHERWISE statement;>
END;
```

· (select-expression) : 조건 판정 변수를 지정한다.
· (when-expression) : SELECT 표현식이 지정되었을 경우에는 수행 조건을 위한 값을 지정하고, 지정되지 않았을 경우에는 조건 판정을 위한 표현식을 지정한다. SELECT 구문 내에는 적어도 하나의 WHEN 구문을 사용해야 한다.
· OTHERWISE : 모든 조건이 참이 아닌 경우에 수행되는 구문을 지정한다.
· END : 모든 조건의 지정을 완료한 후 SELECT 그룹의 끝을 표시한다.
· statement : 수행 가능한 SAS 구문을 지정한다.

Note

1. 표현식 지정방식은 IF-THEN/ELSE 구문의 사용법과 매우 유사하며, 상호 배타적인 범위를 조건으로 설정하는 경우에 유용하다.
2. 조건 변수의 값이 문자형으로 구성되어 있고 지정할 조건이 매우 많은 경우라면, 조건변수/조건값 지정방식이 보다 효율적이다.
3. WHEN 구문 내에서 여러 개의 구문을 작성하려면 IF-THEN/ELSE 구문과 동일한 방식으로 DO-END 구문을 활용하여 수행할 구문의 블록을 지정한다.
4. 조건이 참일 경우 아무런 처리를 하지 않으려면 WHEN 구문에 추가 구문을 삽입하지 않은 빈 구문(Null Statement)을 정의한다.
5. WHEN 표현식은 SELECT 표현식의 존재여부에 따라 사용방식이 결정된다.
6. 여러 개의 WHEN 표현식을 쉼표로 구분해서 지정하면 논리연산자 OR를 활용한 논리 연산을 수행하는 것과 동일한 결과를 얻을 수 있다.
7. 정의된 SELECT-WHEN 비교결과가 모두 거짓일 경우, OTHERWISE 구문이 존재하지 않으면 DATA 스텝은 오류 메시지를 출력 후 수행을 정지한다.
8. SELECT-WHEN/OTHERWISE 구문은 가능한 조건이 모두 설정되어 있는지의 여부를 확인해야 하는 경우 사용하면 편리하다.
9. SELECT-WHEN/OTHERWISE 구문은 SQL에서 지원하는 CASE-WHEN/ELSE 절과 거의 유사하다.

프로그램 7.13 **(SELECT 구문의 활용 (1) - 조건변수/조건값 지정방식)**

SELECT 구문의 사용법을 예제를 통해 살펴보자. 다음은 직원번호에 따라 설정된 급여지급 조건에 따라 개인별 월급 산정 결과가 저장되는 데이터셋 SALARY를 생성하는 프로그램이다. 원본 데이터는 급여지급조건, 책정급여, 시급, 근무시간으로 구성되어 있다.

SAS 프로그램

```
options validvarname = any;
data Salary(keep=직원번호 월급);
   input 직원번호 급여종류 $ 급여 시급 근무시간 ;
   select (급여종류);
      when ('monthly') 월급=급여;
      when ('hourly') do;
            월급=시급*min(근무시간,40);
            if 근무시간 > 40 then put '근무시간확인요망! 직원번호:' 직원번호;
      end;
      otherwise put '데이터오류. 관측치:' 직원번호;
   end;
cards;
221 monthly 450  .  .
242 hourly    .  4 50
243 hourly    .  4 25
114 daily   300  4 50
;
```

이 프로그램의 특징은 다음과 같다.

(1) SELECT 구문의 조건변수-조건값 지정방식으로 구성되었다.

(2) 급여 체제가 월급(Monthly)/시급(Hourly)인 경우만 처리하도록 설계되었다.

(3) 직원의 급여체계가 월급으로 설정된 경우에는 책정된 급여를 할당하고, 시급으로 설정된 경우는 최대 40시간까지의 시급을 인정하여 월급여를 계산한다.

(4) 근무시간이 40시간 이상이라면 데이터 확인 메시지를 출력한다.

(5) 급여 체제가 월급(Monthly), 시급(Hourly)이 아닌 경우는 로그에 오류임을 알리는 메시지를 출력하고 급여계산을 수행하지 않는다.

로그 및 출력데이터셋 SALARY는 다음과 같다.

SAS 로그

```
근무시간확인요망! 직원번호:242
데이터오류. 관측치:114
NOTE: 데이터셋 'WORK.SALARY'은(는) 4개 관측치,
      6개 변수를 가지고 있습니다.
NOTE: DATA 문장 실행:
      실행 시간            0.21 초
      cpu 시간             0.01 초
```

데이터셋 SALARY

직원번호	월급
221	450
242	160
243	100
114	.

프로그램 7.14 **(SELECT 구문의 활용 (2) - 표현식 지정방식)**

〔프로그램 7.13〕에서 다룬 예제와 동일한 결과를 얻기 위해 표현식 지정방식을 사용하여 SELECT 구문을 활용한 결과는 다음 프로그램과 같다.

SAS 프로그램

```
options validvarname = any;
data Salary1;
   input 직원번호 급여종류 $ 급여 시급 근무시간 ;
   select;
      when (급여종류='monthly') amt=급여;
      when (급여종류='hourly') do;
         amt=시급*min(근무시간,40);
         if 근무시간 > 40 then put '근무시간확인요망! 직원번호:' 직원번호;
      end;
      otherwise put '데이터오류. 관측치:' 직원번호;
   end;
cards;
221 monthly 450  .  .
242 hourly    .  4 50
243 hourly    .  4 25
114 daily   300  4 50
;
```

프로그램 7.15 **(SELECT 구문의 활용 (3) - 여러 개의 조건 설정)**

만일 특정 구문을 여러 개의 조건에 적용하고자 한다면 다음과 같이 WHEN 구문의 괄호안에 조건값을 여러 개 설정하면 된다. 프로그램, 로그, 출력 데이터셋은 다음과 같다.

SAS 프로그램

```
options validvarname = any;
data Salary;
   input 직원번호 급여종류 $ 급여 시급 근무시간 ;
   select (급여종류);
      when ('monthly','daily') 월급=급여;
      when ('hourly') do;
            월급=시급*min(근무시간,40);
            if 근무시간 > 40 then put '근무시간확인요망! 직원번호:' 직원번호;
      end;
      otherwise put '데이터오류. 관측치:' 직원번호;
   end;
cards;
221 monthly 450  .  .
242 hourly    .  4 50
243 hourly    .  4 25
114 daily   300  4 50
;
```

SAS 로그

```
근무시간확인요망! 직원번호:242
NOTE: 데이터셋 'WORK.SALARY'은(는) 4개 관측치,
      6개 변수를 가지고 있습니다.
NOTE: DATA 문장 실행:
      실행 시간              0.21 초
      cpu 시간               0.01 초
```

데이터셋 SALARY

직원번호	월급
221	450
242	160
243	100
114	300

프로그램 7.16 **(SELECT 구문의 활용 (4) - 조건변수/조건값 지정방식의 주의사항)**

조건변수-조건값 지정 방식은 IF-THEN/ELSE 구문을 활용한 조건부처리에서 비교 연산자로 IN 연산자를 활용하는 경우와 유사하다. 따라서, SELECT 구문에 지정된 변수명은 WHEN 구문에 지정할 수 없다. 즉, SELECT 절에 지정된 변수명이 WHEN 절에 지정되면 다음과 같은 오류메시지가 출력된다.

SAS 프로그램

```
options validvarname = any;
data Salary(keep=직원번호 월급);
   input 직원번호 급여종류 $ 급여 시급 근무시간 ;
   select (급여종류);
      when (급여종류='monthly') 월급=급여;
      when (급여종류='hourly')
         do;
            월급=시급*min(근무시간,40);
            if 근무시간 > 40 then put '근무시간확인요망! 직원번호:' 직원번호;
         end;
      otherwise put '데이터오류. 관측치:' 직원번호;
   end;
cards;
221 monthly 450   .  .
242 hourly     .  4 50
243 hourly     .  4 25
114 daily    300  4 50
;
```

SAS 로그

```
NOTE: 다음의 위치에서 문자형 값이 숫자형 값으로 변환되었습니다: (행):(칼럼)
      124:13   125:13
NOTE: 올바르지 않은 숫자형 데이터: 'monthly' (행 124 칼럼 13).
NOTE: 올바르지 않은 숫자형 데이터: 'monthly' (행 125 칼럼 13).
데이터오류. 관측치:221
RULE:      ----+----1----+----2----+----3----+----4----+----5----+----6----+----7
133        221 monthly 450  .  .
직원번호=221 급여종류=monthly 급여=450 시급=. 근무시간=. amt=. _ERROR_=1 _N_=1
NOTE: 올바르지 않은 숫자형 데이터: 'hourly' (행 124 칼럼 13).
NOTE: 올바르지 않은 숫자형 데이터: 'hourly' (행 125 칼럼 13).
... (이하 생략) ...
```

프로그램 7.17 (SELECT 구문의 활용 (5) - OTHERWISE 구문 누락 오류)

이번에는 OTHERWISE 구문이 누락된 경우를 살펴보기로 하자. 〔프로그램 7.16〕에서 다룬 예제에서 OTHERWISE 구문을 정의하지 않으면, 주어진 데이터 중 급여종류가 'Daily'로 설정된 경우에 대한 처리가 정의되지 않은 것으로 간주한다. 프로그램을 보자.

SAS 프로그램

```
options validvarname = any;
data Salary1;
   input 직원번호 급여종류 $ 급여 시급 근무시간 ;
   select;
      when (급여종류='monthly') amt=급여;
      when (급여종류='hourly') do;
         amt=시급*min(근무시간,40);
         if 근무시간 > 40 then put '근무시간확인요망! 직원번호:' 직원번호;
      end;
   end;
cards;
221 monthly 450  .  .
242 hourly     .  4 50
243 hourly     .  4 25
114 daily    300  4 50
;
```

IF-THEN/ELSE 구문의 경우 ELSE 구문을 생략하더라도 정상적인 처리가 일어나는 반면, SELECT 구문은 OTHERWISE 구문을 누락하면 반드시 오류 처리가 발생된다. 다음 로그를 보면, '모든 WHEN 구문을 충족하지 않으면서 OTHERWISE 구문이 존재하지 않는다'는 메시지를 확인할 수 있다.

SAS 로그

```
근무시간확인요망! 직원번호:242
ERROR: Unsatisfied WHEN clause and no OTHERWISE clause at 행 10 칼럼 4.
RULE:      ----+----1----+----2----+----3----+----4----+----5----+----6----+----7
15         114 daily   300  4 50
직원번호=114 급여종류=daily 급여=300 시급=4 근무시간=50 amt=. _ERROR_=1 _N_=4
NOTE: 오류가 발생하여 SAS 시스템은 현재 스텝의 실행을 중지합니다.
WARNING: 데이터 셋 WORK.SALARY1이(가) 불완전합니다.  이 스텝은 3개의 관측치와
         6개의 변수가 있을 때 중단되었습니다.
NOTE: DATA 문장 실행:
      실행 시간           0.23 초
      cpu 시간            0.00 초

16   ;
```

7.4. 강제분기 처리 구문 - 구문 라벨, GO TO, LINK, RETURN구문,

SAS에서는 **GO TO 구문**과 **LINK 구문**을 활용한 분기 처리를 지원한다. 먼저, GO TO 구문은 구문 라벨에 의해 설정된 목표 지점으로 DATA 스텝 처리를 강제 이동시킨다. GO TO 구문은 DO 구문에 의한 반복 처리 및 IF-THEN/ELSE를 활용한 조건부 처리를 대신해서 사용되는 경우가 가끔 존재한다. 일반형은 다음과 같다.

[강제분기 처리 - GO TO/RETURN 구문]

```
GO TO label;
...
RETURN;
```

- label : GO TO 구문 이후에 처리가 진행될 구문을 식별하기 위한 구문 라벨을 지정한다. 구문 라벨은 반드시 동일 DATA 스텝에 존재해야 한다.

LINK 구문은 SAS의 현재 처리를 지정된 구문 라벨로 즉시 이동시킨 후 RETURN 구문이 나타나는 지점까지 구문 수행을 계속한다. RETURN 구문이 수행되면 현재 처리는 LINK 구문 바로 뒤에 위치한 구문으로 이동하여 진행된다.

[강제분기 처리 - LINK/RETURN 구문]

```
LINK label;
...
RETURN;
```

- label : LINK 구문 이후에 처리가 진행될 구문을 식별하기 위한 구문 라벨을 지정한다. 구문 라벨은 반드시 동일 DATA 스텝에 존재해야 한다.

LINK 구문은 다른 LINK 구문으로 구성된 블록으로 **분기(branch)**할 수 있다. 무한 루프를 방지하기 위해 SAS는 10개까지의 LINK 구문을 중첩시킬 수 있다. 하나 이상의 LINK 구문이 수행되면 RETURN 구문은 가장 마지막에 설정된 LINK 구문의 바로 뒤에 위치한 구문으로 처리를 이동하여 구문을 수행한다.

GO TO 구문과 LINK 구문은 매우 유사하다. 하지만 GO TO 구문은 종종 RETURN 구문이 없이 사용되는 반면에 LINK 구문은 RETURN 구문을 반드시 지정해 주어야 한다. 또한 GO TO 구문과 LINK 구문에 뒤따라 나타나는 RETURN 구문의 기능에도 차이가 있다. LINK 구문 이후에 나타나는 RETURN 구문은 LINK 구문 이후에 설정된 DATA 스텝 처리를 수행한다. GO TO 구문 뒤에 설정된 RETURN 구문은 DATA 스텝의 최초 부분으로 스텝의 처리 단계를 이동한다.

```
data test;
    ⋮
  if a=0 then go to connect;
     ...statement1...
     ...statement2...
    ⋮
  return;
  connect: ...statement...;
run;
```

```
data test;
    ⋮
  if a=0 then link connect;
     ...statement1...
     ...statement2...
    ⋮
  return;
  connect: ...statement...;
run;
```

그림 7.8 LINK 구문과 GO TO 구문 내부처리 과정의 차이점

프로그램 내의 여러 지점에 존재하는 구문 그룹을 수행하는 경우라면 LINK 구문 활용을 통해 프로그램 코딩을 단순화시켜 알고리즘을 보다 쉽게 설계할 수 있다. 프로그램 내의 한 부분에서만 구문 묶음을 수행해야 한다면 LINK-RETURN 구문을 사용하는 것보다 DO-END 구문을 사용하는 것이 효율적이다.

LINK와 GO TO 구문은 라벨 참조에 기초하여 처리가 일어나는 것이 특징이며, 이를 위해 구문 라벨을 설정할 수 있다. 구문 라벨은 GO TO 구문, LINK 구문이 수행된 직후에 처리가 진행되어야 할 구문을 식별하는 역할은 한다. 구문 라벨과 LABEL 구문과 혼동하지 않도록 유의해야 한다.

[강제 분기 처리 - 구문 라벨]

```
label: statement;
```

- label : 구문 라벨 명칭을 지정한다.
- statement : 빈 구문(null statement)을 포함한 임의의 실행 구문(executable statement)을 지정한다.
- 동일 DATA 스텝에서 같은 이름의 구문 라벨을 부여할 수 없다.
- 만일 DATA 스텝 내의 구문에 라벨이 부여되었다면, 반드시 동일한 스텝 내에서 구문 참조 처리가 일어나야 한다.

프로그램 7.18 **(GO TO 구문을 활용한 강제 분기 처리)**

GO TO 구문은 구문 처리의 순서를 강제 분기하는 기능을 수행한다. 예제를 통해 강제 분기 기능의 사용법에 대해 살펴보기로 하자.

이 예제에서 변수 Stock의 값이 0이면 GO TO 구문은 'reorder'로 구문 라벨이 첨부된 구문으로 현재 처리를 강제 이동한 후, 변수 Supplier를 추가 입력하고 로그에 관련 메시지를 출력한다. 이 예제에서는 "ORDER ITEM milk FROM A"라는 메시지가 출력된다.

Stock의 값이 0이 아니라면 데이터셋 Inventory로 출력한 후, RETURN 구문에 의해 다음 관측치로 처리를 이동한다.

SAS 프로그램

```
data Inventory Order;
   input Item $ Stock @;
   if Stock=0 then go to reorder;
   output Inventory;
   return;
   reorder: input Supplier $;
   put 'ORDER ITEM ' Item 'FROM ' Supplier;
   output Order;
   datalines;
milk  0 A
bread 3 B
;
```

데이터셋 INVENTORY

Item	Stock	Supplier
bread	3	

데이터셋 ORDER

Item	Stock	Supplier
milk	0	A

프로그램 7.19 (LINK 구문을 활용한 강제 분기 처리)

이 예제는 변수 TYPE의 값이 aluv인 경우, LINK 구문에 의해 구문 라벨 CALCU로 연동된 구문으로 프로그램 수행을 전환되는 프로그램이다.

SAS 프로그램

```
data hydro;
   input type $ depth station $ @@;
   if type ='aluv' then
      link calcu; date=today();  return;
   calcu:
   if      station='site_1' then elevatn=6650-depth;
   else if station='site_2' then elevatn=5500-depth;
   return;
   cards;
aluv 523 site_1 uppa 234 site_2 aluv 666 site_2
;
```

데이터셋 HYDRO

type	depth	station	date	elevatn
aluv	523	site_1	17370	6127
uppa	234	site_2	17370	.
aluv	666	site_2	17370	4834

조건이 참일 경우, 프로그램은 즉시 구문 라벨 calcu로 이동하여 변수 Elevatn을 계산한 후, RETURN구문에 의해 다시 LINK구문 직후로 돌아가서 변수 Date를 계산한다. 거짓일 경우는 변수 Date만을 계산한 후 처리를 종료한다.

Chapter 8

WHERE-처리의 개념

8.1. WHERE-처리의 기본 개념

8.2. WHERE-표현식의 확장 연산자

8.3. WHERE 구문의 효율적 사용 방법

특정한 조건을 만족하는 관측치를 선택하는 상황은 실무에서 빈번하게 일어난다. 대용량 데이터 처리에서 이와 같은 조건 처리는 작업의 효율성 제고 및 작업시간의 단축 등 다양한 측면에서 필수불가결한 요소가 된다.

우리는 **[7장. 조건부 처리]**에서 조건부 처리를 위한 다양한 SAS 구문을 살펴보았다. 그러나, **[7장. 조건부 처리]**에서 다룬 구문들은 DATA 스텝에서만 사용할 수 있으며, 조건에 따른 데이터 재가공이 주요 기능이라 볼 수 있다.

반면, WHERE 구문은 DATA/PROC 스텝에서 모두 사용할 수 있으며 "**조건에 따른 관측치 선택**"이 주요 기능인 구문이다. SAS에서 지원하는 WHERE-처리는 오라클과 같은 데이터베이스에서 지원하는 SQL의 WHERE 절과 매우 유사한 기능을 수행하며, 일부 상황에서는 여타 SQL 프로그램에 비해 확장된 기능들을 지원하기도 한다.

이 장에서는 표현식을 구성하기 위한 피연산자와 연산자의 개념을 다시 살펴본 후, WHERE 구문에서만 지원하는 확장 연산자의 기능을 다룬다. 또한 IF 구문과의 차이점 및 효율적인 조건부 처리 프로그래밍 방법에 대해 살펴보기로 한다.

8.1. WHERE-처리의 기본 개념

WHERE-처리는 WHERE 구문 이후에 사용된 조건식을 만족하는 관측치만 대상으로 DATA/PROC 스텝을 실행하는 개념이다. 해당 관측치가 주어진 조건식을 만족하는지에 따라 수행 여부가 결정되기 때문에 분할-IF 구문과 비슷하다고 생각할 수 있지만, WHERE 구문은 DATA 스텝뿐만 아니라 SAS의 모든 절차 내에서 사용가능하다는 점에서 IF 구문과 큰 차이가 있다. WHERE 구문의 일반형은 다음과 같다.

[WHERE 구문 - 일반형]

```
WHERE where-expression;
```

· where-expression : 선택할 관측치의 조건을 지정한다. 유효한 SAS 표현식이라면 어떤 것이든 지정할 수 있다.

WHERE-표현식(WHERE-expression)은 관측치를 선택하기 위한 조건을 지정하는 SAS 표현식의 형태로 변수, SAS 함수에 의해 반환되는 값, 고정된 상수와 같이 비교 대상이 되는 값을 의미하는 **피연산자**와 제시된 피연산자들간의 관계를 판정하는 **연산자**에 의해 구성된다. **[그림 8.1]**은 연산자와 피연산자를 어떻게 구분하는지 보여준다.

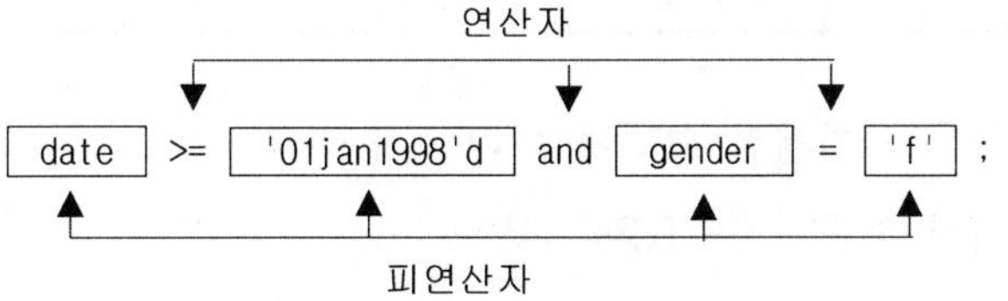

그림 8.1 연산자와 피연산자

Note

1. WHERE-표현식은 일반 SAS 표현식에서 지원하지 않는 다양한 연산자를 지원한다. 대부분의 WHERE-처리에 사용 가능한 연산자는 PROC SQL에서도 동일하게 사용할 수 있다. 표현식 및 연산자에 대한 상세한 내용은 [6장. SAS 표현식]을, PROC SQL에 대한 상세한 내용은 〈SAS SQL 프로그래밍〉을 참고하자.
2. WHERE-처리는 [7.2.4절]에서 살펴보았던 분할-IF 구문의 기능과 유사하며, 조건과 일치하는 관측치를 선택하는 기능에 보다 특화되어 있다.

8.2. WHERE-표현식의 확장 연산자

[2.5.1. SAS 표현식 및 연산자의 사용]에서 이미 DATA 스텝에서 지원하고 있는 표현식 및 연산자의 개념에 대해 살펴보았다. DATA 스텝 표현식에서 지원하는 연산자는 WHERE-표현식에서 모두 사용할 수 있으며, 이에 더하여 WHERE-표현식에서만 사용할 수 있는 확장 연산자들이 있다. 이 절에서는 SAS 기본 연산자를 다시 한 번 살펴보고, WHERE-표현식 확장 연산자 중 자주 사용하는 연산자를 살펴보도록 한다.

8.2.1. SAS 기본 연산자

SAS에서 지원하는 다양한 기본 연산자를 WHERE 구문에서 그대로 사용할 수 있다. [표 8.1]은 SAS에서 지원하는 기본 연산자를 다시 한 번 정리한 것이다.

표 8.1 기본 연산자

기호	정의	사용례
*	곱셈	where bonus = salary * .10;
/	나눗셈	where f = g/h;
+	덧셈	where c = a+b;
-	뺄셈	where f = g-h;
**	멱(power)	where y = a**2;
||	문자접합	where z=a||b;
+/-	부호설정	where y = -a;

비교 연산자는 지정된 변수에 대해 특정한 값 또는 다른 변수의 값과 비교한다. 비교연산자의 종류는 [표 8.2]와 같다.

표 8.2 비교 연산자

기호	약어	정의	예시
=	EQ	동일하다	where empnum eq 3374;
^=	NE	동일하지 않다	where status ne fulltime;
>	GT	크다	where hiredate gt '01jun1982'd;
<	LT	작다	where empnum < 2000;
>=	GE	크거나 같다	where empnum >= 3374;
<=	LE	작거나 같다	where empnum <= 3374;
	IN	포함한다.	where state in ('NC','TX');

논리연산자 AND, OR, NOT을 사용하여 WHERE-표현식을 결합하거나 수정할 수 있다. 일반적으로 NOT, AND, OR의 순서로 혼합된 표현식을 처리한다. 처리 순서를 바꾸고자 할 경우 괄호를 이용해 먼저 적용되어야 할 표현식을 감싸준다. 논리연산자는 다음과 같은 연산을 수행한다.

표 8.3 논리 연산자

기호	동치약어	수행연산
AND	&	두 조건 모두 만족하는 관측치를 선택한다.
OR	! or | or ¦	두 조건 중 하나라도 만족하는 관측치를 선택한다.
NOT	^ or ~	주어진 조건이 만족되지 않는 관측치를 선택한다. 대부분의 비교 연산자와 함께 사용될 수 있다.

Note: 기본 연산자의 사용방법은 일반 SAS 표현식을 구축하는 방법과 동일하다. 이에 대한 상세한 내용은 〔6.3. 연산자〕를 참고하자.

8.2.2. 임계구간조건과 BETWEEN-AND 연산자

임계구간조건(fully-bounded range condition)은 상한과 하한에 의해 지정된 두 개의 비교연산자 사이의 값으로 구성된다. **[표 8.4]**에 제시된 예는 변수 empnum의 값이 500이상 1000이하인 관측치를 선택하는 WHERE 구문이다.

표 8.4 임계구간조건의 표현 방식

임계구간조건의 표현방식	구문예
직접표현방식	where 500 <= empnum <= 1000;
논리연산자에 의한 표현방식	where empnum >= 500 and empnum <= 1000;

BETWEEN-AND 연산자는 임계구간 조건의 또 다른 형식이다. 한계를 지정할 때, 상수나 표현식을 사용할 수 있으며, 지정되는 구간은 한계값을 포함한다.

[WHERE 구문 - BETWEEN-AND 연산자]

```
WHERE variable BETWEEN value1 AND value2;
```

- 지정된 변수의 값이 구간 (value1,value2) 사이에 존재할 경우 해당 관측치를 선택한다.
- 구간의 바깥쪽을 선택하기 위해 논리 연산자 NOT을 BETWEEN-AND 연산자와 함께 사용할 수 있다.

Note

1. BETWEEN-AND 연산자와 임계구간조건은 동일한 결과를 제공한다. 다음의 두 표현식은 동일한 기능을 수행한다.

```
where 500 <= empnum <= 1000;
where empnum between 500 and 1000;
```

2. 구간의 바깥쪽을 선택하기 위해 논리 연산자 NOT을 임계구간조건과 함께 사용할 수 있다. 여기서 반드시 임계구간을 괄호로 감싸야 한다.

```
where not (500 <= empnum <= 1000);
```

3. 논리 연산자 OR를 활용한 복합 표현식 형태로 임계구간조건과 동일한 작업을 수행할 수 있다. 다음의 두 표현식은 동일한 기능을 수행한다.

```
where not (500 <= empnum <= 1000);
where empnum < 500 or empnum > 1000;
```

프로그램 8.1 **(임계구간조건지정방식과 BETWEEN-AND 연산자)**

정규난수 10개를 추출하여 -0.5부터 0.5사이의 값만을 남겨두고자 한다. 먼저, 데이터셋 NORMAL1은 BETWEEN-AND 연산자로 처리한 결과이고, 데이터셋 NORMAL2는 임계구간 조건지정방식을 사용하여 처리한 결과이다. 프로그램을 수행하여 두 데이터셋의 생성 결과를 확인해보도록 하자.

SAS 프로그램 (1) - [데이터 생성]

```
data normal; do i=1 to 10; x = normal(10); output; end; run;
```

SAS 프로그램 (2) [임계구간조건지정]

```
data normal1;
   set normal;
   where -0.5 <= x <= 0.5;
run;
```

SAS 프로그램 (3) [BETWEEN-AND 연산자]

```
data normal2;
   set normal;
   where x between -0.5 and 0.5;
run;
```

8.2.3. IS NULL , IS MISSING 연산자

IS NULL, IS MISSING 연산자는 결측치로 구성된 관측치를 선택한다.

[WHERE 구문 - IS NULL/IS MISSING 연산자]

```
WHERE variable IS NULL(MISSING);
```

- 결측치의 형태 및 변수형에 관계없이 어떤 경우에서나 사용 가능하다.
- 결측이 아닌 관측치를 선택하기 위해 논리 연산자 NOT을 IS NULL, IS MISSING 연산자와 함께 사용할 수 있다.

Note

1. IS NULL, IS MISSING 연산자는 주로 NOT 연산자와 함께 결측치를 걸러낸 데이터를 생성할 때 사용한다.
2. NOT 연산자 적용시 IS NOT NULL의 형태로 사용해야 한다는 것에 주의하자.
3. 등호(=)연산자와 결측치를 활용하면 IS NULL 연산자와 동일한 결과를 얻을 수 있다. 단, 결측치의 표현방식은 조건 변수명에 따라 달라질 수 있다. 다음의 두 표현식은 동일한 기능을 수행한다.

```
where company is null;
where company = .;
```

프로그램 8.2 **(IS NULL 연산자의 활용)**

IS NULL 연산자는 주로 결측치를 제거한 데이터를 생성할 때 사용한다. 다음 프로그램은 데이터셋 TEST에서 결측치를 제거한 데이터셋 NOTNULL을 생성한다.

데이터셋 TEST	SAS 프로그램	데이터셋 NOTNULL
Company 0.88055 0.61088 . 0.57596	data notnull; set test; where company is not null; run;	Company 0.88055 0.61088 0.57596

8.2.4. 포함 연산자

포함 연산자(CONTAINS, ?)는 조건이 적용될 문자형 변수에 대해 지정된 문자열 포함 여부를 판정하여 해당 관측치를 선택한다.

[WHERE 구문 - CONTAINS/? 연산자]

```
WHERE variable CONTAINS(?) 'character-string';
```

- 지정한 문자열의 위치는 관계없으나, 대소문자를 구별하므로 주의하여 사용해야 한다.
- 지정된 문자열이 포함되지 않은 관측치를 선택하기 위해 논리 연산자 NOT을 포함 연산자와 함께 사용할 수 있다.

Note

1. 문자에 대해 비교할 때, **콜론(:) 제한**(colon constraint)을 사용하여 지정된 문자열의 머릿글자를 비교할 수 있다. 단, PROC SQL에서는 **콜론** 제한이 지원되지 않기 때문에 동일한 결과를 얻기 위해서는 LIKE 연산자를 응용해야 한다.
2. CONTAINS 연산자의 기능은 INDEX 함수를 활용한 분할-IF구문과 유사하다.

프로그램 8.3 **(CONTAINS 연산자와 INDEX 함수)**

데이터셋 TEST2에서 특정문자열이 포함된 데이터셋 CONTAIN을 생성해보도록 하자. 다음 프로그램에 적용된 WHERE 구문은 문자형 변수 Company에서 "bay"값을 포함한 관측치 Mobay와 Brisbay를 선택하지만, 대소문자 구분에 의해 Bayview는 선택하지 않는다.

데이터셋 TEST2	SAS 프로그램	데이터셋 CONTAIN
Company Mobay Brisbay Bayview	data contain; set test2; where company contains "bay"; run;	Company Mobay Brisbay

데이터셋 TEST2에서 특정문자열이 포함된 데이터셋 CONTAIN을 생성해보도록 하자. 다음 프로그램에 적용된 WHERE 구문은 문자형 변수 Company에서 "bay"값을 포함한 관측치 Mobay와 Brisbay를 선택하지만, 대소문자 구분에 의해 Bayview는 선택하지 않는다.

데이터셋 TEST2	SAS 프로그램	데이터셋 IDX
Company Mobay Brisbay Bayview	data IDX; set test2; if index(company,'bay'); run;	Company Mobay Brisbay

프로그램 8.4 **(대소문자 여부에 따른 CONTAINS 연산 결과)**

데이터셋 TEST2에서 특정문자열로 시작하는 데이터셋 CONTAIN2을 생성해보도록 하자. 다음 프로그램에 적용된 WHERE 구문은 문자형 변수 Company에서 "B"값으로 시작하는 관측치 Bayview, Brisbay를 선택하지만, 대소문자 구분에 의해 Mobay는 선택하지 않는다.

데이터셋 TEST2	SAS 프로그램	데이터셋 CONTAIN2
Company Mobay Brisbay Bayview	data contain2; set test2; where company contains "B"; run;	Company Brisbay Bayview

이 예제의 경우, 첫 글자가 대문자로 시작하기 때문에 원하는 결과를 얻을 수 있었다. 하지만, 대문자 'B' 대신 소문자 'b'를 지정하였다면 Bayview 대신 Mobay가 채택된다.

데이터셋 TEST2	SAS 프로그램	데이터셋 CONTAIN3
Company Mobay Brisbay Bayview	data contain3; set test2; where company contains "b"; run;	Company Mobay Brisbay

또한 데이터값 Mobay가 MoBay로 저장되어 있을 경우에는 모든 데이터가 추출되기 때문에 의도하지 않은 결과가 나타날 수 있다.

데이터셋 TEST2	SAS 프로그램	데이터셋 CONTAIN4
Company Mobay Brisbay Bayview	data contain4; set test2; where company contains "B"; run;	Company MoBay Brisbay Bayview

이와 같이 문자열의 첫 번째 값이 대문자로 구성되는 것과 같이 확실하게 추출할 문자열을 구별할 수 있는 상황이 아닌 경우, 콜론 제한을 사용하면 보다 정확하게 해결할 수 있다. 다음 프로그램을 보자.

데이터셋 TEST2	SAS 프로그램	데이터셋 CONTAIN5
Company Mobay Brisbay Bayview	data contain5; set test2; where company =: "B"; run;	Company Brisbay Bayview

8.2.5. LIKE 연산자

LIKE 연산자는 지정된 패턴 및 패턴 대응 방식을 참조하여 문자형 변수의 값을 비교해 결과를 선택한다. LIKE연산자는 패턴지정을 위해 패턴설정문자 %(percent)와 _(underscore)를 지원한다.

[WHERE 구문 - LIKE 연산자]

```
WHERE variable LIKE 'string-pattern';
```

· string-pattern : 검색하고자하는 패턴을 설정한다. 특정 문자열외에 임의문자열을 의미하는 패턴설정문자와 함께 사용한다. SAS에서 지원하는 패턴설정문자는 다음과 같다.

☞ _ : 단일 임의 문자를 의미한다. 지정된 위치에는 어떤 문자열이 존재하더라도 관계없다.

☞ % : 임의 문자 묶음을 의미한다. 즉, 뒤따르는 문자열의 갯수에 관계없이 설정된 패턴 전체를 검색한다.

Note

1. LIKE 연산자의 적용결과는 문자열의 대소문자여부에 따라 민감하게 작용한다.
2. 함수가 포함된 WHERE-표현식에는 사용할 수 없다.
3. 패턴에 일치하지 않는 관측치를 추출하려면 논리연산자 NOT을 사용한다.
4. 한글, 한자 등의 2B 문자에 단일 임의 문자 패턴을 적용하려면 '_ _' 로 설정해야 한다.

프로그램 8.5 **(LIKE 연산자의 활용)**

LIKE 연산자를 100% 활용하려면 패턴 설정 문자의 기능에 대해 정확히 이해해야 한다. 예제를 통해 패턴 설정 문자의 기능을 확인해 보기로 하자.

프로그램 (1) ~ (3)은 임의의 한 문자열을 의미하는 패턴 설정문자 '_'을 활용한 LIKE 연산의 예시이다. 프로그램 (2)을 보면 LIKE 연산에 'D_an_'이 적용되어 있다. 이는 검색대상 변수에서 5개 이하의 문자열로 구성된 값 중 의 1, 3, 4번째 문자열이 각각 'D', 'a', 'n' 이며, 2, 5번째 문자열은 임의의 문자열로 구성된 값을 검색하도록 처리한다. 데이터셋 생성 결과를 보면, 'Diana', 'Diane', 'Dyan'이 저장되어 있음을 확인할 수 있다.

데이터셋 Name

```
FirstName

Diana
Diane
Dianna
Dianthus
Dyan
Fianna
```

SAS 프로그램 (1)

```
data like1;
   set name;
   where FirstName like 'D_an';
run;
```

데이터셋 LIKE1

```
FirstName

Dyan
```

SAS 프로그램 (2)

```
data like2;
   set name;
   where FirstName like 'D_an_';
run;
```

데이터셋 LIKE2

```
FirstName

Diana
Diane
Dyan
```

SAS 프로그램 (3)

```
data like3;
   set name;
   where FirstName like 'D_an__';
run;
```

데이터셋 LIKE3

```
FirstName

Diana
Diane
Dianna
Dyan
```

검색 대상 패턴 설정시에 '%'는 보통 검색하고자 하는 패턴의 처음 또는 마지막에 위치시키는 것이 일반적이다. 패턴의 마지막에 적용하면, 지정된 문자열로 시작하는 관측치를 검색한다. 반대로, 처음에 적용하면, 지정된 문자열로 끝나는 관측치를 검색한다. 양끝에 설정하면, 해당 패턴을 포함한 관측치를 검색하며, CONTAINS 연산자의 기능과 동일하다는 것을 기억하자.

프로그램 (4) ~ (6)은 임의의 문자열 묶음을 의미하는 패턴 설정문자 '%'을 활용한 LIKE 연산의 예시이다.

데이터셋 NAME

FirstName
Diana
Diane
Dianna
Dianthus
Dyan
Fianna

SAS 프로그램 (4)

```
data like4;
   set name;
   where FirstName like 'D_an%';
run;
```

데이터셋 LIKE4

FirstName
Diana
Diane
Dianna
Dianthus
Dyan

SAS 프로그램 (5)

```
data like5;
   set name;
   where FirstName like '%nn%';
run;
```

데이터셋 LIKE5

FirstName
Dianna
Fianna

SAS 프로그램 (6)

```
data like6;
   set name;
   where FirstName like '%nn';
run;
```

데이터셋 LIKE6

(해당없음)

8.3. WHERE 구문의 효율적 사용 방법

8.3.1. 보다 효율적인 WHERE-표현식 구축 방법

지금까지 살펴본 바와 같이 WHERE-표현식은 주어진 조건에 해당하는 데이터를 선택하는 방식을 매우 다양하게 제공하고 있다. 이는 동일한 결과를 얻기 위한 표현식이 유일하지 않다는 것을 의미하기도 한다.

그렇다면, 어떤 식으로 WHERE-표현식을 구축해야 효율적인 표현식이 되는지에 대한 의문을 가질 수 있다. [표 8.5]는 몇 가지 상황에 대해 SAS에서 제시하는 가이드라인이다.

표 8.5 효율적인 WHERE 표현식의 구축 예시

가이드라인	표현예시	
% 또는 _로 시작하는 LIKE 연산자의 사용을 피한다.	효율적	where country like 'A%INA';
	비효율적	where country like '%INA';
산술표현식의 사용을 피한다.	효율적	where salary > 48000;
	비효율적	where salary > 12*4000;
결합 표현식대신 IN 연산자를 사용한다.	효율적	where state in ('NC','PA','VA');
	비효율적	where state ='NC' or state = 'PA' or state = 'VA';

8.3.2. IF 구문과 WHERE 구문의 차이점

WHERE 구문과 분할-IF 구문은 특정 조건을 충족하는 관측치만으로 구성된 데이터셋을 생성한다는 점에서 동일한 기능을 수행한다고 볼 수 있다. 하지만, 두 구문은 다음과 같은 차이점이 존재한다. [표 8.6]을 보자.

표 8.6 IF 구문과 WHERE 구문의 차이점

항목		IF	WHERE
사용처	DATA 스텝	사용가능	사용가능
	PROC 스텝	사용불가	사용가능
조건 검증 방식		PDV에 데이터 적재 이후	PDV에 데이터 적재 이전
추가연산자 지원여부		지원하지 않음	지원함
인덱스 처리 지원여부		지원하지 않음	지원함

참고로, 일반적으로 WHERE-표현식의 사용이 더욱 효율적이다. 조건 처리시 데이터 이동에 있어 메모리를 사용하게 되는데, WHERE 구문을 사용하면, PDV에서 사전 처리를 위한 데이터 이동을 피할 수 있어 메모리 과다 사용 및 수행시간 증가를 피할 수 있다. [표 8.7]을 참고하면 보다 효율적으로 WHERE-표현식 또는 IF 구문을 사용할 수 있을 것이다.

Note

1. WHERE 구문은 PDV에 데이터가 적재되기 전에 조건을 검증하기 때문에, PDV에 관측치가 적재되어야 값이 설정되는 자동 변수 _n_을 WHERE-표현식에서 사용할 수 없다.
2. 행번호에 기초한 WHERE-표현식을 구축하려면 monotonic 함수를 사용한다. [프로그램 8.7]을 참고하자.

표 8.7 상황에 따른 WHERE/IF 구문의 사용 방법

상 황	추천 구문
DATA 스텝을 거치지 않고 프로시저 내에서 조건에 의한 관측치의 선택을 하고자 할 때.	WHERE
인덱스 처리된 데이터셋에 효율적으로 접근하고자 할 때	WHERE
확장된 비교 연산자(BETWEEN-AND, CONTAINS, IS MISSING, IS NULL, LIKE 등)를 사용하고자 할 때	WHERE
기존 변수를 변환한 값에 기반하여 데이터를 선택하고자 할 때	IF
조건부 수행을 하고자 할 때	IF

프로그램 8.6 **(IF 구문 vs. WHERE 구문 (1) - 변수형 자동전환 상황)**

WHERE 표현식에서는 〔6.3.4절〕에서 살펴본 변수형 자동전환이 일어나지 않는다. 데이터셋 INTEGER는 1~9까지의 정수로 구성된 데이터셋이다. 이를 문자형 값으로 간주하여 WHERE 구문과 분할-IF 구문으로 각각 조건 설정을 하는 프로그램 및 로그는 다음과 같다.

SAS 프로그램 (1) [데이터 생성]

```
data integer;
   input i @@;
   cards;
   1 2 3 4 5 6 7 8 9
;
```

SAS 프로그램 (2) [WHERE 구문]

```
data where;
   set integer;
   where i = '9';
run;
```

SAS 프로그램 (3) [분할 IF 구문]

```
data if;
   set integer;
   if i = '9';
run;
```

SAS 로그 (1) - [WHERE 구문]

```
212  data where;
213      set integer;
214      where i = '9';
ERROR: WHERE 조건절 연산자가 적절한 변수를 필요로 합니다.
215  run;

NOTE: 오류가 발생하여 SAS 시스템은 현재 스텝의 실행을 중지합니다.
WARNING: 데이터 셋 WORK.WHERE이(가) 불완전합니다.  이 스텝은 0개의 관측치와
         1개의 변수가 있을 때 중단되었습니다.
NOTE: DATA 문장 실행:
      실행 시간          0.00 초
      cpu 시간           0.00 초
```

SAS 로그 (2) - [분할 IF 구문]

```
217  data if;
218      set integer;
219      if i = '9';
220  run;

NOTE: 다음의 위치에서 문자형 값이 숫자형 값으로 변환되었습니다: (행):(칼럼)
      219:8
NOTE: 9개의 관측치를 데이터셋 WORK.INTEGER. (으)로부터  읽었습니다.
NOTE: 데이터셋 'WORK.IF'은(는) 3개 관측치, 1개 변수를 가지고 있습니다.
NOTE: DATA 문장 실행:
      실행 시간          0.01 초
      cpu 시간           0.01 초
```

먼저, WHERE 구문이 적용된 로그를 보면, 연산자가 적절한 변수를 필요로 한다는 메시지가 나타난다. 이는 문자형 값을 추출하기 위한 WHERE-표현식에 수치형 변수를 사용했다는 의미로 해석할 수 있다. 반면, 분할-IF 구문이 적용된 로그에서는 변수형 자동 전환 처리가 일어났음을 알린 후, 정상적으로 처리된다는 것을 확인할 수 있다.

프로그램 8.7 (IF 구문 vs. WHERE 구문 (2) - 관측치번호와 monotonic 함수)

WHERE 구문과 IF 구문의 가장 큰 차이점중 하나는 자동변수 사용가능 여부일 것이다. 예제를 통해 확인해보도록 하자. 다음은 〔프로그램 8.6〕에서 사용한 데이터셋 INTEGER의 첫 행을 추출하기 위해 자동변수 _n_을 적용한 WHERE-표현식으로 구성된 프로그램 수행 결과로 생성된 로그이다. 데이터셋 INTEGER에서 변수 _n_을 발견할 수 없다는 오류메시지가 나타난 후, 데이터셋 생성을 중지하는 것을 확인할 수 있다.

SAS 로그 (1) - [WHERE 구문]

```
239  data autovar1;
240      set integer;
241      where _n_ = 1;
ERROR: Variable _n_ is not on file WORK.INTEGER.
242  run;

NOTE: 오류가 발생하여 SAS 시스템은 현재 스텝의 실행을 중지합니다.
WARNING: 데이터 셋 WORK.AUTOVAR1이(가) 불완전합니다.  이 스텝은 0개의
         관측치와 1개의 변수가 있을 때 중단되었습니다.
NOTE: DATA 문장 실행:
      실행 시간            0.06 초
      cpu 시간             0.00 초
```

반면, 분할-IF 구문의 경우 별 문제 없이 프로그램이 수행된다는 것을 확인할 수 있다.

SAS 로그 (2) - [분할 IF 구문]

```
244  data autovar2;
245      set integer;
246      if _n_ = 1;
247  run;

NOTE: 9개의 관측치를 데이터셋 WORK.INTEGER. (으)로부터  읽었습니다.
NOTE: 데이터셋 'WORK.AUTOVAR2'은(는) 1개 관측치, 1개 변수를 가지고 있습니다.
NOTE: DATA 문장 실행:
      실행 시간            0.03 초
      cpu 시간             0.03 초
```

WHERE 구문으로 반드시 행번호와 관련한 처리를 해야한다면, 관측치의 행번호를 반환하는 함수인 monotonic 함수의 사용을 고려해보자.

SAS 로그 (3) - [monotonic 함수의 사용]

```
249  data autovar3;
250      set integer;
251      where monotonic() = 1;
252  run;

NOTE: 1개의 관측치를 데이터셋 WORK.INTEGER. (으)로부터  읽었습니다.
      WHERE MONOTONIC()=1;
NOTE: 데이터셋 'WORK.AUTOVAR3'은(는) 1개 관측치, 1개 변수를 가지고 있습니다.
NOTE: DATA 문장 실행:
      실행 시간           0.17 초
      cpu 시간            0.01 초
```

Chapter 9

DO 루프를 이용한 반복 처리

반복 처리 - **DO 루프(DO Loop)**는 DATA 스텝 내에서 동일한 역할을 하는 구문들을 반복 수행할 수 있게 한다. 따라서, DO루프의 사용은 DATA 스텝 프로그램을 간략화 하여 수정 및 디버그를 쉽게 할 수 있도록 한다. 또한 DO 루프를 사용하여 데이터를 생성하거나, 조건부 반복 구문 실행, 데이터의 입력 등을 수행할 수 있다. 이 장에서는 다양한 유형의 DO 루프 구성 및 활용 방식에 대하여 살펴보도록 한다.

9.1. DO 루프의 구축

DO 루프는 한 번의 수행을 통해 여러 개의 구문들을 반복 처리한다. 이는 반복 연산을 위해 필요한 구문의 수를 축소시키는 역할을 한다. [그림 9.1]은 투자 이자에 의한 회사의 연수익을 계산하는 12개의 개별적인 합 구문으로 구성되어 있다.

```
data earnings;
   Amount=1000;
   Rate=.075/12;
   Earned=0;
   earned+(amount+earned)*(rate/12); earned+(amount+earned)*(rate/12);
   earned+(amount+earned)*(rate/12); earned+(amount+earned)*(rate/12);
   earned+(amount+earned)*(rate/12); earned+(amount+earned)*(rate/12);
   earned+(amount+earned)*(rate/12); earned+(amount+earned)*(rate/12);
   earned+(amount+earned)*(rate/12); earned+(amount+earned)*(rate/12);
   earned+(amount+earned)*(rate/12); earned+(amount+earned)*(rate/12);
run;
```

그림 9.1 개별적인 합 구문으로 구성된 DATA 스텝 프로그램

[그림 9.1]에서 투자 이자를 계산한 결과가 저장되는 변수 Earned는 할당 구문에 의해 생성되며, 각각의 합 구문은 한 달의 투자에 따른 소득을 누적하여 계산한다. 월별로 일정한 소득을 얻는다는 가정 아래 소득이자에 대한 누적합이 계산되도록 프로그래밍 되었다.

하지만, 이 프로그램은 동일한 구문 12개를 반복 작성하는 방식으로 작성되었다. 이런 방식의 프로그램은 대강 살펴보더라도 매우 비효율적인 방식이라 짐작할 수 있다. 프로그래밍 작업 도중에는 발생하는 이러한 유형을 해결하는 방법을 일컬어 **반복 처리(replication process, loop)**라 한다.

SAS에서 지원하는 모든 반복 처리 기법은 **DO-END 구문**에 의해 정의되며, 반복 횟수를 지정하는 방식과 특정 조건을 만족할 때까지 반복 처리를 진행하는 방식으로 구분할 수 있다. 이 장에서는 다양한 유형의 반복 처리 기법에 대해 살펴보기로 한다.

> **Note** 반복 처리는 특정 조건을 만족할 때까지 해당 구문을 강제적으로 반복한다는 점에서 제한적 의미의 GO TO 구문과 유사하다. [프로그램 9.2]에서 살펴볼 GO TO 구문을 활용한 반복처리 프로그램을 확인하자.

9.2. 반복 DO 구문

[그림 9.1]에서 살펴본 프로그램과 같이 특정 횟수만큼 구문을 반복해야하는 경우를 자주 접할 수 있다. 이를 해결하려면 **반복 DO 구문(replication DO statement)**을 사용한다. 일반형은 다음과 같다.

[반복 처리 - 반복 DO 구문]

```
DO index-variable = start-value TO stop-value BY increment;
   ... SAS statements ...
END;
```

- index-variable : 반복처리의 기준이 되는 인덱스 변수명을 지정한다. 이 변수에는 현재 반복에 해당하는 값이 저장된다.
- start-value : DO-루프의 초기값을 지정한다.
- stop-value : DO-루프의 종료값을 지정한다.
- increment : DO-루프의 증감단위를 지정한다.

Note

1. increment값이 음수가 지정되었을 경우 start-value는 stop-value보다 반드시 커야 한다.
2. start-value, stop-value, increment에는 상수, 변수, 함수, 표현식 등을 사용할 수 있다.
3. BY increment를 정의하지 않으면 기본 증가값으로 1이 설정된다.
4. 인덱스 변수(index variable)의 값은 루프 내에서 변경될 수도 있다.
5. DO 루프를 포함한 DATA 스텝 프로그램을 수행하였을 경우, 인덱스 변수가 데이터셋에 함께 저장된다는 것에 유의하자. 대부분의 상황에서 인덱스 변수는 DO 루프의 처리에서만 필요로 하며 데이터셋으로부터 제거할 수 있다.

프로그램 9.1 **(반복 DO 구문의 사용 및 내부 처리 절차)**

간단히 표현된 DO 루프가 DATA 스텝 내에서 어떻게 수행되는지 살펴보자. 다음은 [그림 9.1]에 제시된 연간 투자에 대한 월단위 이자소득 계산 프로그램에 대해 DO 루프를 적용한 DATA 스텝 프로그램이다.

SAS 프로그램

```
data earnings;
   Amount=1000; Rate=.075; Earned=0;
   do month=1 to 12;
      earned+(amount+earned)*(rate/12);
   end;
run;
```

DATA 스텝이 컴파일되면 PDV를 생성하고 Amount와 Rate의 초기값을 할당한다. DO 루프가 수행되면 변수 Earned의 값을 계산한 후 이를 이전에 계산된 Earned의 값에 더한다. DO 루프의 12번째 수행 이후 month의 값은 13으로 증가한다. 그러면, 13은 지정된 정지값을 넘어서기 때문에 수행을 멈추고 DO 루프 이후에 구성된 DATA 스텝 구문을 수행한다. DATA 스텝의 종료시점에 도달하면 데이터셋 EARNINGS에 계산된 변수의 값이 작성되며, 최종적으로 계산된 관측치가 데이터셋에 작성된다.

반복 DO 루프 처리단계	PDV 처리 절차
(1) PDV 생성	PDV _N_ | Amount | Rate | Earned | month . | . | . | . | .
(2) Amount와 Rate의 초기값 할당	PDV _N_ | Amount | Rate | Earned | month 1 | 1000 | 0.00625 | . | .
(3) 12번 반복 후의 PDV	PDV _N_ | Amount | Rate | Earned | month 1 | 1000 | 0.00625 | 77.6326 | 12
(4) 최종 데이터셋 생성	데이터셋 EARNING Amount | Rate | Earned | month 1000 | 0.00625 | 77.6326 | 13

프로그램 9.2 **(IF와 GO TO 구문을 활용한 반복 처리의 예시)**

〔프로그램 9.1〕에서 다룬 DO 루프는 다음과 같이 GO TO 구문과 IF 구문을 동시 적용하는 방식으로도 구축할 수 있다. 하지만, 루프의 구조가 복잡해지면 구현하기 어려운 단점이 있으므로 이러한 방식으로도 프로그래밍 할 수 있다는 정도만 이해하면 될 것이다.

SAS 프로그램

```
data earnings;
   Amount=1000; Rate=.075/12; Earned=0; i=1;
   earn : earned+(amount+earned)*(rate/12);
   i+1;
   if i <= 12 then go to earn;
   return;
run;
```

데이터셋 EARNINGS

Amount	Rate	Earned	i
1000	.00625	6.26793	13

프로그램 9.3 (DO 루프의 반복수 집계)

DO 루프의 반복수를 집계하기 위한 변수를 생성하는 것이 유용한 경우가 자주 있다. 〔프로그램 9.1〕에서 살펴보았듯이 인덱스 변수는 지정된 반복수에 1이 더해진 값으로 출력되며 이는 정확한 반복수가 아니다. 따라서 반복횟수를 반드시 저장해야 하는 상황이라면 DATA 스텝에서 반복수 집계 변수를 생성한 후 인덱스 변수는 제거하는 것이 바람직하다.

다음 DATA 스텝 프로그램은 원금의 7.5%를 연간 복리로 계산하여 20년후의 원리금 합계를 구하는 프로그램이다. 합 구문 Year+1은 DO 루프의 반복수를 누적 계산한 최종 만기연차가 저장되고 인덱스 변수 counter는 데이터셋 옵션 DROP=으로 제거한다.

SAS 프로그램

```
data earn (drop=counter);
   Value=2000;
   do counter=1 to 20;
      Interest=value*.075;
      value+interest; Year+1;
   end;
run;
```

데이터셋 EARN

Value	Interest	Year
8495.70	592.723	20

프로그램 9.4 (OUTPUT 구문의 명시 (1) - 반복 논리의 검증)

SAS는 일반적으로 DATA 스텝의 모든 구문을 적용한 관측치를 데이터셋에 출력한다. 하지만, 반복 처리의 경우, 중간 과정에서 생성된 관측치 전체가 의미를 갖고 있거나, 루프의 반복 논리를 점검할 필요성이 자주 발생한다.

우리는 이미 〔7.2.5절〕에서 직전까지 처리가 완료된 관측치를 강제로 데이터셋에 출력하는 OUTPUT 구문의 기능을 살펴보았다. 지금과 같이 DO 루프의 개별 반복 상황에 대한 관측치를 출력하려면 루프 내에 OUTPUT 구문을 삽입하면 해결할 수 있다.

〔프로그램 9.3〕에서 살펴본 DATA 스텝 프로그램에서는 묵시적 출력 방식을 사용했기 때문에 관측치가 하나만 생성된다. 다음에 제시된 DATA 스텝 프로그램에서는 OUTPUT 구문을 활용하여 DO 루프의 수행 결과가 반복이 1회 진행 완료될 때마다 강제로 출력되도록 처리했기 때문에 데이터셋 EARN은 20개의 관측치를 가지게 된다.

SAS 프로그램

```
data earn_hist;
   Value=2000;
   do Year=1 to 20;
       Interest=value*.075;
       value+interest;
       output;
    end;
run;
```

데이터셋 EARN_HIST (일부)

Value	Year	Interest
2150.00	1	150.000
2311.25	2	161.250
2484.59	3	173.344
2670.94	4	186.345
2871.26	5	200.320
...	...	...
8495.70	20	592.723

프로그램 9.5 **(OUTPUT 구문의 명시 (2) - 처리 과정 전체가 필요한 경우)**

모의실험을 위해 특정 분포를 따르는 난수를 생성하는 경우, 동일한 함수를 여러 번 수행해야 하며 개별 수행 결과를 모두 저장해야 한다. 이러한 상황도 반복 DO 구문으로 쉽게 해결할 수 있다. 다음은 표준정규분포를 따르는 난수 10,000개로 구성된 데이터셋 RVNORMAL을 생성한 후, 히스토그램으로 난수의 분포를 확인하는 프로그램 및 결과이다.

SAS 프로그램

```
data rvNormal;
   do i=1 to 10000;
      Z=rannor(-1);
      output;
    end;
run;

proc univariate noprint;
   histogram z;
run;
```

히스토그램 (데이터셋 RVNORMAL)

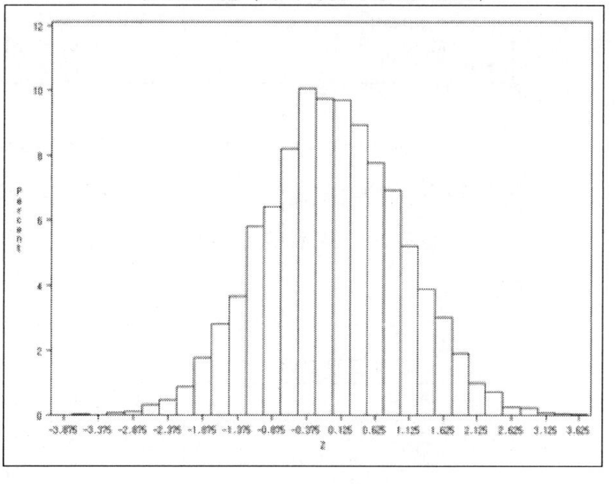

Note

1. 정규분포난수 RANNOR는 〈SAS DATA STEP - 함수편〉에서 상세히 다룬다.
2. PROC UNIVARIATE는 〈SAS PROC STEP - 데이터분석편〉에서 상세히 다룬다.

프로그램 9.6 **(증감값의 사용)**

증감값을 적절히 활용하면 패턴을 형성하기 위한 정수열을 쉽게 생성할 수 있다. 다음에 제시된 프로그램 (1)은 인덱스 변수를 2씩 증가시키는 형태로 2, 4, 6, 8, 10의 값을 갖고, 프로그램 (2)는 인덱스 변수를 1씩 감소시키는 형태로 5, 4, 3, 2, 1의 결과를 갖는다. 프로그램을 직접 수행해보자.

SAS 프로그램 (1)

```
data test1;
   do index = 2 to 10 by 2;
      output;
   end;
run;
```

SAS 프로그램 (2)

```
data test1;
   do index = 5 to 1 by -1;
      output;
   end;
run;
```

프로그램 (1)과 같은 유형에서 종료값이 증감값의 배수가 아닌 경우는 직전값까지 수행된다. 다음 프로그램을 수행하면 데이터셋 TEST3은 2, 4, 6, 8까지 출력한 후 종료된다.

SAS 프로그램

```
data test3;
   do index = 2 to 9 by 2;
      output;
   end;
run;
```

SAS 로그

```
NOTE: 데이터셋 'WORK.TEST3'은(는) 4개 관측치,
      1개 변수를 가지고 있습니다.
NOTE: DATA 문장 실행:
      실행 시간           0.01 초
      cpu 시간            0.01 초
```

프로그램 (2)와 같은 유형에서는 시작값이 종료값보다 반드시 적어야 한다. 그렇지 않은 경우에는 오류 처리는 일어나지 않지만, 프로그램 수행시점에서 이미 시작값이 종료값보다 크기 때문에 반복 처리를 수행하지 않고 DATA스텝 수행이 종료된다. 다음 프로그램 및 로그를 보자.

SAS 프로그램

```
data test4;
   do index = 1 to 5 by -1;
      output;
   end;
run;
```

SAS 로그

```
NOTE: 데이터셋 'WORK.TEST4'은(는) 0개 관측치,
      1개 변수를 가지고 있습니다.
NOTE: DATA 문장 실행:
      실행 시간           0.01 초
      cpu 시간            0.01 초
```

프로그램 9.7 **(데이터셋의 관측치에 기초한 반복 처리)**

지금까지는 초기값, 종료값, 증감값이 고정된 형태의 DO 구문을 살펴보았다. 이번 예제에서는 이 값들이 관측치마다 변하는 상황을 살펴보기로 하자.

SAS 데이터셋 INTEREST는 예치금액(Seed), 거치기간(Year), 재평가주기(Cycle)로 구성되어 있다. 이 데이터에 기초하여 거치기간과 재평가주기별 복리로 계산된 만기금액을 구해보기로 하자.

프로그램을 보면, 인덱스 변수는 DO 루프에서만 사용되고 최종 결과에서는 제거한다. 변수 Years을 DO 구문의 종료값으로, Cycle은 증감값으로 사용하고 있다. 따라서, DATA 스텝의 관측치별 반복수는 변수 Year와 Cycle의 값에 따라 바뀌게 된다. 실제 반복횟수를 확인하기 위해 변수 Int_cycle을 별도로 생성한다.

SAS 프로그램

```
data interest(drop=count);
   input seed year cycle;
   Expire = seed;
   int_cycle = 0;
   do count=1 to year by cycle;
      Interest=Expire*.075;
      Expire+interest;
      int_cycle+1;
   end;
cards;
2000 7 1
2000 8 1
2000 8 2
;
```

데이터셋 INTEREST

seed	year	cycle	Expire	int_cycle	Interest
2000	7	1	3318.10	7	231.495
2000	8	1	3566.96	8	248.857
2000	8	2	2670.94	4	186.345

(1), (2)번 관측치의 차이는 종료값(Year)이 각각 7, 8로 다르다는 것이며, (2), (3)번 관측치의 차이는 증감값(Cycle)이 각각 1, 2로 달리 가져간 것이다. 따라서, 동일한 초기치를 갖더라도 개별 변수의 값에 따라 결과가 다르게 출력된다는 것을 확인할 수 있다.

9.3. 포개진 DO 루프

DO 루프 내에 다시 반복 DO 구문을 사용할 수 있다. [그림 9.2]와 같이 DO 루프 내에 다른 DO 루프를 삽입하는 것을 **포갬(nesting)**이라고 한다.

```
do i=1 to 20;
   ... SAS statements ...
   do j=1 to 10;
      ... SAS statements ...
   end;
   ... SAS statements ...
end;
```

그림 9.2 루프의 포갬

포개진 DO 루프(nested-DO loop)를 정확하게 수행하려면, 반드시 포개진 DO 구문과 외부 DO 구문의 인덱스 변수가 달라야 하며, 각 DO 루프는 END 구문으로 종료해야 한다는 것을 기억하자. 개별 DO 루프에 대하여 적절히 들여쓰기를 하면, 포개진 DO루프의 구조를 파악하는데 도움이 될 것이다.

포개진 루프는 매우 다양한 상황에서 사용 가능하다. 예제를 통해 포개진 DO 루프의 활용례를 살펴보도록 하자.

프로그램 9.8 **(포개진 루프의 예시)**

〔프로그램 9.3〕에서 살펴본 DATA 스텝 프로그램은 연 7.5%의 이자소득을 월별로 정산한 투자소득(Interest)의 값을 계산하기 위해 설계된 프로그램이다. 이제 향후 20년간 매년 2000달러를 추가 불입하는 경우에 대하여 투자소득을 계산하는 절차를 월별로 적용하는 경우를 생각하자.

다음 프로그램은 20년간 월별로 계산을 수행하며, 이를 위하여 연도별 처리를 위한 DO 루프 내부에 월별 처리를 위한 포개진 DO루프로 구성되었다. 연도가 증가할 경우 변수 capital에 2000을 더한 후, 월별 처리 DO 루프를 12번 수행한다. 연도 및 월이 바뀔 때 정상적으로 처리가 되는지 확인하기 위해 OUTPUT 구문을 적용한다.

SAS 프로그램

```
data earn_mon;
   do year=1 to 20;
      Capital+2000;
      do month=1 to 12;
         Interest=capital*(.075/12);
         capital+interest;
         output;
      end;
   end;
run;
```

데이터셋 EARN_MON

year	Capital	month	Interest
1	2012.50	1	12.500
1	2025.08	2	12.578
	... (중략) ...		
1	2155.27	12	13.387
2	4181.24	1	25.970
2	4207.37	2	26.133
	... (중략) ...		
20	95483.72	11	593.067
20	96080.49	12	596.773

9.4. 항목 나열 방식에 의한 DO 루프의 지정

DO 구문은 값을 나열하는 방식의 반복처리도 지원한다. 이를 일컬어 **항목 나열(item-listed) 방식**이라고도 하며, 문자형 값을 반복적으로 할당하는데 주로 사용한다. 먼저 일반형을 살펴보도록 하자.

[반복처리 - 반복 DO 구문(항목 나열 방식)]

```
DO index-variable = value1, value2, value3...;
   ...SAS statement ...
END;
```

· values : 문자형 또는 수치형 값을 나열한다.

DO 루프가 수행되면 나열된 항목들은 각각 한 번씩 수행된다. 항목은 반드시 쉼표로 구분해주어야 하며, 인덱스 변수는 현재 반복에 해당하는 항목의 값과 동일하다. 항목 나열 방식은 숫자지정, 따옴표로 감싼 문자의 지정, 변수명의 지정 중 한가지 방식을 사용해야 한다. 변수명을 지정할 경우 인덱스 변수는 지정된 변수의 값을 따르며, 해당 변수들은 반드시 수치형 또는 문자형 값을 가져야 한다.

표 9.1 항목 나열 방식에 의한 반복 DO 루프의 예제

구분	예제
수치값지정	DO index = 2, 5, 9, 13, 27; ... SAS statements ... END;
문자값지정	DO index ='MON','TUE','WED','THR','FRI'; ... SAS statements ... END;
변수지정	DO index = win,place,show; ... SAS statements ... END;

프로그램 9.9 **(항목 나열 방식에 의한 DO 루프의 사용)**

항목 나열 방식의 DO루프는 통계학에서 다루는 실험계획법(experimental design)과 같이 데이터 구조가 확정된 상황에서 관측치별 그룹을 설정할 때 매우 유용하다. 다음 데이터는 화학약품의 중합반응에서 촉매량(A, B, C, D)과 반응온도(I, II, III)에 따른 반응속도를 정리한 것이다.

원시 데이터

	A	B	C	D
I	94	95	99	91
II	99	114	112	109
III	116	121	125	116

이 데이터는 우리가 자주 접할 수 있는 피봇테이블(pivot table)의 형태이다. 그러나, 이와 같은 데이터 형식으로는 실험계획법의 주요 분석기법 중 하나인 분산분석(ANOVA)에 사용할 수 없다. 분산분석을 위한 데이터는 다음과 같은 방식으로 정리되어야 한다.

분산분석용 데이터 형식		
Fact1	Fact2	Data
I	A	94
I	B	95
... (중략) ...		
III	D	116

특별한 조치 없이 내부데이터 입력 방식으로 데이터를 정리하는 프로그램은 프로그램(1)과 같다. 이 같은 방식은 변수 Fact1과 Fact2에 해당 값을 모두 입력해야 하는 불편함이 따른다.

하지만, 프로그램(2)와 같이 항목 나열 방식을 활용한 DO 구문과 OUTPUT 구문을 활용하면 원본 데이터에 값이 반복되는 변수인 Fact1과 Fact2를 루프를 활용하여 곧바로 생성할 수 있다.

SAS 프로그램 (1)

```
data exp1;
input Fact1 $ Fact2 $  Data;
cards;
  I      A      94
  I      B      95

... (중략) ...

 III     D      116
```

SAS 프로그램 (2)

```
data exp2;
input Data @@;
do Fact1 = 'I','II','III';
   do Fact2 = 'A','B','C','D';
      output;
   end;
end;
cards;
 94  95  99  91
 99 114 112 109
116 121 125 116
;
```

Note

'@@'은 입력 포인터를 조절하는 기능을 한다. 입력 포인터의 조절에 관한 상세한 내용은 〈SAS DATA STEP - 응용편〉에서 다룬다.

9.5. 조건부 DO 루프의 수행

지금까지 살펴본 반복 DO 구문은 방식에 관계없이 루프의 반복 '횟수'를 지정하는 방식으로 설정한다. 하지만 특정한 조건에 도달할 때까지, 혹은 해당 조건이 존재하지만 반복이 얼마나 필요한지를 모르는 경우에 대하여 DO 루프를 수행하고자 하는 경우도 있을 수 있다. 예를 들어, 소득이 50,000달러에 도달할 때까지 걸리는 햇수를 계산하고 싶다고 가정하자. 50,000달러에 도달하기 위한 Capital에 필요한 반복의 수를 결정하는 것이 목적이기 때문에 **[그림 9.3]**과 같이 반복 DO 구문을 사용하면 종료값을 정의할 수 없는 상황이 벌어진다.

```
data work.invest;
   do year=1 to ? ;
      Capital+2000; capital+capital*.10;
   end;
run;
```

그림 9.3 반복 DO 구문을 사용할 수 없는 경우

SAS에서는 이와 같이 특정 조건까지 반복을 수행해야 하는 상황을 해결하기 위해 **DO UNTIL 구문**과 **DO WHILE 구문**을 지원한다. 일반형은 다음과 같다

[반복처리 - DO UNTIL / DO WHILE 구문]

```
DO UNTIL(expression) / DO WHILE(expression);
   ... more SAS statements ...
END;
```

· expression : 루프 종료 여부를 판정할 표현식을 지정한다.

DO UNTIL 구문은 표현식이 **참(true)이 될 때까지** 반복을 수행된다. 표현식의 진위여부는 루프의 마지막 부분에서 처리되기 때문에, DO UNTIL 구문에 의해 구성된 루프는 적어도 1회 이상 수행된다. 반면 DO WHILE 구문은 표현식이 **참(true)일 동안에만** 반복 처리를 수행하며, 표현식의 진위 여부는 루프 첫 부분에서 처리된다. 따라서, 주어진 상황에 적절한 구문을 사용해야 프로그램의 논리적 오류를 예방할 수 있다. **[그림 9.4]**는 DO UNTIL 구문과 DO WHILE 구문의 처리 방식 차이를 정리한 것이다.

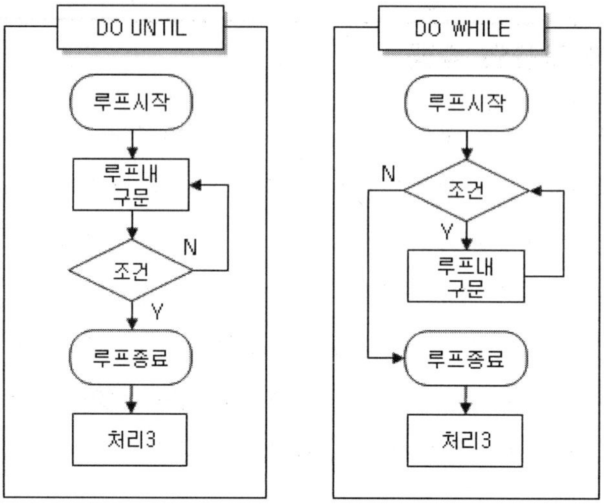

그림 9.4 DO WHILE 구문과 DO UNTIL 구문의 차이

프로그램 9.10 **(DO UNTIL 구문의 활용)**

10%의 이자를 지불하는 계정에 매년 2000달러를 지불한 후 예금이 $50,000가 되려면 몇 년이 걸리는지를 알고 싶다고 가정하자. 50000에 도달할 때까지 계산을 수행하기 위해서 DATA 스텝에 DO UNTIL 구문을 사용한다. 여기서 DO UNTIL 루프의 개별 반복은 1년 소득을 계산한다.

SAS 프로그램

```
data invest;
  do until(Capital>=50000);
      capital+2000;
      capital+capital*.10;
      Year+1;
   end;
run;
```

데이터셋 INVEST1

Capital	Year
53949.97	13

DO 루프의 개별 반복동안 연 지불금액인 2000달러를 반영하기 위하여 Capital의 값에 2000을 더한다. 그리고, Capital의 값에 대한 10% 이자를 계산한 후 Year의 값에 1을 증가시킨다. DO UNTIL 구문 내에는 인덱스 변수가 없기 때문에, DO 루프의 반복수를 집계하기 위한 Year가 합 구문에 의해 생성된다.

프로그램에서 변수 Capital의 누적 계산 결과가 50,000이 넘기 위해서는 13년이 필요하며, 이는 DO 루프가 13회 반복되었다는 것을 나타낸다. 다음 표는 DO UNTIL 루프에 의한 변수 Capital의 계산과정을 정리한 것이다.

Capital	Year	Capital	Year
2200.00	1	25158.95	8
4620.00	2	29874.85	9
7282.00	3	35062.33	10
10210.20	4	40768.57	11
13431.22	5	47045.42	12
16974.34	6	53949.97	13
20871.78	7		수행정지

프로그램 9.11 **(DO WHILE 구문의 활용)**

〔프로그램 9.10〕과 동일한 결과를 얻기 위해 DO WHILE 구문을 사용하는 경우에는 반복 조건식을 DO UNTIL 구문과는 반대로 설정해야 한다. 다음 프로그램을 보자.

SAS 프로그램

```
data invest2;
   do while(Capital<50000);
      capital+2000;
      capital+capital*.10;
      Year+1;
   end;
run;
```

데이터셋 INVEST2

Capital	Year
53949.97	13

프로그램 9.12 **(DO UNTIL과 DO WHILE 구문 반복 처리를 위한 조건 판정 위치)**

DO UNTIL 구문과 DO WHILE 구문의 조건 판정 위치를 확인해 보기로 하자. 프로그램(1)과 프로그램(2)는 〔프로그램 9.10〕과 〔프로그램 9.11〕의 표현식을 변형하여 루프의 첫 번째 반복부터 조건에 일치하지 않도록 설정한 것이다.

SAS 프로그램 (1)

```
data invest3;
   do until (Capital<50000);
      capital+2000;
      capital+capital*.10;
      Year+1; output;
   end;
run;
```

SAS 로그 (1)

```
NOTE: 데이터셋 'WORK.INVEST3'은(는) 1개 관측치,
      2개 변수를 가지고 있습니다.
```

SAS 프로그램 (2)

```
data invest4;
   do while (Capital>=50000);
      capital+2000;
      capital+capital*.10;
      Year+1; output;
   end;
run;
```

SAS 로그 (2)

```
NOTE: 데이터셋 'WORK.INVEST4'은(는) 0개 관측치,
      2개 변수를 가지고 있습니다.
```

프로그램 (1)은 변수 Capital의 값이 "50000보다 작아질 때까지" 루프를 반복 수행하는 것이고, 프로그램 (2)는 "50000보다 크거나 같은 동안" 루프를 반복 수행하는 것이다. 당연히 두 프로그램에 제시된 조건은 최초 반복시에 거짓으로 판명나게 된다.

DO UNTIL 구문의 경우 OUTPUT 구문이 수행된 후에 조건의 판정이 일어나지만, DO WHILE 구문의 경우는 "capital+2000;" 구문이 수행되기 전에 일어난다. 따라서, 데이터셋 INVEST3은 루프의 최초 반복에 의한 결과값이 저장되는 반면, 데이터셋 INVEST4는 루프가 시작되자마자 바로 종료되기 때문에, 아무런 결과값이 저장되지 않는 차이점이 있다. 이러한 특성을 잘 활용한다면 다양한 상황에서 응용할 수 있다.

9.6. 복합 DO 구문

단순 및 조건부 반복 처리가 혼합된 **복합 DO 구문(mixed DO statement)**의 형태에 대하여 살펴보자. [그림 9.5]에 제시된 DATA 스텝 프로그램에서, DO UNTIL 구문은 투자원리금이 50,000달러가 될 때까지 반복 처리(여기서는 13회)를 수행하도록 조치한다.

```
data work.invest;
   do until(Capital>=50000);
      Year+1; capital+2000;
      capital+capital*.10;
   end;
run;
```

데이터셋 Work.Invest

Capital	Year
53949.97	13

그림 9.5 특정 변수의 값에 도달할 때까지 반복하는 DO UNTIL 구문의 적용 예시

이제, 투자 원리금이 $50,000가 될 때까지 반복하지만 최대 반복횟수는 10회로 제한한다고 가정하자. 이와 같은 상황을 해결하기 위해 SAS는 복합 DO 구문을 지원한다. 일반형은 다음과 같다.

[반복처리 - 복합 DO 구문]

```
DO idx = start TO stop BY increment UNTIL[WHILE](expression);
   ... more SAS statements ...
END;
```

- idx : 반복처리의 기준이 되는 인덱스 변수명을 지정한다. 이 변수에는 현재 반복에 해당하는 값이 저장된다.
- start : DO-루프의 초기값을 지정한다.
- stop : DO-루프의 종료값을 지정한다.
- increment : DO-루프의 증감단위를 지정한다.
- expression : 루프 종료 여부를 판정할 표현식을 지정한다.

복합 DO 구문은 반복 DO 구문의 형식으로 정의된 반복 횟수를 충족하거나, 반복 종료 표현식을 충족하는 조건 중 하나라도 먼저 발생할 때까지 반복처리를 진행한다. 예제를 통해 복합 DO 구문을 살펴보기로 하자.

프로그램 9.13 **(복합 DO 구문의 활용 예시)**

최대 거치기간이 10년으로 한정된 적금에서 연간 불입금에 따라 원리금 합계가 5,000만원이 초과하기까지 걸리는 기간을 계산하고자 한다. 이 사례는 원리금합계가 5,000만원을 초과한다는 조건을 충족하거나, 반복횟수가 10번을 넘어서면 곧바로 루프를 종료해야 한다. 따라서, 복합 DO 구문을 활용해야 하는 전형적인 상황으로 볼 수 있다.

다음에 제시된 프로그램 (1)의 경우, DO 루프는 10번 반복 후에 멈추고, Capital의 값은 50000에 도달하지 못한다. 반면 프로그램 (2)와 같이 Capital에 매년 4000을 더하면, DO 루프는 5000을 초과하는 반복수인 8회 수행 후에 멈춘다.

SAS 프로그램 (1)

```
data work.invest(drop=i);
   do i=1 to 10 until(Capital>50000);
      Year+1;
      capital+2000;
      capital+capital*.10;
   end;
run;
```

데이터셋 INVEST

Capital	Year
35062.33	10

SAS 프로그램 (2)

```
data work.invest2(drop=i);
   do i=1 to 10 until(Capital>50000);
      Year+1;
      capital+4000;
      capital+capital*.10;
   end;
run;
```

데이터셋 INVEST2

Capital	Year
50317.91	8

즉, 반복 DO 구문 이후에 조건절 UNTIL과 WHILE을 지정하는 방식은 DO UNTIL 및 DO WHILE 구문과 유사한 기능을 한다. UNTIL 표현식은 DO 루프의 마지막 부분에서 계산되기 때문에, 이 경우 DO 루프는 항상 적어도 한 번 이상 수행된다. WHILE 표현식은 DO 루프의 시작시 계산되므로, 조건이 참이 아니라면 DO 루프는 수행되지 않는다.

루프의 최대값에 도달한 경우

Capital	Year
2200.00	1
4620.00	2
7282.00	3
10210.20	4
13431.22	5
16974.34	6
20871.78	7
25158.95	8
29874.85	9
35062.33	10

← 10회 반복 완료

조건절에 제시된 조건을 충족한 경우

Capital	Year
4400.00	1
9240.00	2
14564.00	3
20420.40	4
26862.44	5
33948.68	6
41743.55	7
50317.91	8

← 50000 이상

9.7. 반복 처리의 강제종료

그룹 처리 또는 루프의 현재 단계를 강제 종료해야 할 경우 **LEAVE 구문** 또는 **CONTINUE 구문**을 사용한다.

[반복처리 - LEAVE, CONTINUE 구문]

```
LEAVE; / CONTINUE;
```

· LEAVE 구문과 CONTINUE 구문에는 인수를 지정하지 않는다.

Note

1. LEAVE 구문은 현재 진행중인 처리를 종료한다.
2. CONTINUE 구문은 루프의 현재 처리를 중지하고 다음 반복 처리를 진행한다.
3. LEAVE 구문은 반복 DO 구문 또는 SELECT-WHEN 그룹 처리에서 모두 사용할 수 있지만, CONTINUE 구문은 반드시 반복 DO 구문 내에서만 사용 가능하다.

프로그램 9.14 **(LEAVE 구문 vs. CONTINUE 구문)**

데이터셋 WEEK는 직원이름(Name), 직원번호(Idno), 입사년도(start_yr), 직급(status), 부서명(dept)로 구성되어 있다. 입사년도에 기초하여 2007년 기준 상여금(Bonus)을 계산해 보기로 하자. 여기서 상여금의 산식은 근속년수×50만원이며 500만원을 초과할 수 없다. 프로그램 및 결과는 다음과 같다.

SAS 프로그램 (1) [데이터 생성]

```
data week;
   input name $ idno start
         stat $ dept $;
   cards;
Thomas     876 1976 PT HR
Barnes    7899 1991 FT TECH
Harrell   1250 1985 FT HR
Kelly       85 1989 PT PUB
Stone      091 1993 PT MAIT
;
```

SAS 프로그램 (2) [LEAVE 구문]

```
data Bonus;
   set week;
   bonus=0;
   do year= start to 2007;
      if bonus >= 500 then leave;
      bonus+50;
   end;
   year=year-1;
run;
```

데이터셋 LEAVE

name	idno	start	status	dept	bonus	year
Thomas	876	1976	PT	HR	500	1985
Barnes	7899	2001	FT	TECH	350	2007
Harrell	1250	1985	FT	HR	500	1994
Kelly	85	2006	PT	PUB	100	2007
Stone	91	1993	PT	MAIT	500	2002

결과를 보면, 변수 YEAR에는 상여금 최고액을 달성한 연도가 저장된다는 것을 확인할 수 있다. 즉, LEAVE 구문은 현재 진행중인 루프를 "전체 종료"하는 역할을 수행하기 때문에, IF 구문과 함께 활용하면 복합 DO 구문과 유사한 효과를 얻을 수 있다.

이에 반해, CONTINUE 구문은 진행중인 루프의 "현재 단계를 건너뛰는" 역할을 수행한다. 즉, LEAVE 구문과는 달리 변수 Bonus의 값에는 변화가 없지만 변수 Year의 값이 달라지는 결과를 보인다. 프로그램 및 결과는 다음과 같다.

SAS 프로그램 (3) - [CONTINUE 구문]

```
data Bonus;
   set week;
   bonus=0;
   do year= startr to 2007;
      if bonus >= 500 then continue;
      bonus+50;
   end;
   year=year-1;
run;
```

데이터셋 CONTINUE

name	idno	start	stat	dept	bonus	year
Thomas	876	1976	PT	HR	500	2007
Barnes	7899	2001	FT	TECH	350	2007
Harrell	1250	1985	FT	HR	500	2007
Kelly	85	2006	PT	PUB	100	2007
Stone	91	1993	PT	MAIT	500	2007

Chapter
10 배열을 이용한 변수처리

DATA 스텝 프로그램을 작성하다 보면, 여러 개의 변수에 대해 동일한 처리를 해야할 경우를 자주 접할 수 있다. 물론, 변수들 각각에 대해 개별적으로 구문을 작성할 수도 있다. 하지만, 프로그램 작성에 들어가는 시간을 감안한다면 이를 한꺼번에 묶어서 다루는 것이 더욱 효율적인 프로그래밍 기법이라는 것을 쉽게 짐작할 수 있다.

SAS에서 지원하는 **배열처리(array processing) 기법**은 이러한 상황에 대한 괜찮은 해결 방식이다. 반복 연산 수행, 동일한 속성을 갖는 많은 변수의 생성, 데이터의 입력, 변수의 관측치 전환 또는 관측치의 변수 전환, 변수의 비교, 테이블 룩업(table lookup) 처리의 수행 등과 같은 상황에서 프로그램 작성 분량을 획기적으로 줄이기 위한 방법으로 배열을 사용할 수 있을 것이다.

이 장에서는 1차원 또는 2차원 배열을 활용한 변수들의 그룹화, 배열 원소들에 대한 작업수행, ARRAY 구문을 이용한 새로운 변수들의 동시 생성 및 초기치 할당, 임시 배열 원소의 생성, 간단한 룩업 처리 등에 대해 다룬다.

10.1. 1차원 배열의 사용

SAS **배열**(array)은 여러 개의 변수를 동일한 명칭에 기초한 하나의 그룹으로 묶어 주는 기능을 수행한다. [그림 10.1]은 배열에 저장되는 변수들과 **배열 원소**(array element)의 개념을 묘사한 것이다.

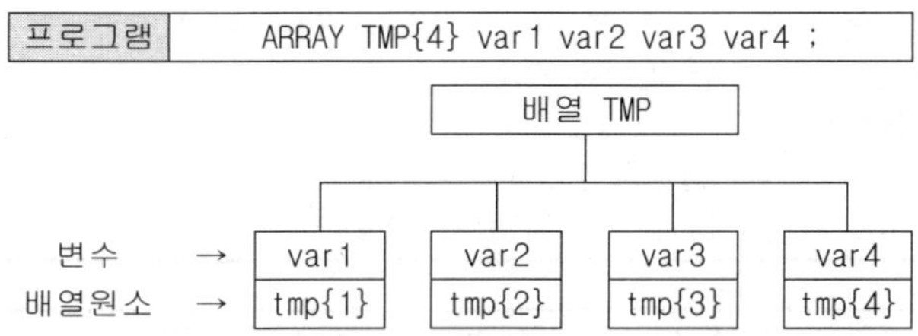

그림 10.1 배열과 실제 변수의 대응 방식

배열의 가장 큰 특징은 여러 개의 변수에 인덱스 번호를 부여하는 것에 있다. 따라서 인덱스 번호와 반복구문을 연동시키면 데이터 처리에 필요한 구문의 수를 획기적으로 줄일 수 있게 된다. 간단한 예제로 배열의 장점을 살펴보자.

[그림 10.2]는 화씨 온도로 구성된 데이터를 섭씨 온도로 변환해주는 프로그램이다. 두 프로그램을 수행하면 동일한 결과를 얻을 수 있으며, 좌측 프로그램은 개별 할당구문을, 우측 프로그램에서는 배열을 활용한 프로그램으로 처리한 것이다. 좌측 프로그램의 구조는 변수명의 차이를 제외하면 변환 구문들이 동일한 패턴으로 구성되어 있다. 이러한 상황에서 우측 프로그램과 같이 배열과 DO 루프를 활용한다면, 프로그램 분량이 상당히 짧아지며, 더불어 DATA 스텝의 구성에 있어서 최소한의 구문만을 사용하게 되므로 쉽게 변형하거나 수정할 수 있다.

할당 구문 방식

```
data work.report;
   set master.temps;
   mon=5*(mon-32)/9;
   tue=5*(tue-32)/9;
   wed=5*(wed-32)/9;
   thr=5*(thr-32)/9;
   fri=5*(fri-32)/9;
   sat=5*(sat-32)/9;
   sun=5*(sun-32)/9;
run;
```

배열 방식

```
data work.report;
   set master.temps;
   array wkday{7} mon tue wed thr fri sat sun;
   do i=1 to 7;
      wkday(i)=5*(wkday(i)-32)/9;
   end;
run;
```

그림 10.2 화씨 온도의 섭씨 온도 변환 프로그램 (할당 구문 방식 / 배열 방식)

이제, SAS에서 배열을 어떻게 다루는지 및 배열의 내부 처리 절차 등에 대해 상세히 살펴보기로 하자. SAS 데이터셋의 변수를 배열에 할당하기 위해서는 **ARRAY 구문**을 사용한다.

[배열 처리 - ARRAY 구문]

```
ARRAY array-name{dim} <$ length> elements <(initial-values)>;
```

- array-name : 배열의 이름을 지정한다.
- dim : 배열원소의 개수와 배치형태를 지정한다. 기본값은 1이다.
- $: 문자형 변수로 구성된 배열을 지정한다.
- length : 배열 생성에서 각 원소의 길이를 지정한다.
- elements : 배열 내에 할당될 변수를 나열한다.
- initial-values : 배열에 대한 초기값을 지정한다.

Note

1. 배열은 DATA 스텝이 실행되는 동안 메모리의 PDV 영역 내에서만 존재한다.
2. 단일 DATA 스텝 프로그램 내에서 변수와 배열이 동일한 명칭을 가질 수 없다.
3. 배열 원소로 수치형 변수와 문자형 변수를 혼합하여 설정할 수 없다.
4. 배열명으로 SAS 함수의 이름을 사용하는 것은 피해야 한다. 이 경우 배열은 정확하게 정의되지만 해당 DATA 스텝에서 배열명으로 지정된 함수를 사용하게 되면 로그에 경고 메시지가 출력된다.
5. 배열명으로 데이터셋 구문의 이름을 사용할 수 없다.
6. 배열은 DATA 스텝 및 DATA 스텝 구문을 지원하는 PROC 스텝에서만 사용할 수 있다.

10.1.1. 배열의 정의 - 차원과 원소의 지정

배열명 뒤에는 배열 원소(array element)의 개수를 의미하는 배열의 **차원**(dimension)을 반드시 지정해야 한다. 차원을 지정할 때 아스테리스크(*)를 사용하면 배열에 저장되는 변수의 갯수를 자동으로 검출하여 그만큼의 차원을 지정한다. 이를 **묵시적 원소 지정(implicit element assignment) 방식**이라 한다. 배열에 할당할 변수의 수를 헤아리기 어려울 경우 이를 활용하면 편리하게 배열을 정의할 수 있다. 일차원 배열 내에서는 [표 10.1]에 제시된 방법으로 배열 원소의 간단히 지정할 수 있다.

표 10.1 ARRAY 구문의 차원 지정 방식

차원 정의 방식	예 시
원소 개수 지정방식	array sales{4} qtr1 qtr2 qtr3 qtr4;
첨자 범위 지정방식	array sales{96:99} totals96 totals97 totals98 totals99;
묵시적 지정 방식	array sales{*} qtr1 qtr2 qtr3 qtr4;

배열 원소 지정 방식으로는 대상 변수의 이름을 나열하는 방식이 일반적으로 사용된다. 하지만, 배열에 할당할 변수가 매우 많거나, 일정한 패턴으로 구성되어 있다면 [표 10.2]에 제시된 방법을 활용하여 배열에 변수를 할당할 수 있다.

표 10.2 ARRAY 구문의 배열 원소 지정 방식

배열 원소 지정 방식	예 시
변수열 지정 방식	ARRAY array-name{dimension} VAR1-VARn;
전체 수치형 변수 지정 방식	ARRAY array-name{dimension} _NUMERIC_;
전체 문자형 변수 지정 방식	ARRAY array-name{dimension} $ _CHARACTER_;
전체 변수 지정 방식	ARRAY array-name{dimension} _ALL_;

Note

1. 전체 변수 지정 방식 (_ALL_)은 현재 DATA 스텝 내에 이미 정의된 모든 변수를 배열의 원소로 지정한다. 따라서, 모든 변수들의 유형이 동일하지 않으면 오류를 일으킨다.
2. 배열 원소는 DATA 스텝에서 변수와 동일한 방식으로 사용 가능하다.

10.1.2. 배열 원소 참조 방법

DATA 스텝 실행중에 배열원소를 이용한 연산을 하고자 할 경우 **배열 참조(array reference)**를 사용한다. DATA 스텝내에서 배열 원소를 참조하기 위해서는 배열의 이름 및 괄호를 이용하여 인덱스를 지정한다.

[배열 처리 - 배열참조방식]

```
array-name{index value}
```

- index-value : 참조하고자 하는 배열 원소의 인덱스를 지정한다.
- 인덱스는 대괄호(중괄호, 소괄호)로 감싸야 한다. 변수를 지정할 수도 있고, SAS 표현식 또는 정수를 지정할 수도 있다. 인덱스 지정시 그 값은 차원의 상/하한 사이에 있어야 한다.

DATA 스텝에서 배열을 정의하면 인덱스는 정의할 때, 인덱스는 각 배열의 원소에 순서대로 할당된다. 즉, [그림 10.3]의 배열 정의에서 배열 원소 Quarter(1)에는 변수 Jan의 값이 할당되며, 배열 원소 Quarter(4)에는 변수 Oct의 값이 할당된다.

```
                    1   2   3   4
array quarter{4} jan apr jul oct;
do i=1 to 4;
   quarter{i}=quarter{i}*1.2;
end;
```

그림 10.3 배열원소와 대응되는 인덱스

즉, 인덱스로 배열원소를 참조하면 배열을 쉽게 다룰 수 있다. 배열은 보통 동일한 프로그래밍 구문을 개별 배열 원소에 적용하기 위해 DO 루프를 함께 사용하는 경우가 많다.

```
array quarter{4} jan apr jul oct;
do i=1 to 4;
   quarter{i}=quarter{i}*1.2;
end;
```

그림 10.4 배열 인덱스와 DO 구문의 활용

[그림 10.4]에서 적용된 DO 구문은 어떻게 배열을 처리하는지 살펴보자. 배열 Quarter의 인덱스 변수 i는 하한인 1부터 상한인 4까지 순차적으로 증가한다. [표 10.3]을 보면 quarter(i)는 DO루프의 개별 반복동안 배열 Quarter에 나열된 변수를 순서대로 참조한다는 것을 알 수 있다. DATA 스텝 컴파일 및 수행단계에서의 배열 처리 방식은 [10.3. **1차원 배열의 내부 처리 과정**]에서 상세히 살펴본다.

표 10.3 배열원소의 참조 과정

반복	진행 현황	
1	배열 변수	array quarter{4} jan apr jul oct;
	배열 참조	quarter{1}=quarter{1}*1.2;
2	배열 변수	array quarter{4} jan apr jul oct;
	배열 참조	quarter{2}=quarter{2}*1.2;
3	배열 변수	array quarter{4} jan apr jul oct;
	배열 참조	quarter{3}=quarter{3}*1.2;
4	배열 변수	array quarter{4} jan apr jul oct;
	배열 참조	quarter{4}=quarter{4}*1.2;

Note

1. 등호의 오른쪽에 지정된 quarter(i)는 배열참조이다. 따라서, DATA 스텝내에서 동일한 변수명과 배열명을 쓸 수 없다는 규칙을 위반한 것은 아니다.
2. 배열을 활용하면 메모리 사용량이 늘어나지만, 프로그램 작성 및 관리의 효율성이 높아지게 된다.
3. 차원의 지정에 사용되는 괄호는 종류에 관계없이 사용 가능하다. 보통은 중괄호를 많이 사용한다.

```
array sales(4) qtr1 qtr2 qtr3 qtr4;
array sales{4} qtr1 qtr2 qtr3 qtr4;
array sales[4] qtr1 qtr2 qtr3 qtr4;
```

10.1.3. 배열 차원의 확인 - DIM 함수의 사용

배열 원소의 개수를 파악하는 것은 배열과 DO 구문을 접목시킨 반복 처리의 실제 수행 횟수를 결정하기 위해 반드시 필요한 과정이다.

[표 10.3]에서 살펴본 바와 같이 배열의 인덱스는 반드시 1부터 시작하지는 않는다. 이는 배열에 할당된 변수의 개수가 많다면 실제 배열이 보유한 원소의 개수를 확인하기가 힘들어질 수도 있다는 것을 의미한다.

SAS에서는 이러한 상황을 해결하기 위해 배열의 차원을 계산하는 DATA 스텝 함수 DIM을 지원한다. DIM 함수를 적절히 사용하면 반복 처리의 상한을 지정하는데 편리하다. DIM 함수의 일반형은 다음과 같다.

[배열 처리 - DIM 함수]

```
dim(array-name)
```

· array-name : 차원을 추출하고자 하는 배열명을 지정한다.

프로그램 10.1 **(배열 차원 지정방식(1) - 원소개수 지정방식)**

배열의 원소에 수치형 변수가 할당되는 경우를 수치형 배열(numeric array)이라 한다. 데이터셋에 존재하는 변수를 수치형 배열로 정의하기 위해 다음 프로그램을 살펴보자. 배열에 변수를 그룹화하기 위해 먼저 배열의 이름을 지정한다. 이 예제에서는 배열의 이름을 sales라 정의한다.

SAS 프로그램

```
data ArrayTest;
   set report;
   array sales{4} sales1-sales4;
run;
```

수치형 배열을 정의하는 방식은 매우 간단하다. 문자형 배열을 정의해야 하거나, 배열에 초기치를 할당하는 경우와 같이 배열을 응용하기 위해서는 추가적인 옵션을 필요로 한다. 이에 대해서는 뒤에서 다루는 예제를 통해 살펴보기로 한다.

배열을 정의할 때 사전에 배열 원소의 정의 방식을 먼저 결정해야 한다. 먼저 원소 개수 지정 방식을 사용한 프로그램을 살펴보자.

SAS 프로그램

```
data ArrayTest;
   set report;
   array sales{4} sales1-sales4;
   put branch "지점 2003년 매출 : " sales{2} comma6.;
run;
```

SAS 로그

```
97   data ArrayTest;
98        set report;
99        array sales{4} sales1-sales4;
100       put branch "지점 2003년 매출 : " sales{2} comma6.;
101  run;

종로 지점 2003년 매출 :  8,800
목동 지점 2003년 매출 :  9,300
마포 지점 2003년 매출 :  9,200
NOTE: 3개의 관측치를 데이터셋 WORK.REPORT. (으)로부터  읽었습니다.
NOTE: 데이터셋 'WORK.ARRAYTEST'은(는) 3개 관측치, 5개 변수를 가지고 있습니다.
NOTE: DATA 문장 실행:
      실행 시간           0.01 초
      cpu 시간            0.01 초
```

원소 개수 지정 방식은 배열에 필요한 원소의 개수를 정의 단계에서 그대로 설정한다. 이 프로그램에서는 4개의 변수가 배열로 처리되기 때문에, 원소 개수 4를 지정하여 배열을 정의하였다. PUT 구문을 활용하면 배열의 특정 원소에 지정된 변수의 값이 정확하게 할당되었는지 확인할 수 있다. 배열이 정확하게 설정되면 로그에는 배열과 관련된 메시지가 출력되지 않는다는 것을 기억하자.

프로그램 10.2 **(배열 차원 지정방식(2) - 첨자범위 지정방식)**

다음으로 첨자 범위 지정 방식을 활용한 배열 정의를 살펴보자. 첨자 범위 지정 방식은 배열의 첨자에 사용할 최초 및 최종 식별 번호를 직접 지정한다.

SAS 프로그램

```
data ArrayTest;
   set report;
   array sales{2002:2005} sales1-sales4;
   put branch "지점 2005년 매출 : " sales{2005} comma6.;
run;
```

SAS 로그

```
data ArrayTest;
    set report;
    array sales{2002:2005} sales1-sales4;
    put branch "지점 2005년 매출 : " sales{2005} comma6.;
run;

종로 지점 2005년 매출 :  9,800
목동 지점 2005년 매출 :  8,900
마포 지점 2005년 매출 : 11,000
NOTE: 3개의 관측치를 데이터셋 WORK.REPORT. (으)로부터  읽었습니다.
NOTE: 데이터셋 'WORK.ARRAYTEST'은(는) 3개 관측치, 5개 변수를 가지고 있습니다.
NOTE: DATA 문장 실행:
      실행 시간           0.01 초
      cpu 시간            0.01 초
```

첨자 범위 지정방식에서는 배열의 최초 식별번호에서 1씩 증가하면서 배열 원소 식별번호를 부여한다. 이 예제에서는 sales {2002}, sales {2003}, sales {2004}, sales {2005} 로 구성된 배열 sales가 생성되며, PUT 구문으로 정상 처리 여부를 확인할 수 있다.

마지막으로 묵시적 지정 방식을 활용한 배열 정의를 살펴보자. 묵시적 지정 방식은 배열 원소 개수를 정의할 때 아스테리스크(*)를 사용한다.

SAS 프로그램

```
data ArrayTest;
   set report;
   array sales{*} sales1-sales4;
   put branch "지점 2004년 매출 : " sales{3} comma6.;
run;
```

SAS 로그

```
data ArrayTest;
    set report;
    array sales{*} sales1-sales4;
    put branch "지점 2004년 매출 : " sales{3} comma6.;
run;

종로 지점 2004년 매출 :  9,300
목동 지점 2004년 매출 :  9,800
마포 지점 2004년 매출 :  9,650
NOTE: 3개의 관측치를 데이터셋 WORK.REPORT. (으)로부터  읽었습니다.
NOTE: 데이터셋 'WORK.ARRAYTEST'은(는) 3개 관측치, 5개 변수를 가지고 있습니다.
NOTE: DATA 문장 실행:
      실행 시간           0.01 초
      cpu 시간            0.01 초
```

프로그램 10.3 **(배열 차원 지정방식(3) - 묵시적 지정 방식과 DIM 함수)**

묵시적 지정 방식을 활용하면, 배열 정의에 사용되는 변수의 수를 자동으로 검출하여 배열의 원소 개수로 사용한다. 따라서, 배열 처리 대상 변수가 매우 많은 경우 묵시적 지정 방식을 사용하면 미리 변수의 개수를 확인할 필요가 없기 때문에 편리하다.

하지만, 배열을 활용한 처리를 하려면 결국 변수의 개수를 확인해야만 하며, 이와 같은 상황에서 DIM 함수를 사용하면 매우 유용하다.

〔그림 10.2〕에서 살펴본 화씨온도를 섭씨온도로 변경하는 프로그램을 다시 살펴보자. 좌측 프로그램은 초기에 배열 원소의 개수를 사전 할당하는 방식으로 프로그램을 작성하였다. 이를 묵시적 지정 방식 및 DIM 함수를 사용하여 동일한 기능을 수행하도록 우측 프로그램과 같이 작성할 수 있다.

SAS 프로그램

```
data work.report;
   set master.temps;
   array wkday{7} d1-d7;
   do i=1 to 7;
      wkday(i)=5*(wkday(i)-32)/9;
   end;
run;
```

SAS 프로그램

```
data work.report;
   set master.temps;
   array wkday{*} d1-d7;
   do i=1 to dim(wkday);
      wkday(i)=5*(wkday(i)-32)/9;
   end;
run;
```

프로그램 10.4 **(문자형 배열의 정의)**

문자형 변수로 구성된 배열을 생성하기 위해서는 $기호를 배열의 차원 뒤에 추가한다. 다음 프로그램을 보자. ARRAY 구문에 의해 생성된 문자형 변수는 8B의 길이가 할당된다.

SAS 프로그램

```
data ArrayTest;
   set report;
   array sales{*} $ sales1-sales4;
run;
```

$기호 뒤에 길이를 지정해 줌으로써 문자형 변수의 길이를 임의로 할당할 수 있다.

SAS 프로그램

```
data ArrayTest;
   set report;
   array sales{*} $ 20 sales1-sales4;
run;
```

지정한 길이는 ARRAY 구문에서 생성된 모든 변수에 자동으로 할당된다. DATA 스텝의 컴파일 과정 내에서, 이 ARRAY 구문으로 생성한 변수는 프로그램 데이터 벡터에 삽입되고, 결과 데이터셋에 저장된다.

프로그램 10.5 **(배열 정의 오류(1) - 함수명과 동일한 배열명 사용)**

배열명으로 SAS 함수의 이름을 사용하는 것은 가급적 피해야 한다. 이 경우 배열은 정확하게 정의되지만 DATA 스텝에서 배열명으로 지정된 함수를 사용하게 되면 로그에 오류 메시지가 출력되고 수행이 취소된다.

SAS 프로그램

```
data ArrayTest;
   set report;
   array month{4} sales1-sales4;
   ftntest=month(today());
run;
```

SAS 로그

```
120  data ArrayTest;
121       set report;
122       array month{4} sales1-sales4;
123       ftntest=month(today());
WARNING: The array month has the same name as a SAS-supplied or user-defined
         function. Parenthesized references involving this name have been
         treated as array references and not function references.
124  run;

ERROR: Array subscript out of range at 행 123 칼럼 13.
Branch=종로 Sales1=8400 Sales2=8800 Sales3=9300 Sales4=9800 ftntest=. _ERROR_=1
_N_=1
NOTE: 오류가 발생하여 SAS 시스템은 현재 스텝의 실행을 중지합니다.
NOTE: 1개의 관측치를 데이터셋 WORK.REPORT. (으)로부터  읽었습니다.
WARNING: 데이터 셋 WORK.ARRAYTEST이(가) 불완전합니다.  이 스텝은 0개의 관측치와
         6개의 변수가 있을 때 중단되었습니다.
WARNING: 데이터셋 'WORK.ARRAYTEST'은(는) 현재 스텝의 종료(으)로 인하여 변경되지
         않았습니다.
NOTE: DATA 문장 실행:
      실행 시간            0.01 초
      cpu 시간             0.01 초
```

프로그램 10.6 **(배열 정의 오류(2) - 문자형/수치형 변수 동시 할당)**

배열 원소로 수치형 변수와 문자형 변수를 혼합하여 설정할 수 없다. 배열의 선언시 배열 전체에 대한 형식(type)을 지정해 주기 때문에, 두 형태의 변수가 동시에 입력될 경우 정상적으로 컴파일되지 않는다.

SAS 프로그램

```
data ArrayTest;
   set report;
   array quarter{5} branch sales1-sales4;
run;
```

SAS 로그

```
126  data ArrayTest;
127      set report;
128      array quarter{5} branch sales1-sales4;
ERROR: All variables in array list must be the same type, i.e., all numeric or
       character.
ERROR: All variables in array list must be the same type, i.e., all numeric or
       character.
ERROR: All variables in array list must be the same type, i.e., all numeric or
       character.
ERROR: All variables in array list must be the same type, i.e., all numeric or
       character.
129  run;

NOTE: 오류가 발생하여 SAS 시스템은 현재 스텝의 실행을 중지합니다.
WARNING: 데이터 셋 WORK.ARRAYTEST이(가) 불완전합니다.  이 스텝은 0개의 관측치와
         5개의 변수가 있을 때 중단되었습니다.
WARNING: 데이터셋 'WORK.ARRAYTEST'은(는) 현재 스텝의 종료(으)로 인하여 변경되지
         않았습니다.
NOTE: DATA 문장 실행:
      실행 시간           0.01 초
      cpu 시간            0.01 초
```

프로그램 10.7 **(배열 정의 오류(3) - 배열명과 변수명의 중복)**

단일 DATA 스텝 프로그램 내에서 변수와 배열에 동일한 명칭을 사용하면 컴파일 단계에서 충돌 현상이 일어나므로 정상적으로 처리되지 않는다. 다음 프로그램을 살펴보자.

SAS 프로그램

```
data ArrayTest;
   set report;
   array sales1{4} sales1-sales4;
run;
```

SAS 로그

```
115  data ArrayTest;
116      set report;
117      array sales1{4} sales1-sales4;
                ------
                124
ERROR 124-185: The variable sales1 has already been defined.

118  run;

NOTE: 오류가 발생하여 SAS 시스템은 현재 스텝의 실행을 중지합니다.
WARNING: 데이터 셋 WORK.ARRAYTEST이(가) 불완전합니다.  이 스텝은 0개의 관측치와
         5개의 변수가 있을 때 중단되었습니다.
WARNING: 데이터셋 'WORK.ARRAYTEST'은(는) 현재 스텝의 종료(으)로 인하여 변경되지
         않았습니다.
NOTE: DATA 문장 실행:
      실행 시간          0.01 초
      cpu 시간           0.01 초
```

프로그램 10.8 **(배열 활용 예시(1) - 분기별 목표 매출액 산출)**

간단한 예시로 배열의 활용 방식을 살펴보도록 하자. 다음은 분기별 목표 매출을 계산하기 위해 실제 예측 매출액의 120%를 계산하도록 구성된 프로그램이다.

SAS 프로그램

```
data ArrayTest;
   set ArrayRaw;
   array quarter{4} jan apr jul oct;
   do i=1 to 4;
      quarter{i}=quarter{i}*1.2;
   end;
   drop i;
run;
```

ARRAY 구문을 활용하여 예측 매출액이 저장된 변수 jan, apr, jul, oct를 배열 quarter에 할당하였다. 다음으로 DO 루프를 활용하여 배열 개별원소에 대해 원래 값의 120%에 해당하는 값을 계산하여 재할당하게 된다. 배열 인덱스를 식별하기 위해 사용되는 변수 i는 최종 결과 데이터셋에 저장될 필요가 없으므로 DROP 구문을 활용하여 제거한다.

이와 같이 배열을 적절히 활용하면 논리는 동일하지만 대상 변수가 달라지는 상황을 매우 효율적으로 해결할 수 있다.

프로그램 10.9 **(배열 활용 예시(2) - 결측치의 보정)**

실무에서 자주 쓰이는 배열 활용례를 살펴보자. 회원별 신용카드 이용 실적을 월별로 계산한 후, 대응 가로병합(match-merging)을 수행하면 데이터셋에는 결측치가 군데군데 발생할 개연성이 크다. 회원 개개인은 월별로 신용카드를 항상 사용하는 것이 아니기 때문에, 월별 실적 집계 대상 회원이 달라지는 데서 이러한 현상이 발생한다. 다음은 회원별 결측치를 0으로 보정하는 프로그램이다.

SAS 프로그램

```
data ArrayTest;
   set ArrayRaw;
   array use{*} _numeric_;
   do i=1 to dim(use);
      if use{i}=. then use{i}=0;
   end;
   drop i;
run;
```

데이터셋 내에 존재하는 모든 수치형 변수를 배열에 할당하기 위해 묵시적 배열 지정 방식을 사용한다. 이와 같은 상황에서는 배열에 할당될 변수의 개수 파악이 힘들기 때문에 DATA 스텝 함수 DIM을 사용하여 배열 원소 개수를 파악한다는 것을 알아두자.

10.1.4. 배열을 활용한 변수 생성

ARRAY 구문에 지정된 변수가 데이터셋에 존재하지 않더라도 배열 처리의 결과는 데이터셋에 저장된다. 배열 처리 결과가 저장될 변수명은 ARRAY 구문에서 각 배열 원소에 대응되는 변수명의 지정여부에 따라 달라진다.

[표 10.4]는 배열을 활용한 변수 생성 방식을 구분한 것이다. 배열 원소에 대응되는 변수명을 지정하지 않았을 경우, **"배열명+원소번호"**의 규칙으로 변수가 자동 생성된다는 것을 기억하자.

표 10.4 배열을 활용한 변수 생성 방식

방 식	예 시	생성변수명
변수명 미지정	array wt{4};	wt1 wt2 wt3 wt4
변수명 지정	array wt{4} jan apr jul oct;	jan apr jul oct

프로그램 10.10 **(배열 활용 예시(3) - 배열명에 기초한 변수 생성)**

SAS 데이터셋 WEIGHT는 체형클리닉 내원 환자들의 몸무게를 6주간 측정한 결과이다. 이 데이터를 활용하여 환자들의 주별 몸무게 증감 수치를 구하고자 한다.

데이터셋 WEIGHT

Name	Weight1	Weight2	Weight3	Weight4	Weight5	Weight6
김선아	153.4	151.9	151.7	148.6	145.5	145.9
문근영	116.0	116.0	114.0	111.1	109.8	108.2
정려원	151.2	149.0	147.7	146.4	145.1	143.7
심혜진	149.0	146.8	145.5	144.2	142.9	141.5
이지현	140.2	137.8	136.5	135.4	134.0	128.3

주별 몸무게 증감을 계산하기 위해 ARRAY 구문을 활용하여 몸무게 측정값을 배열 WT에 할당하자. 몸무게의 변동을 계산하기 위해 변수를 지정하지 않은 ARRAY구문을 활용한다. 이 예제에서는 6주간의 몸무게가 기록되어 있으므로, 각각의 차이를 5번 계산할 수 있다. 따라서, 5개의 원소를 갖는 배열 wtdiff를 정의한다.

SAS 프로그램

```
data hrd.diff;
   set hrd.convert;
   array WT{6} weight1-weight6;
   array WtDiff{5};
```

이제, 각 몸무게 간의 차이를 계산하기 위해 DO 루프를 사용할 수 있다. 각각의 WtDiff(i) 값들은 wt(i+1)에서 wt(i)를 뺀 값으로 계산할 수 있다. 따라서, 인덱스 변수를 조정하는 방식으로 해당 배열 원소를 쉽게 참조할 수 있다. 작성 완료된 프로그램은 다음과 같다.

SAS 프로그램

```
data hrd.diff;
   set hrd.convert;
   array wt{6} weight1-weight6;
   array WgtDiff{5};
   do i=1 to 5;
     wgtdiff(i)=wt(i+1)-wt(i);
   end;
run;
```

결과 데이터셋의 일부는 다음과 같다.

데이터셋 DIFF

Name	WgtDiff1	WgtDiff2	WgtDiff3	WgtDiff4	WgtDiff5
김선아	-1.54322	-0.22046	-3.08644	-3.08644	0.44092
문근영	0.00000	-1.98414	-2.86598	-1.32276	-1.54322
정려원	-2.20460	-1.32276	-1.32276	-1.32276	-1.32276

Note 이 예제에서는 변수 생성용 배열을 정의하기 위한 ARRAY 구문에 변수명을 지정하지 않았다. 따라서, 생성된 변수는 배열명+첨자번호의 규칙에 의해 WtDiff1, WtDiff2,…,WtDiff5로 설정된다. 다음 프로그램과 같이 해당 ARRAY 구문에 변수명을 설정하면 각각의 배열 원소는 설정된 변수명의 순서와 대응되어 처리를 수행한다.

```
data diff;
   set weight;
   array wt{6} weight1-weight6;
   array WgtDiff{5} d3 d6 d9 d12 d15;
   do i=1 to 5;
     wgtdiff(i)=wt(i+1)-wt(i);
   end;
run;
```

10.1.5. 배열 초기값 할당

배열을 정의할 때 배열의 원소에 대한 **초기값(initial value)**를 할당하는 것이 유용할 수 있다. 배열의 초기값을 할당하려면 [표 10.5]에 제시된 규칙을 따른다.

표 10.5 배열의 초기값 지정 규칙

순번	규 칙	예 시
1	배열의 원소 뒤에 초기값을 지정한다. 이때 대응되는 배열의 원소에 해당하는 각각의 초기값이 지정된다.	array goal{4} g1 g2 g3 g4 (9000 9300 9600 9900);
2	각 초기값들은 쉼표 또는 빈칸으로 구분한다.	array goal{4} g1 g2 g3 g4 (9000 9300 9600 9900);
3	초기값들은 괄호로 감싸준다.	array goal{4} g1 g2 g3 g4 (9000 9300 9600 9900);
4	문자열을 초기값로 지정할 경우에는 따옴표로 감싸준다.	array col{3} $ c1-c3 ('red','green','blue');

Note 배열의 원소를 지정하지 않더라도 초기값을 할당하는 것이 가능하다. 배열 원소와 대응되는 변수명이 지정되지 않은 경우의 변수 생성 규칙은 [10.1.4절]을 참고하자.

프로그램 10.11 **(배열 활용 예시 (4) - 배열 초기값 설정 예시)**

배열 초기값을 설정하는 예제를 살펴보자. 연초의 판매 목표와 데이터셋 QSALES 내에 있는 실제 판매량을 비교하는 작업을 한다고 가정한다. 데이터셋 QSALES 내에 판매 목표는 저장되어 있지 않다.

다음 프로그램은 요약 데이터셋 REPORT의 생성을 위해 데이터셋 QSALES를 읽는 것이다. ARRAY 구문은 분기별 판매 데이터를 처리하기 위한 배열을 생성한다.

SAS 프로그램

```
data finance.report;
   set finance.qsales;
   array sale{4} sales1-sales4;
```

실제 판매량과 판매 목표를 비교하기 위해서는 반드시 판매 목표로 구성된 변수를 생성하고 값을 할당해야 한다.

SAS 프로그램

```
data finance.report;
   set finance.qsales;
   array sale{4} sales1-sales4;
   array Goal{4} (9000 9300 9600 9900);
```

세 번째 ARRAY 구문은 실제판매량과 판매목표의 비교를 저장하기 위한 변수 Achieved1부터 Achieved4까지 생성한다.

SAS 프로그램

```
data finance.report;
   set finance.qsales;
   array sale{4} sales1-sales4;
   array Goal{4} (9000 9300 9600 9900);
   array Achieved{4};
```

DO 루프는 배열 Achieved의 각 원소의 값을 계산하기 위해 4번 반복한다. .

SAS 프로그램

```
data finance.report;
   set finance.qsales;
   array sale{4} sales1-sales4;
   array Goal{4} (9000 9300 9600 9900);
   array Achieved{4};
   do i=1 to 4;
      achieved(i)=100*sale(i)/goal(i);
   end;
run;
```

이 DATA 스텝이 수행되기 전에, DATA 스텝 옵션 DROP=을 사용하여 인덱스 변수인 i를 제거할 수 있다.

SAS 프로그램

```
data finance.report(drop=i);
   set finance.qsales;
   array sale{4} sales1-sales4;
   array Goal{4} (9000 9300 9600 9900);
   array Achieved{4};
   do i=1 to 4;
      achieved(i)=100*sale(i)/goal(i);
   end;
run;
```

이는 간단한 테이블 룩업(lookup)의 예제이다. 결과 데이터셋은 QSALES에 존재하는 데이터와 ARRAY 구문에 의해 생성된 8개의 변수가 추가로 저장된다.

데이터셋 REPORT

SalesRep	Sales1	Sales2	Sales3	Sales4	Goal1	Goal2
Britt	8400	8800	9300	9800	9000	9300
Fruchten	9500	9300	9800	8900	9000	9300
Goodyear	9150	9200	9650	11000	9000	9300

Goal3	Goal4	Achieved1	Achieved2	Achieved3	Achieved4
9600	9900	93.333	94.624	96.875	98.990
9600	9900	105.556	100.000	102.083	89.899
9600	9900	101.667	98.925	100.521	111.111

10.1.6. 임시 배열 처리

[프로그램 10.11]에서 ARRAY 구문 내에 할당된 초기값이 있는 변수들은 자동적으로 초기값이 유지(retain)된다. 변수 Goal1~Goal4는 변수 Achieved1~Achieved4를 계산할 때만 필요하기 때문에, 데이터셋에 굳이 저장할 필요는 없다. 이와 같은 상황에서는 **임시 배열(temporary array)**을 사용하면 편리하다.

새로운 변수들을 생성하지 않고 DATA 스텝 처리를 위한 임시 배열을 생성하려 할 경우는 배열 이름과 차원 뒤에 _TEMPORARY_를 지정한다.

[배열 처리 - 임시 배열 처리]

```
ARRAY array-name{dim} <$ length> _temporary_ <(initial-values)>;
```

· array-name : 배열의 이름을 지정한다.

_TEMPORARY_를 설정한 배열 처리 결과는 데이터셋에 저장되지 않는다. 따라서, 임시 배열은 배열 처리가 특정 계산의 중간과정으로만 사용되는 경우에 유용

하다. 또한, 배열 처리 결과가 데이터셋에 저장되지 않기 때문에, 그에 해당하는 데이터 입출력 시간이 줄어들게 되므로 프로그램 수행 시간을 개선할 수 있는 장점이 있다.

프로그램 10.12 **(배열 활용 예시(5) - 임시 배열의 활용)**

〔프로그램 10.11〕에서 살펴본 예제에서 분기별 목표 매출액을 설정하기 위해 사용한 배열 Goal을 데이터셋에 저장할 필요가 없다고 하자. 이를 위해서는 배열 Goal을 임시 배열로 설정할 필요가 있다. 다음 프로그램은 배열 Goal을 임시배열로 설정하기 위해 예약어 _temporary_를 사용한 예제 및 결과이다.

데이터셋 QSALES

SalesRep	Sales1	Sales2	Sales3	Sales4
Britt	8400	8800	9300	9800
Fruchten	9500	9300	9800	8900
Goodyear	9150	9200	9650	11000

SAS 프로그램

```
data report;
   set qsales;
   array sale{4} sales1-sales4;
   array goal{4} _temporary_ (9000 9300 9600 9900);
   array Achieved{4};
   do i=1 to 4;
      achieved(i)=100*sale(i)/goal(i);
   end;
run;
```

결과를 보면 〔프로그램 10.11〕의 결과와는 달리 분기별 목표 관련 변수 Goal1~Goal4가 저장되어 있지 않다는 것을 확인할 수 있다.

데이터셋 REPORT

SalesRep	Sales1	Sales2	Sales3	Sales4
Britt	8400	8800	9300	9800
Fruchten	9500	9300	9800	8900
Goodyear	9150	9200	9650	11000

Achieved1	Achieved2	Achieved3	Achieved4
93.333	94.624	96.875	98.990
105.556	100.000	102.083	89.899
101.667	98.925	100.521	111.111

10.2. 다차원 배열의 사용

지금까지 일차원 배열을 어떻게 활용하는지 익혔다. 이와 비슷하게 **다차원 배열**(multidimensional arrays)은 테이블 구조로 변수들을 그룹화할 수 있다. 이 절에서는 다차원 배열의 특수한 형태인 이차원 배열을 어떻게 정의하고 사용하는지에 대해 배운다.

[배열 처리 - 이차원 배열 생성]

```
ARRAY array-name{dim1,dim2} <$ length> elements <(initial-values)>;
```

- array-name : 배열의 이름을 지정한다.
- dim1 : 2차원 배열의 행 원소(row element) 개수를 지정한다. 기본값은 1이다.
- dim2 : 2차원 배열의 열 원소(column element) 개수를 지정한다. 기본값은 1이다.
- $: 문자형 변수로 구성된 배열을 지정한다.
- length : 문자형 배열 생성에서 각 원소의 길이를 지정한다.
- elements : 배열 내에 할당될 변수를 나열한다.
- initial-values : 배열에 대한 초기값을 지정한다.

이차원 배열은 일차원으로 늘어서 있는 데이터셋 변수들을 행렬의 형태로 재배치한다. [그림 10.5]는 이차원 배열에 지정된 변수들이 어떻게 배열 원소로 저장되는지를 묘사한 그림이다.

	의미
array new{3,4} x1 x2 x3 x4 x5 x6 x7 x8 x9 x10 x11 x12;	X1 X2 X3 X4 (음영) / X5 X6 X7 X8 / X9 X10 X11 X12
array new{3,4} x1 x2 x3 x4 x5 x6 x7 x8 x9 x10 x11 x12;	X1 X2 X3 X4 / X5 X6 X7 X8 (음영) / X9 X10 X11 X12

그림 10.5 이차원 배열의 원소 할당 과정

[표 10.6]은 ARRAY 구문에서 이차원 배열 정의에 사용된 개별 구성요소들의 의미를 정리한 것이다.

표 10.6 이차원 배열의 구성 요소 및 의미

구 성 요 소	의 미
이차원 배열 내에서 두 차원은 테이블의 행과 열로 생각할 수 있다. `array new{3,4} x1-x12;`	열(column) 행(row) X1 X2 X3 X4 X5 X6 X7 X8 X9 X10 X11 X12
ARRAY 구문내의 첫 번째 차원은 행의 수를 지정한다. `array new{3,4} x1-x12;`	X1 X2 X3 X4 X5 X6 X7 X8 X9 X10 X11 X12
두 번째 차원은 열의 수를 지정한다. `array new{3,4} x1-x12;`	X1 X2 X3 X4 X5 X6 X7 X8 X9 X10 X11 X12

차원의 지정을 통해 특정 원소를 참조한다.
`array new{3,4} x1-x12;`
`new(2,3)=0;`
	X1 X2 X3 X4
	X5 X6 X7 X8
	X9 X10 X11 X12

다차원 배열은 일반적으로 **포개진 DO 루프(nested DO loops)** 또는 함께 사용되거나, 룩업 처리(lookup process)를 위한 IF-THEN/ELSE 구문과 함께 주로 사용된다. 각각의 응용 방법에 대한 예제를 살펴보자.

프로그램 10.13 **(배열 활용 예시(6) - 변수값의 부분 요약)**

SAS 데이터셋 Monthly에는 회사의 월별 매출액이 저장되어 있다. 이에 기반하여 회사의 분기별 매출액 자료로 구성된 새로운 데이터셋 Quarterly를 생성하자. 변수 M1부터 M12를 3개월씩 분기 단위로 묶기 위해 3열 4행으로 구성된 배열 Quarter를 정의한다. 또한 이차원 배열 Quarter를 활용하여 계산한 분기 매출액 합계를 저장하기 위해 일차원 배열 Qtr을 정의한다. 다음 그림은 배열 처리 절차를 묘사한 것이다.

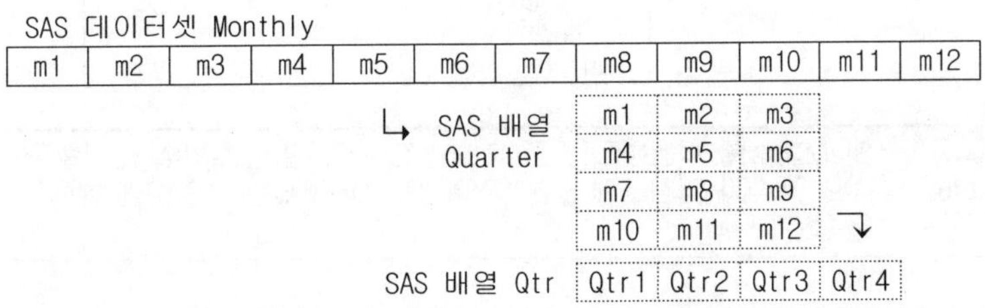

이제 프로그램 작성을 위해 고려해야 하는 사항을 순차적으로 살펴보자.

1. 포개진 DO 루프는 변수 Month1-Month12의 값을 참조하고 변수 Qtr1-Qtr4의 값을 계산하기 위해 사용된다.
2. 변수 i와 j는 루프 처리에만 사용되기 때문에, DROP= 옵션으로 데이터셋 Quarters로부터 제거한다.
3. 배열 Qtr내의 각 원소는 배열 m내 동일 행의 합으로 구성된다. 따라서, 배열 Qtr내 원소의 수는 배열 m의 첫번째 차원(즉, 배열 m내의 행 수)과 일치해야 한다.
4. 첫 번째 DO루프가 실행되면 배열 Qtr의 개별 원소들에 대해 각각 실행된다. 할당구문 qtr(i)=0는 첫번째 DO 루프의 각 반복이후에 qtr(i)의 값을 0으로 설정한다. 이를 사용하지 않았을 경우, Qtr1, Qtr2, Qtr3, Qtr4의 값은 DATA 스텝의 반복시 직전의 값이 그대로 남아 있어 값이 제대로 계산되지 않을 수 있다.
5. 두 번째 DO 루프는 분기별 3회 연산을 실시해야 하기 때문에 배열 M의 두 번째 차원(즉, 배열 M의 열의 수)과 동일한 횟수로 실행한다.

완성된 프로그램은 다음과 같다. 이 프로그램의 컴파일 및 내부 처리 절차에 대해서는 〔10.4.1절〕에서 상세히 살펴본다.

데이터셋 MONTHLY

Year	M1	M2	M3	M4	M5	M6	M7	M8	M9	M10	M11	M12
2001	6560	6430	7437	6511	6447	6313	6036	5738	5321	5845	6225	6328
2002	5597	5090	5945	5331	6058	5385	5450	5442	5491	5484	6051	6158
2003	5616	5022	5456	4889	6055	5886	5909	5837	5989	6183	6805	6539

SAS 프로그램

```
data quarters(drop=i j);
   set monthly;
   array m{4,3} m1-m12;
   array Qtr{4};
   do i=1 to 4;
      qtr(i)=0;
      do j=1 to 3;
         qtr(i)+m(i,j);
      end;
   end;
run;
```

Note

SUM함수를 사용한다면 굳이 배열로 이와 같은 처리를 실시할 필요는 없다. 단, 변수의 개수가 엄청나게 많은 경우라면, 이 예제는 프로그램 분량을 줄이는 데 도움이 될 것이다.

프로그램 10.14 **(배열 활용 예시(7) - 룩업 처리)**

학생의 중간 및 기말고사 성적이 SAS 데이터셋 Score에 저장되어 있다. 데이터셋에는 성명(Name), 중간고사점수(Middle), 기말고사점수(Final)로 구성되어 있다.

SAS 데이터셋 Score

Obs	Name	Middle	Final
1	안상욱	80	24
2	김재환	48	95
3	송현수	72	72
4	김영실	84	96
5	한정임	86	85

학생 대상 강의 평가에서 중간고사와 기말고사 간의 난이도에 상당한 편차가 있다는 의견이 제시되어, 난이도를 고려한 보정 점수를 활용하여 성적을 부여하기로 결정하였다. 결정된 보정 점수표는 다음과 같다.

중간 \ 기말	~39	40~64	65~79	80~
~19	F	D	D+	B
20~39	D	C	C+	B+
40~59	D+	C+	B	A
60~	B	B+	A	A+

보정 점수표는 ARRAY 구문을 활용하여 4행 4열로 구성된 2차원 배열로 설정될 것이다. 고정된 값으로 룩업처리를 수행하기 때문에, 예약어 _TEMPORARY_를 활용하여 임시배열로 설정하고, 보정 점수표에 제시된 값으로 초기값을 지정한다. 프로그램은 다음과 같다.

SAS 프로그램

```
data grade;
   array score_board{4,4} $ _temporary_ ('F','D','D+','B',
                                         'D','C','C+','B+',
                                         'D+','C+','B','A',
                                         'B','B+','A','A+');
   set score;
   if      middle < 20 then row = 1;
   else if middle < 40 then row = 2;
   else if middle < 60 then row = 3;
   else                     row = 4;
   if      final  < 40 then col = 1;
   else if final  < 65 then col = 2;
   else if final  < 80 then col = 3;
   else                     col = 4;
   Grade = score_board{row,col};
run;
```

중간고사 및 기말고사 점수의 조합에 따라 배열의 참조할 행과 열이 결정되고, 할당 구문에 의해 배열 원소가 성적으로 배정된다. 프로그램 출력 결과는 다음과 같다.

데이터셋 GRADE

name	middle	final	row	col	Grade
안상욱	40	44	3	2	C+
김재환	48	75	3	3	B
송현수	72	72	4	3	A
김영실	86	85	4	4	A+
한정임	84	68	4	3	A

이 프로그램의 컴파일 및 내부 처리 절차에 대해서는 [10.4.2절]에서 상세히 살펴본다.

10.3. 1차원 배열의 내부 처리 과정

지금까지 배열의 활용을 위한 ARRAY 구문 및 DO 루프의 활용방법을 살펴보았다. 그러면, 배열이 사용된 DATA 스텝의 컴파일 및 수행 단계를 살펴보자.

DO 루프내에서 사용할 때, 반복 DO 구문의 인덱스 값을 배열의 각 원소를 참조하는 데 사용할 수 있다. [그림 10.6]은 분기별 목표 매출을 계산하기 위해 실제 예측 매출액의 120%를 계산하도록 구성된 DO 루프이다.

```
data ArrayTest;
   set ArrayRaw;
   array quarter{4} jan apr jul oct;
   do i=1 to 4;
      quarter{i}=quarter{i}*1.2;
   end;
run;
```

그림 10.6 배열이 적용된 DATA 스텝 프로그램

DATA 스텝 프로그램의 컴파일이 진행되면 데이터셋 Arraytest의 생성을 위한 PDV가 생성된다.

PDV

_N_	Part	Jan	Apr	Jul	Oct	i
1		.	.	.	.	.

그림 10.7 [Step 1] PDV 생성

PDV가 생성되면 DATA 스텝은 컴파일된 프로그램의 문법 오류를 검사한다. ARRAY 구문에 문법 오류가 존재한다면 로그에 오류메시지를 출력하고 프로그램 수행을 종료할 것이다. 문법 오류가 존재하지 않으면 다음 단계로 배열원소의 인덱스가 할당된다.

PDV

		Quarter(1)	Quarter(2)	Quarter(3)	Quarter(4)	
_N_	Part	Jan	Apr	Jul	Oct	i
1		.	.	.	.	.

그림 10.8 [Step 2] 배열 인덱스와 관련 변수의 연결

DATA 스텝의 최초 반복이 진행되면 데이터셋 Arraytest 내의 첫 번째 관측치가 PDV 내에 입력된다. 배열명 및 배열참조명은 PDV 내에 포함되어 있지 않다는 것에 주의하자. ARRAY구문은 컴파일 시점에서 배열 참조명과 변수의 대응 정보만을 메모리에 저장하기 때문에 수행단계에서 작성되는 PDV에는 배열관련 정보가 작성되지 않는다.

PDV

		Quarter(1)	Quarter(2)	Quarter(3)	Quarter(4)	
_N_	Part	Jan	Apr	Jul	Oct	i
1	Marketing	100	95	102	130	.

그림 10.9 [Step 3] PDV 내 데이터 입력

다음 단계로 DO 루프가 처리된다. DO 루프의 최초 반복에서 인덱스 변수 i는 1로 정의된다. 이에 따라 배열참조 quarter(i)는 quarter(1)이 된다. quarter(1)은 배열의 첫 번째 원소와 대응되는 변수 Jan이며, 이 값에 120% 변환이 수행된다.

```
data ArrayTest;
   set ArrayRaw;
   array quarter{4} jan apr jul oct;
   do i=1 to 4;
      quarter{i}=quarter{i}*1.2;
   end;      ↑       ↑
run;         1       1
```

PDV

		Quarter(1)	Quarter(2)	Quarter(3)	Quarter(4)	
_N_	Part	Jan	Apr	Jul	Oct	i
1	Marketing	120	95	102	130	1

그림 10.10 [Step 4] 배열의 첫 번째 원소 처리

이 과정은 DO 루프가 종료될 때까지 반복된다.

```
data ArrayTest;
   set ArrayRaw;
   array quarter{4} jan apr jul oct;
   do i=1 to 4;
      quarter{i}=quarter{i}*1.2;
   end;         ↑          ↑
run;            4          4
```

PDV

		Quarter(1)	Quarter(2)	Quarter(3)	Quarter(4)	
_N_	Part	Jan	Apr	Jul	Oct	i
1	Marketing	120	104	122.4	156	5

그림 10.11 [Step 5] 배열의 마지막 원소 처리

10.4. 다차원 배열의 내부 처리 과정

10.4.1. 2차원 배열의 내부 처리 절차

[프로그램 10.13]에서 살펴본 포개진 DO 루프가 이차원 배열을 어떻게 처리하는지 살펴보자. DATA 스텝이 컴파일되면 PDV가 생성된다. PDV는 Year와 M1-M12 및 새로 생성될 변수들인 Qtr1-Qtr4로 구성된다.

```
data quarters(drop=i j m1-m12);
   set monthly;
   array m{4,3} m1-m12;
   array Qtr{4};
   do i=1 to 4;
     qtr(i)=0;
      do j=1 to 3;
         qtr(i)=qtr(i)+m(i,j);
      end;
   end;
run;
```

PDV

_n_	Year	m1	m2	m3	m4	m5	m6	m7	m8
.	.	.	.	.	.	.	.	.	.

m9	m10	m11	m12	Qtr1	Qtr2	Qtr3	Qtr4	i	j
.	.	.	.	.	.	.	.	.	.

그림 10.12 [Step 1] PDV 생성

DATA 스텝이 처음 수행되는 동안 데이터셋 MONTHLY의 첫 번째 관측치 값이 프로그램 데이터 벡터에 입력된다. 첫 번째 DO 루프가 처음 실행되었을 때, 인덱스 변수 i는 1로 설정된다.

```
data quarters(drop=i j m1-m12);
   set monthly;
   array m{4,3} m1-m12;
   array Qtr{4};
   do i=1 to 4;           →  i=1
     qtr(i)=0;
      do j=1 to 3;
         qtr(i)=qtr(i)+m(i,j);
      end;
   end;
run;
```

PDV

_n_	Year	m1	m2	m3	m4	m5	m6	m7	m8
1	2001	6560	6430	7437	6511	6447	6313	6036	5738

m9	m10	m11	m12	Qtr1	Qtr2	Qtr3	Qtr4	i	j
5321	5845	6225	6328	·	·	·	·	1	·

그림 10.13 [Step 2] PDV 내 데이터 입력

포개진 DO 루프의 첫 번째 반복이 진행되는 동안 m(i,j)에 의해 참조된 Month1의 값이 Qtr1에 더해진다.

```
data quarters(drop=i j m1-m12);
   set monthly;
   array m{4,3} m1-m12;
   array Qtr{4};
   do i=1 to 4;                    → i=1
     qtr(i)=0;
     do j=1 to 3;                  → j=1
         qtr(i)=qtr(i)+m(i,j);  → qtr(1)=qtr(1)+m(1,1);
      end;
   end;
run;
```

PDV

_n_	Year	m1	m2	m3	m4	m5	m6	m7	m8
1	2001	6560	6430	7437	6511	6447	6313	6036	5738

m9	m10	m11	m12	Qtr1	Qtr2	Qtr3	Qtr4	i	j
5321	5845	6225	6328	6560	·	·	·	1	1

그림 10.14 [Step 3] 내부 DO 루프의 최초 처리 (qtr(1)=qtr(1)+m(1,1))

두 번째 반복이 진행되면, m(i,j)에 의해 참조된 변수 Month2의 값이 Qtr1에 더해진다.

```
data quarters(drop=i j m1-m12);
   set monthly;
   array m{4,3} m1-m12;
   array Qtr{4};
   do i=1 to 4;                  → i=1
     qtr(i)=0;
     do j=1 to 3;                → j=2
        qtr(i)=qtr(i)+m(i,j);  → qtr(1)=qtr(1)+m(1,2);
      end;
   end;
run;
```

PDV

_n_	Year	m1	m2	m3	m4	m5	m6	m7	m8
1	2001	6560	6430	7437	6511	6447	6313	6036	5738

m9	m10	m11	m12	Qtr1	Qtr2	Qtr3	Qtr4	i	j
5321	5845	6225	6328	12990	·	·	·	1	2

그림 10.15 [Step 4] 내부 DO 루프의 두 번째 처리 (qtr(1)=qtr(1)+m(1,2))

포개진 DO 루프는 인덱스 변수 J가 최종 반복값인 3을 초과할 때까지 계속 수행된다. 포개진 DO 루프의 실행이 완료되면 1분기의 총 판매량인 Qtr1이 계산되어 있다.

```
data quarters(drop=i j m1-m12);
   set monthly;
   array m{4,3} m1-m12;
   array Qtr{4};
   do i=1 to 4;                  → i=1
     qtr(i)=0;
     do j=1 to 3;                → j=3
        qtr(i)=qtr(i)+m(i,j);  → qtr(1)=qtr(1)+m(1,3);
      end;
   end;
run;
```

PDV

_n_	Year	m1	m2	m3	m4	m5	m6	m7	m8
1	2001	6560	6430	7437	6511	6447	6313	6036	5738

m9	m10	m11	m12	Qtr1	Qtr2	Qtr3	Qtr4	i	j
5321	5845	6225	6328	20427	·	·	·	1	3

그림 10.16 [Step 5] 내부 DO 루프의 마지막 처리 (qtr(1)=qtr(1)+m(1,3))

바깥쪽 DO 루프는 i를 2로 증가시킨다. 앞에서 살펴본 바와 같이 처리는 배열 원소 Qtr2와 배열 m의 원소 Month4-Month6에 대해 계속 진행된다.

```
data quarters(drop=i j m1-m12);
   set monthly;
   array m{4,3} m1-m12;
   array Qtr{4};
   do i=1 to 4;              → i=2
      qtr(i)=0;
      do j=1 to 3;           → j=1
         qtr(i)=qtr(i)+m(i,j);
      end;
   end;
run;
```

PDV

_n_	Year	m1	m2	m3	m4	m5	m6	m7	m8
1	2001	6560	6430	7437	6511	6447	6313	6036	5738

m9	m10	m11	m12	Qtr1	Qtr2	Qtr3	Qtr4	i	j
5321	5845	6225	6328	20427	6511	.	.	2	1

그림 10.17 [Step 6] 외부 DO 루프의 두 번째 처리 결과

바깥쪽 DO 루프가 실행을 완료한 후, DATA 스텝의 종료시점에 도달하고, 첫 번째 관측치에 해당하는 변수의 값들이 데이터셋에 저장된다.

```
data quarters(drop=i j m1-m12);
   set monthly;
   array m{4,3} m1-m12;
   array Qtr{4};
   do i=1 to 4;          → i=5 (반복종료)
      qtr(i)=0;
      do j=1 to 3;
         qtr(i)=qtr(i)+m(i,j);
      end;
   end;
run;
```

PDV

_n_	Year	m1	m2	m3	m4	m5	m6	m7	m8
1	2001	6560	6430	7437	6511	6447	6313	6036	5738

m9	m10	m11	m12	Qtr1	Qtr2	Qtr3	Qtr4	i	j
5321	5845	6225	6328	20427	19271	17095	18398	5	4

그림 10.18 [Step 7] 이차원 배열 처리 완료

지금까지 DATA 스텝의 처리 과정을 그림과 함께 살펴보았다. 분기별로 계산된 판매량으로 구성한 결과 데이터셋은 [그림 10.19]와 같다.

데이터셋 QUARTERS

```
Year  Qtr1   Qtr2   Qtr3   Qtr4
1999  20427
2000
2001  20427  19271  17095  18398
```

그림 10.19 최종 데이터셋

10.4.2. 임시 2차원 배열의 내부 처리 절차

[프로그램 10.14]에서는 임시 2차원 배열을 활용한 룩업 처리를 다루었다. 임시 배열은 메모리 영역에만 생성되며, PDV에 배열 관련 값을 저장하지 않는 특징이 있다. 그러면, 컴파일 단계의 처리과정을 순서대로 살펴보기로 하자.

```
data grade;
   array score_board{4,4} $ _temporary_
                        ('F','D','D+','B',
                         'D','C','C+','B+',
                         'D+','C+','B','A',
                         'B','B+','A','A+');
   set score;
   if      middle < 20 then row = 1;
   else if middle < 40 then row = 2;
   else if middle < 60 then row = 3;
   else                     row = 4;
   if      final  < 40 then col = 1;
   else if final  < 65 then col = 2;
   else if final  < 80 then col = 3;
   else                     col = 4;
   Grade = score_board{row,col};
run;
```

그림 10.20 임시 이차원 배열을 활용한 SAS DATA 스텝 프로그램

컴파일 단계에서 ARRAY 구문은 메모리에 SCORE_BOARD 배열을 생성한다. 예약어 _TEMPORARY_가 지정되었기 때문에 PDV에 배열이 저장되지 않는다.

```
data grade;
   array score_board{4,4} $ _temporary_
                        ('F','D','D+','B',
                         'D','C','C+','B+',
                         'D+','C+','B','A',
                         'B','B+','A','A+');
   set score;
   if      middle < 20 then row = 1;
   else if middle < 40 then row = 2;
   else if middle < 60 then row = 3;
   else                     row = 4;
   if      final  < 40 then col = 1;
   else if final  < 65 then col = 2;
   else if final  < 80 then col = 3;
   else                     col = 4;
   Grade = score_board{row,col};
run;
```

데이터셋 SCORE

성명	Middle	Final
안상욱	80	24
김재환	48	95
김영실	84	96
한정임	86	64

배열 Score_Board

기말 / 중간	~39	40~64	65~79	80~
~19	F	D	D+	B
20~39	D	C	C+	B+
40~59	D+	C+	B	A
60~	B	B+	A	A+

PDV

_N_	Name	Middle	Final	row	col	Grade

그림 10.21 [Step 1] 임시 배열의 메모리 저장

수행 단계가 시작되면, SAS 데이터셋 SCORE의 첫 번째 관측치에 해당하는 변수 Name, Middle, Final의 값이 PDV에 기록된다.

```
data grade;
   array score_board{4,4} $ _temporary_
                        ('F','D','D+','B',
                         'D','C','C+','B+',
                         'D+','C+','B','A',
                         'B','B+','A','A+');
   set score;
   if       middle < 20 then row = 1;
   else if middle < 40 then row = 2;
   else if middle < 60 then row = 3;
   else                     row = 4;
   if       final  < 40 then col = 1;
   else if final  < 65 then col = 2;
   else if final  < 80 then col = 3;
   else                     col = 4;
   Grade = score_board{row,col};
run;
```

데이터셋 SCORE

Name	Middle	Final
안상욱	80	24
김재환	48	95
김영실	84	96
한정임	86	64

배열 Score_Board

중간 \ 기말	~39	40~64	65~79	80~
~19	F	D	D+	B
20~39	D	C	C+	B+
40~59	D+	C+	B	A
60~	B	B+	A	A+

PDV

_N_	Name	Middle	Final	row	col	Grade
1	안상욱	80	24	.	.	

그림 10.22 [Step 2] 첫 번째 관측치의 PDV 입력

PDV에 데이터 입력이 완료되면, 변수 Middle에 적용된 IF-THEN/ELSE 구문이 룩업 배열의 행번호를 결정한다. 해당 변수의 값이 80이므로 행번호 변수 Row에는 4를 할당한 후 PDV에 기록한다.

```
data grade;
   array score_board{4,4} $ _temporary_
                        ('F','D','D+','B',
                         'D','C','C+','B+',
                         'D+','C+','B','A',
                         'B','B+','A','A+');
   set score;
   if       middle < 20 then row = 1;
   else if middle < 40 then row = 2;
   else if middle < 60 then row = 3;
   else                     row = 4;
   if       final  < 40 then col = 1;
   else if final  < 65 then col = 2;
   else if final  < 80 then col = 3;
   else                     col = 4;
   Grade = score_board{row,col};
run;
```

데이터셋 SCORE

Name	Middle	Final
안상욱	80	24
김재환	48	95
김영실	84	96
한정임	86	64

배열 Score_Board

중간 \ 기말	~39	40~64	65~79	80~
~19	F	D	D+	B
20~39	D	C	C+	B+
40~59	D+	C+	B	A
60~	B	B+	A	A+

PDV

_N_	Name	Middle	Final	row	col	Grade
1	안상욱	80	24	4	.	

그림 10.23 [Step 3] 데이터에 기초한 룩업 배열의 행 참조값 할당

다음으로, 변수 Final에 적용된 IF-THEN/ELSE 구문이 룩업 배열의 열번호를 결정한다. 해당 변수의 값이 24이므로 열번호 변수 Col에 1이 할당된다.

```
data grade;
   array score_board{4,4} $ _temporary_
                       ('F','D','D+','B',
                        'D','C','C+','B+',
                        'D+','C+','B','A',
                        'B','B+','A','A+');
   set score;
   if      middle < 20 then row = 1;
   else if middle < 40 then row = 2;
   else if middle < 60 then row = 3;
   else                     row = 4;
   if      final  < 40 then col = 1;
   else if final  < 65 then col = 2;
   else if final  < 80 then col = 3;
   else                     col = 4;
   Grade = score_board{row,col};
run;
```

데이터셋 SCORE

Name	Middle	Final
안상욱	80	24
김재환	48	95
김영실	84	96
한정임	86	64

배열 Score_Board

기말 / 중간	~39	40~64	65~79	80~
~19	F	D	D+	B
20~39	D	C	C+	B+
40~59	D+	C+	B	A
60~	B	B+	A	A+

PDV

_N_	Name	Middle	Final	row	col	Grade
1	안상욱	80	24	4	1	

그림 10.24 [Step 4] 데이터에 기초한 룩업 배열의 열 참조값 할당

배열의 행번호와 열번호가 각각 4, 1로 결정되었다. 따라서 SAS는 배열 원소 Score_board{4,1}의 값인 B를 Grade에 할당한다.

```
data grade;
   array score_board{4,4} $ _temporary_
                       ('F','D','D+','B',
                        'D','C','C+','B+',
                        'D+','C+','B','A',
                        'B','B+','A','A+');
   set score;
   if      middle < 20 then row = 1;
   else if middle < 40 then row = 2;
   else if middle < 60 then row = 3;
   else                     row = 4;
   if      final  < 40 then col = 1;
   else if final  < 65 then col = 2;
   else if final  < 80 then col = 3;
   else                     col = 4;
   Grade = score_board{row,col};
run;
```

데이터셋 SCORE

Name	Middle	Final
안상욱	80	24
김재환	48	95
김영실	84	96
한정임	86	64

배열 Score_Board

기말 / 중간	~39	40~64	65~79	80~
~19	F	D	D+	B
20~39	D	C	C+	B+
40~59	D+	C+	B	A
60~	B	B+	A	A+

PDV

_N_	Name	Middle	Final	row	col	Grade
1	안상욱	80	24	4	1	B

그림 10.25 [Step 5] 룩업 배열의 행, 열 참조값에 기초한 룩업 처리

첫 번째 관측치에 대한 수행이 완료되었으므로, PDV에서 임시변수인 Row와 Col을 제외한 변수들을 출력 데이터셋 GRADE에 작성한다.

```
data grade;
   array score_board{4,4} $ _temporary_
                       ('F','D','D+','B',
                        'D','C','C+','B+',
                        'D+','C+','B','A',
                        'B','B+','A','A+');
   set score;
   if      middle < 20 then row = 1;
   else if middle < 40 then row = 2;
   else if middle < 60 then row = 3;
   else                     row = 4;
   if      final  < 40 then col = 1;
   else if final  < 65 then col = 2;
   else if final  < 80 then col = 3;
   else                     col = 4;
   Grade = score_board{row,col};
run;
```

데이터셋 SCORE

Name	Middle	Final
안상욱	80	24
김재환	48	95
김영실	84	96
한정임	86	64

배열 Score_Board

중간＼기말	~39	40~64	65~79	80~
~19	F	D	D+	B
20~39	D	C	C+	B+
40~59	D+	C+	B	A
60~	B	B+	A	A+

PDV

_N_	Name	Middle	Final	row	col	Grade
1	안상욱	80	24	4	1	B

데이터셋 GRADE

성명	Middle	Final	Grade
안상욱	80	24	B

그림 10.26 [Step 6] 룩업 처리 완료된 관측치의 데이터셋 저장

이러한 처리는 입력 데이터셋 SCORE의 마지막 관측치까지 반복된다. DATA 스텝의 수행이 끝나면 데이터셋 GRADE에는 관측치별 등급 부여 결과가 저장된다.

```
data grade;
   array score_board{4,4} $ _temporary_
                       ('F','D','D+','B',
                        'D','C','C+','B+',
                        'D+','C+','B','A',
                        'B','B+','A','A+');
   set score;
   if      middle < 20 then row = 1;
   else if middle < 40 then row = 2;
   else if middle < 60 then row = 3;
   else                     row = 4;
   if      final  < 40 then col = 1;
   else if final  < 65 then col = 2;
   else if final  < 80 then col = 3;
   else                     col = 4;
   Grade = score_board{row,col};
run;
```

데이터셋 SCORE

Name	Middle	Final
안상욱	80	24
김재환	48	95
김영실	84	96
한정임	86	64

배열 Score_Board

중간＼기말	~39	40~64	65~79	80~
~19	F	D	D+	B
20~39	D	C	C+	B+
40~59	D+	C+	B	A
60~	B	B+	A	A+

PDV

_N_	Name	Middle	Final	row	col	Grade
4	한정임	86	64	4	4	A

데이터셋 GRADE

Name	Middle	Final	Grade
안상욱	80	24	B
김재환	48	95	A
김영실	84	96	A+
한정임	86	85	B+

그림 10.27 [Step 7] 룩업 처리 완료된 데이터셋

Chapter 11

SAS 데이터셋의 병합

실무에서 접할 수 있는 데이터베이스는 주제 영역에 따라 달리 구축될 수 있으며, 데이터베이스 크기에 따라 동일한 주제가 일별, 월별로 관리되는 경우를 흔히 접할 수 있다. 이와 같이 원천 데이터가 서로 다른 파일에 저장되어 있는 상황이라면, 이 장에서 다룰 데이터셋 병합 기능을 반드시 익혀 두어야 한다.

SAS는 두 개 이상의 데이터셋을 기반으로 새로운 데이터셋을 생성하는 다양한 방법을 제공한다. 이 장에서는 SAS 데이터셋을 병합하는 방식인 단순 세로병합, 순차적 세로병합, 1-1 세로병합, 대응 가로병합에 대해 살펴본다. 또한, 대응 가로병합에서 반드시 이해해야 하는 관계형 데이터(relational data)의 개념도 다룬다.

이 장에서 다루는 데이터 조작 방법들을 잘 이해한다면, 최종 생성될 데이터셋의 형태를 독자 여러분들이 마음먹은 대로 제어할 수 있게 될 것이다.

11.1. 단순 세로병합

SET 구문을 이용한 SAS 데이터셋의 병합 시 가장 많이 쓰이는 방법으로, 한 데이터셋에 다른 데이터셋의 관측치를 추가하는 형태인 **단순세로병합(concatenating)**이 있다.

[데이터 병합 처리 - 단순세로병합]

```
DATA output-dataset-name;
   SET input-dataset-name_1 … input-dataset-name_n;
RUN;
```

- output-dataset-name : 생성할 데이터셋의 이름을 지정한다.
- input-dataset-name : 입력데이터셋의 이름을 지정한다.

데이터셋을 단순 세로병합할 경우, SET 구문 내에 나열된 데이터셋 내의 모든 관측치를 순차적으로 읽어들이는 절차를 반복한다. 새로운 데이터셋은 지정된 입력데이터셋 내에 존재하는 모든 변수 및 관측치들을 포함한다.

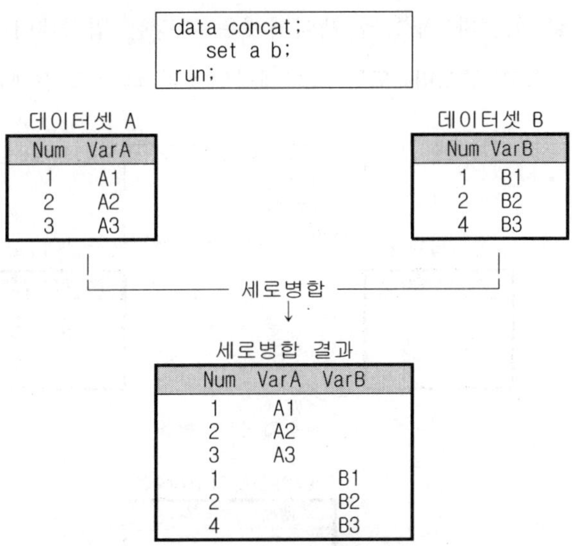

그림 11.1 단순 세로병합의 처리 절차

11.2. 순차적 세로병합

순차적 세로병합(interleaving)은 하나 또는 여러 개의 공통 변수에 기반하여 두 개 이상의 데이터셋으로부터 관측치를 읽어오는 방식이다. 순차적 세로병합을 수행하려면, SET 구문에 데이터셋의 이름을 나열하고 BY 구문에 하나 이상의 BY-변수를 지정한다.

[데이터 병합 처리 - 순차적 세로병합]

```
DATA output-dataset-name;
   SET input-dataset-name_1 … input-dataset-name_n;
   BY variable(s);
RUN;
```

· variable : 순차적 세로병합을 하기 위한 하나 이상의 변수를 지정한다.
· 각각의 입력데이터셋은 반드시 BY변수에 기반하여 정렬되어 있어야 한다.

SAS는 SET 구문에 지정된 데이터셋에 개별적으로 존재하는 모든 관측치들이 처리될 때까지 데이터셋 및 BY-변수가 나열된 순서대로 각 BY-그룹 내의 관측치를 순차적으로 읽는다. 병합된 데이터셋은 지정한 입력데이터셋에 존재하는 모든 변수들을 포함하고 있으며, 모든 입력데이터셋의 레코드 전체를 포함하고 있다.

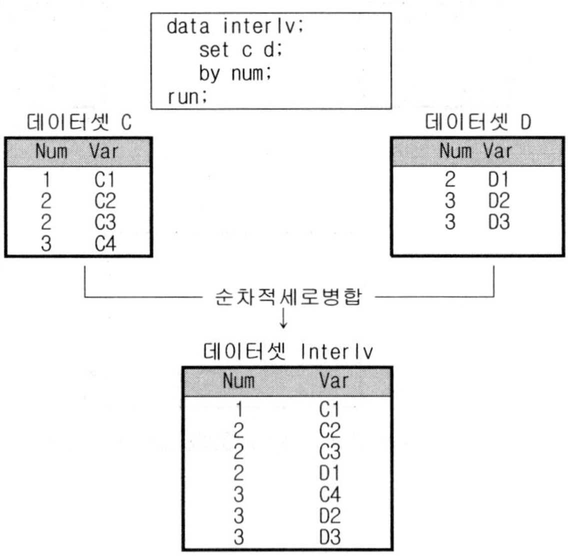

그림 11.2 순차적 세로병합의 처리단계

프로그램 11.1 **(단순 세로병합과 순차적 세로병합의 차이점)**

예제를 통해 단순 세로병합과 순차적 세로병합의 차이를 살펴보자. 데이터셋 THERAPY99와 THERAPY00은 다양한 운동치료를 받은 환자수를 분기별로 나열한 데이터셋이다.

데이터셋 THERAPY99

Year	Qtr	Cycle	Walk	Swim
1999	1	26	78	14
1999	2	32	109	19
1999	3	15	106	22
1999	4	47	115	24

데이터셋 THERAPY00

Year	Qtr	Cycle	Walk	Swim
2000	1	37	91	83
2000	2	41	102	27
2000	3	52	98	19
2000	4	61	118	22

이 데이터셋에 대해 단순 세로병합 및 순차적 세로병합을 적용한 예는 각각 다음과 같다. 데이터셋 Clinic. Concat은 단순히 두 데이터셋을 병합한 결과인 반면 Clinic. Interlv는 월별 순서대로 세로병합되었다는 것을 확인할 수 있다.

SAS 프로그램 (1)
[단순세로병합]

```
data concat;
   set therapy99 therapy00;
run;
```

SAS 프로그램 (2)
[순차적세로병합]

```
data interlv;
   set therapy99 therapy00;
   by month;
run;
```

데이터셋 CONCAT

Year	Qtr	Cycle	Walk	Swim
1999	1	26	78	14
1999	2	32	109	19
1999	3	15	106	22
1999	4	47	115	24
2000	1	37	91	83
2000	2	41	102	27
2000	3	52	98	19
2000	4	61	118	22

데이터셋 INTERLV

Year	Qtr	Cycle	Walk	Swim
1999	1	26	78	14
2000	1	37	91	83
1999	2	32	109	19
2000	2	41	102	27
1999	3	15	106	22
2000	3	52	98	19
1999	4	47	115	24
2000	4	61	118	22

11.3. 1-1 세로병합

데이터를 병합하기 위하여 하나의 DATA 스텝 내에 여러 개의 SET 구문을 사용할 수도 있으며, 이를 **1-1 세로병합(One-to-One Reading)**이라고 한다. 1-1 세로병합에서는 서로 다른 데이터셋들을 입력할 수도 있고, 동일한 데이터셋을 마치 개별적인 데이터셋을 읽어내는 것처럼 여러 번 읽을 수 있다.

[데이터 병합 처리 - 1-1 세로병합]

```
DATA output-dataset-name;
   SET input-dataset-name_1;
          ⋮
   SET input-dataset-name_n;
RUN;
```

- output-dataset-name : 생성할 데이터셋의 이름을 지정한다.
- input-dataset-name : 입력할 데이터셋을 지정한다.

1-1 세로병합을 수행하였을 때, 새로운 데이터셋은 지정된 모든 입력데이터셋 내에 존재하는 **모든 변수**를 포함하여 생성된다. 만일 데이터셋이 동일한 이름을 갖는 변수를 포함하고 있다면 최종 데이터셋으로부터 읽어들인 값을 이전 데이터셋에서 읽어들인 값에 덮어쓴다.

새로운 데이터셋의 관측치 개수는 **가장 작은 원 데이터셋의 관측치 개수**가 된다. 관측치는 각 데이터셋 내의 상대적인 위치에 기반하여 병합되며, 이는 한 데이터셋의 첫 번째 관측치가 다른 데이터셋의 첫 번째 관측치와 연결된다는 것을 의미한다. DATA 스텝은 가장 작은 데이터셋의 마지막 관측치를 읽은 후 정지한다.

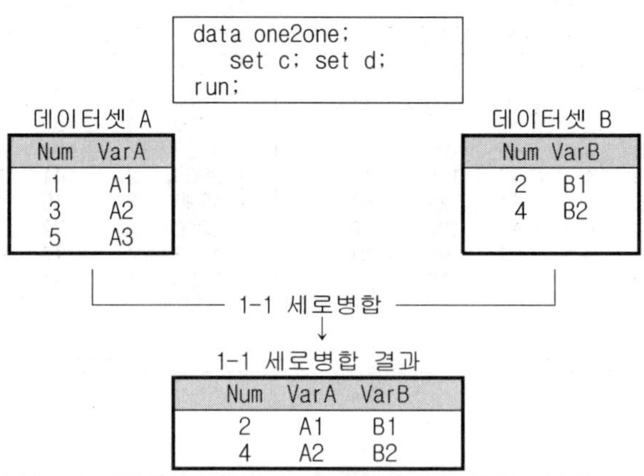

그림 11.3 1-1 세로병합의 처리 단계

[그림 11.3]과 같은 1-1 세로병합의 논리적인 절차는 다음과 같다. 먼저 첫 번째 SET 구문이 데이터셋 C의 첫 번째 관측치를 읽은 후, 두 번째 SET 구문이 데이터셋 D로부터 하나의 관측치를 읽는다. 데이터셋 D 내에 있는 Num의 값은 데이터셋 C내에 있는 Num의 값을 덮어쓴다. 다음으로 첫 번째 SET 구문이 데이터셋

C의 두 번째 관측치를 읽는다. 마지막으로 두 번째 SET 구문이 데이터셋 D의 두 번째 관측치를 읽어서 데이터셋 C의 Num값에 덮어쓴다.

1-1 세로병합에서는 대상 데이터셋 중 관측치의 수가 가장 작은 데이터셋에 기초하여 데이터 조작이 이루어지기 때문에 처리가 더 이상 진행되지 않는다. (즉, DATA 스텝은 데이터셋 C의 세 번째 관측치는 읽지 않는다.)

[Step 1]

Num	VarA	VarB
1	A1	

→ [Step 2]

Num	VarA	VarB
2	A1	B1

→ [Step 3]

Num	VarA	VarB
2	A1	B1
3	A2	

→ [Step 4]

Num	VarA	VarB
2	A1	B1
4	A2	B2

그림 11.4 1-1 세로병합의 데이터 생성 절차

프로그램 11.2 **(FORMAT 구문을 활용한 출력형식 지정)**

실제 데이터를 통해 1-1 세로병합의 예를 살펴보자. 데이터셋 PATIENTS는 환자의 기본 데이터(ID, Sex, Age)로, MEASURE는 환자의 신체치수(Height, Weight)로 구성된 데이터셋이며, 두 데이터셋은 ID 변수에 의해 정렬되어 있다. 이들 데이터셋들을 1-1 세로병합 해보도록 하자. 먼저 분할-IF 구문을 이용하여 데이터셋 PATIENTS로부터 60살 미만의 환자에 해당하는 관측치를 분리한 후 데이터셋 MEASURE에서 해당 환자에 대한 다른 변수(height, weight)를 병합한다.

SAS 프로그램

```
data one2one;
   set clinic.patients;
   if age<60;
   set measure;
run;
```

데이터셋 Clinic.Patients

Obs	ID	Sex	Age
1	1129	F	48
2	1387	F	57
3	2304	F	16
4	2486	F	63
5	5438	F	42
6	6488	F	59
7	9012	F	39
8	9125	F	56

SAS 데이터셋 Clinic.Measure

Obs	ID	Height	Weight
1	1129	61	137
2	1387	64	142
3	2304	61	102
4	5438	62	168
5	6488	64	154
6	9012	63	157

데이터셋 Clinic.One2one

Obs	ID	Sex	Age	Height	Weight
1	1129	F	48	61	137
2	1387	F	57	64	142
3	2304	F	16	61	102
4	5438	F	42	62	168
5	6488	F	59	64	154
6	9012	F	39	63	157

결과 데이터셋인 Clinic. One2one는 6개의 관측치로 구성되어 있다. 관측치의 수가 적은 데이터셋 (Clinic. Measure)에 의해 출력데이터셋의 관측치 개수가 결정되기 때문에 데이터셋 Clinic. Patients 내의 마지막 관측치 (ID=9125) 는 처리하지 않는다.

Note 일반적으로 1-1 세로병합은 많은 사전 처리단계 및 데이터셋 출력형태를 정확히 예측해야 하기 때문에 거의 사용되지 않는다. 여기서 다룬 상황을 쉽게 해결하려면 다음 장에서 다루는 대응 가로병합을 이용하는 것이 더욱 편리하다.

11.4. 관계형 데이터와 대응 가로병합

데이터 병합을 수행하려면 입력데이터셋들간의 관계를 반드시 파악해야 한다. 이는 프로그래머가 원하는 결과를 얻기 위한 가장 중요한 작업이 된다. 각각의 입력데이터셋이 공통적인 데이터를 보유하고 있다면 이들간의 관계를 설정할 수 있다. 이 관계는 변수명과 같은 물리적인 구조가 동일할 수도 있고, 의미단위와 같은 논리적 구조가 동일할 수도 있다.

데이터간의 모든 관계는 기준변수의 **유일성(uniqueness)** 확보 여부에 따라 **일대일(一對一, one-to-one), 일대다(一對多, one-to- many), 다대일(多對一, many-to-one), 다대다(多對多, many-to-many)**의 형태로 설명 가능하다. 이는 개별 입력데이터셋에 공통적으로 존재하는 기준 변수가 보유하고 있는 관측치를 어떻게 덮어쓸 것인지, 기준 변수 내의 대응되지 않는 관측치 및 결측치의 처리 방법과 관련이 있다.

Note 기준 변수가 여러 개일 경우, 기준 변수들의 조합에 의해 생성된 값을 하나의 기준 변수로 간주한다.

11.4.1. 관계 데이터의 구조

여러 개의 입력데이터셋 내의 기준 변수들이 가지는 값이 데이터셋마다 유일하게 존재하는 경우, 이를 일대일 관계라 한다.

[그림 11.5]에 제시된 데이터셋 SALARY는 변수 Num, Salary로 구성되어 있으며, 데이터셋 TAX는 Num, Tax로 구성되어 있다. 각 데이터셋의 Num에 해당하는 Salary 및 Tax의 유일성이 존재하므로, 일대일 데이터가 된다.

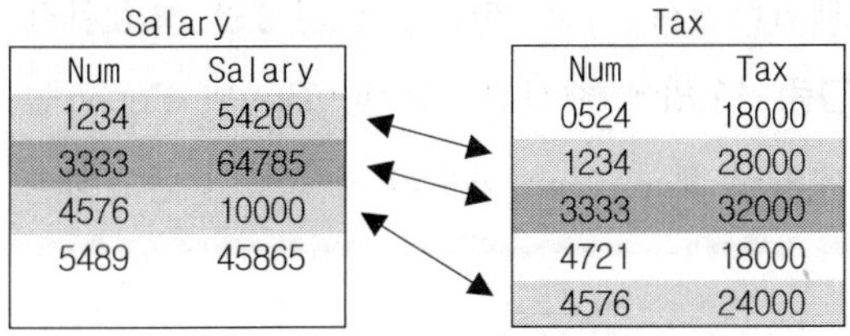

그림 11.5 일대일 관계 데이터

일대다, 다대일 관계는 입력데이터 중 일부에 기준 변수의 특정한 값이 하나 이상 존재하면서 그외의 데이터에는 유일성이 존재하는 경우를 의미한다. [그림 11.6]에 제시된 데이터 AAA와 BBB는 모두 기준변수 X를 보유하고 있다. AAA에서 변수 X의 값은 유일성이 존재하지만 BBB에서 변수 X의 값은 유일성이 존재하지 않기 때문에 일대다 관계임을 알 수 있다.

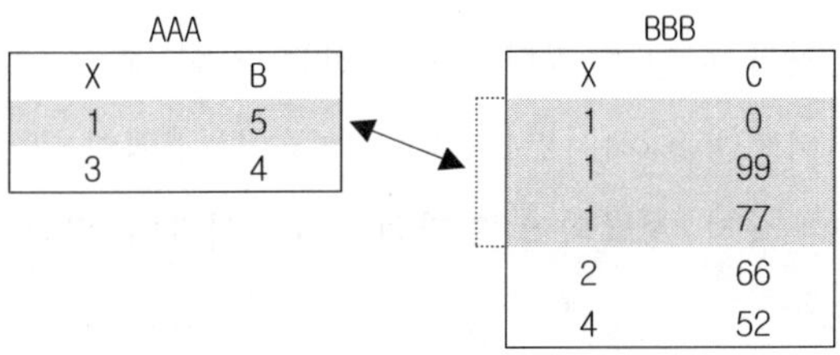

그림 11.6 일대다 관계 데이터

[그림 11.7]에 제시된 데이터 ONE, TWO, THREE는 기준 변수 ID를 공통적으로 보유하고 있다. 데이터 ONE, THREE에서 ID의 값은 유일성이 확보되어 있지만, TWO에서는 그렇지 않다. 따라서 이 경우에는 데이터 ONE, TWO 사이에는 일대다 관계가 성립되며, TWO, THREE 사이에는 다대일 관계가 성립된다.

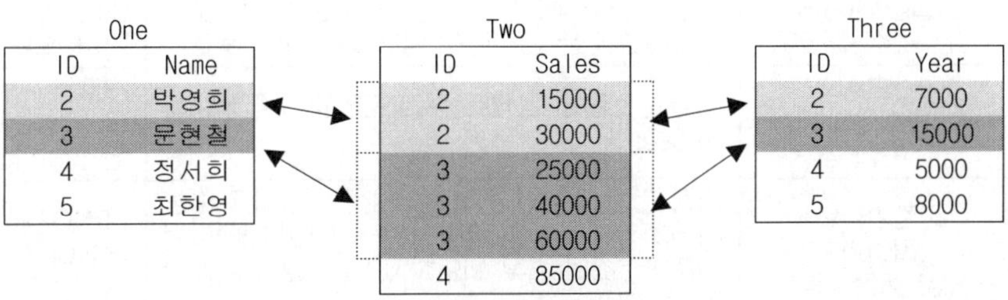

그림 11.7 다대일, 일대다 관계 데이터

전체 입력데이터에서 기준 변수의 유일성이 보장되지 않는 경우를 다대다 관계라고 한다. [그림 11.8]에 제시된 데이터 Buy와 Repair는 기준 변수 ID를 보유하고 있으며, 두 데이터 모두 기준 변수의 유일성이 존재하지 않는다.

AAA

ID	BuyDate
1	199904
1	200005
2	199910
2	200412
3	198912
3	199505
4	200003

BBB

ID	Repair
1	200001
1	200103
1	200207
2	200302
3	199507
3	199908
4	200412

그림 11.8 다대다 관계 데이터

11.4.2. 병합 대상 데이터의 전처리 및 데이터 확인

데이터셋 병합 처리 이전에 정렬을 수행하는 것이 좋다. 일부 병합 방식은 반드시 정렬이 된 데이터셋에 대해서만 적용 가능하며, 정렬이 필요없는 방식이라고 하더라도 데이터셋이 사전 정렬되어 있다면 처리 시간이 단축되어 효율적으로 작업을 수행할 수 있다.

데이터의 관계를 파악하였다면, 발생할 가능성이 있는 오류를 사전에 차단하기 위해 입력데이터셋이 보유하고 있는 데이터가 어떠한 속성들이 보유하고 있는지 검토해야 한다. 일반적인 확인 사항은 [표 11.1]과 같다.

표 11.1 데이터 병합시 확인이 필요한 사항

확인사항	미확인시 발생하는 문제점	해결방법
입력데이터셋들에 동일한 이름을 갖는 변수가 존재	가로병합의 경우 MERGE 구문에 정의된 순서대로 변수가 추가되기 때문에, 최종 데이터셋이 보유하고 있는 변수만이 남을 가능성이 높다.	RENAME= 옵션을 이용하여 변수명을 변경한다.
기준변수의 변수형이 서로 틀릴 경우	DATA 스텝이 강제로 종료되고 결과를 생성하지 못한다.	새로운 DATA 스텝을 작성하여 변수형을 일치시킨다.
기준변수의 길이가 서로 틀릴 경우	가장 먼저 지정된 입력데이터셋의 길이를 따른다. 따라서 뒤에 지정된 데이터셋에만 나타나는 기준변수값의 경우 의도하지 않은 결과로 저장될 수 있다.	LENGTH 구문을 이용하여 변수의 길이를 재정의한다.
라벨/출력/입력형식이 서로 틀릴 경우	가장 먼저 지정된 입력데이터셋의 속성을 따른다.	ATTRIB 구문을 이용하여 수정한다.

11.4.3. 대응 가로병합이란

지금까지 우리는 **[그림 11.9]**의 왼쪽에 제시된 것과 같이 주어진 데이터셋을 SET 구문을 활용하여 세로로 병합하는 방법들을 살펴보았다. 이제 **[그림 11.9]**의 오른쪽과 같이 공통 변수의 값에 의해 기준 데이터셋에 추가 입력데이터셋의 변수들을 **옆으로** 덧붙이는 경우를 살펴보기로 하자.

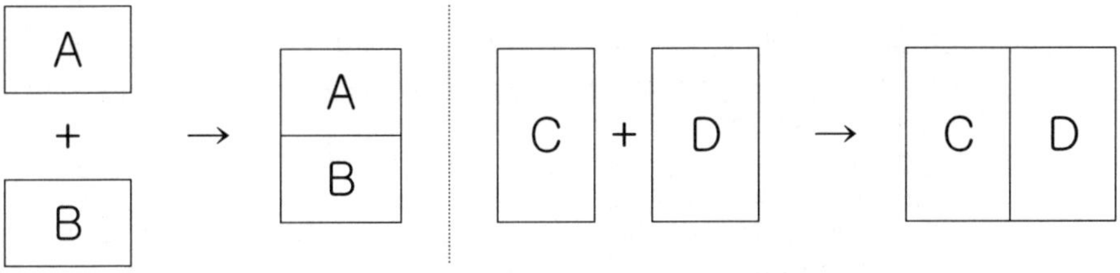

그림 11.9 세로 병합과 가로 병합의 차이

이와 같은 방식을 **가로병합(merging)**이라고 하며 MERGE구문으로 처리한다. MERGE 구문의 일반형은 다음과 같다.

[데이터 병합 처리 - 대응 가로병합]

```
DATA output-dataset-name;
   MERGE output-dataset-name_1 … output-dataset-name_n;
   BY variable(s);
RUN;
```

· BY 구문에는 대응시킬 관측치로 구성된 하나 이상의 기준 변수를 지정한다.

SAS에서 MERGE 구문과 BY 구문을 함께 사용하면, 가로병합을 수행하는 동안 입력 데이터셋들의 개별 관측치를 순차적으로 검사하여 입력데이터셋에 설정된 BY-값과의 대응 여부를 확인한 후 새로운 데이터셋에 병합된 관측치를 출력한다. 항상 기준변수에 데이터가 어떻게 대응되는지를 검사하기 때문에, BY 구문과 함께 사용하는 가로병합을 특별히 **대응 가로병합(matched-merging)**이라 한다.

대응 가로병합에서 특별한 옵션을 지정하지 않는다면 지정된 입력데이터셋들에 존재하는 모든 관측치로 구성된 출력데이터셋을 생성한다. 데이터셋 옵션 IN=과 분할-IF 구문을 활용하면 다양한 방식의 대응 가로병합처리를 수행할 수 있다. 이에 대한 상세한 내용은 **[11.5.5절]**에서 다룬다.

만일 입력데이터셋이 같은 이름을 갖는 기준 변수의 특정한 값에 대한 관측치를 보유하고 있지 않다면, 출력데이터셋 내의 해당 관측치는 **결측치**로 처리된다. 그러면, 대응 가로병합의 처리과정을 상세히 살펴보기로 하자.

> **Note**
> 1. MERGE 구문에는 최종 결과 데이터셋이 보유할 변수의 갯수가 최대 32,767개를 넘지 않는 범위 내에서 입력데이터셋의 개수를 제한없이 사용할 수 있다.
> 2. 대응 가로병합의 기준 변수는 BY-변수이며, 병합할 모든 데이터셋에 BY-변수가 존재해야 한다.
> 3. 모든 입력데이터셋은 BY-변수에 의해 사전에 정렬 또는 인덱스 처리되어 있어야 한다.
> 4. BY-변수 및 데이터셋 정렬 등에 관한 자세한 내용은 [A1. 데이터셋 정렬 : PROC SORT]를 참고하자.
> 5. 병합 대상 데이터셋에 동일한 변수명이 존재하면 의도하지 않은 결과를 얻을 수도 있다. 이와 같은 상황은 데이터셋 옵션 RENAME=을 사용하면 쉽게 해결할 수 있다. 데이터셋 옵션에 대한 상세한 내용은 [A2. 데이터셋 옵션]을 참고하자.
> 6. 대응 가로병합은 PROC SQL의 조인(join)과 유사한 개념이지만, 내부 처리 절차는 전혀 다르다. PROC SQL에 대한 상세한 내용은 〈SAS SQL 프로그래밍〉에서 다룰 것이다.
> 7. BY 구문을 사용하지 않은 가로병합 처리를 1-1 가로병합(1-1 merging)이라 한다. [11.4.6절]을 참고하자.

11.4.4. 대응 가로병합의 처리 개요

대응 가로병합은 입력데이터셋들의 형태 및 관측치의 조직화 형태에 따라 생성하고자 하는 출력데이터셋의 형태가 더욱 복잡해질 수도 있다. **[그림 11.10]**은 대응 가로병합의 특징을 나타내는 그림이다.

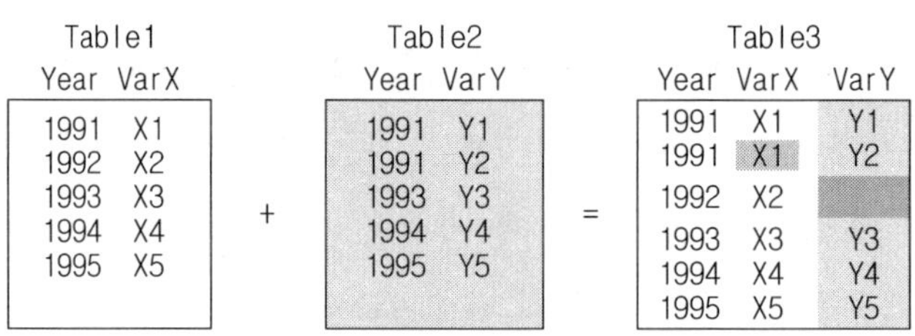

그림 11.10 대응 가로병합의 특징

[그림 11.10]에서 변수 Year의 값을 살펴보자. 데이터셋 A의 경우 데이터셋 B에 존재하지 않는 1992이라는 값을 갖고 있는 반면, 데이터셋 B는 1991의 값이 두 번 나타난다. 대응 가로병합을 수행한 결과 1991의 관측치가 두 개 생성되면서 데이터셋 A에 있던 VarX의 값인 X1을 그대로 유지한 반면, 1992의 경우 VarY의 값이 결측치로 저장되었다.

따라서, 대응 가로병합의 결과를 정확하게 예측하려면 DATA 스텝이 대응 가로병합의 수행 단계에서 어떻게 처리되는지에 대하여 이해할 필요가 있다. SAS는 **컴파일단계**에서, 구문의 문법을 검사하고 컴파일을 수행한다. 컴파일단계가 진행되는 동안 SAS는 출력데이터셋에 대한 요약정보를 짜맞추고 이를 따르는 **PDV**를 생성한다. **수행단계**에서는 데이터를 읽어들인 후, 프로그래밍 구문들을 순서대로 실행한 다음, 처리가 완료된 관측치들을 출력데이터셋에 저장한다.

11.4.5. IN= 옵션의 활용

DATA 스텝의 대응 가로병합은 기본적으로 지정된 입력데이터셋 내의 모든 관측치를 병합한다. 하지만, 두 개 이상의 지정된 데이터셋으로부터 대응이 이루어지는 관측치만을 선택해야 하는 경우도 종종 발생한다.

데이터셋 CLIENT

Name	EmpID
John,L.	11123
David,R.	22298
Masters,T.	33351
Steven,B.	44483

데이터셋 AMOUNTS

Name	Date	Amt
John,L.	08OCT03	92
John,L.	15OCT03	43
David,R.	04OCT03	16
Masters,T.	13OCT03	18
Masters,T.	.	27
Tomas,A.	21OCT03	15

그림 11.11 공통적으로 포함되지 않은 관측치

출력데이터셋에서 지정된 입력데이터셋들 사이에 서로 대응되지 않는 관측치를 제거하고자 할 경우 **데이터셋 옵션 IN=**과 **분할-IF** 구문을 사용한다. 데이터셋 옵션 IN=은 대응 가로병합의 기준 데이터셋을 설정하기 위한 임시변수를 PDV에 저장한다. 예제를 통해 대응 가로병합의 다양한 예시를 살펴보기로 하자.

[데이터셋 옵션 - IN=]

```
(IN=variable)
```

· variable : 병합 데이터셋에 생성될 임시 변수명을 지정한다.

Note

1. IN= 옵션은 SQL 개념인 내부 조인(inner join), 좌측 조인(Left Join), 우측 조인(Right Join) 등의 기능을 DATA 스텝에서 구현할 수 있도록 지원하는 옵션이다. 조인에 대한 상세한 내용은 <SAS SQL 프로그래밍>에서 다룬다.
2. 현재 관측치가 IN=옵션이 지정된 데이터셋의 원본 데이터를 포함하고 있다면 변수는 1의 값을 갖고, 그렇지 않다면 0의 값을 갖는다.

프로그램 11.3 **(일대일 관계 데이터의 대응 가로병합 (1) - 기준데이터셋 미설정)**

대응 가로병합은 데이터간의 관계와 기준데이터셋의 구조에 따른 결과데이터셋의 형태를 미리 파악한 후 작업을 진행하는 것이 중요하다. 다음과 같이 데이터셋 TEST1, TEST2, TEST3가 있을 때, 데이터셋의 기준변수에 대한 구조에 따른 데이터셋 병합을 생각해보자.

데이터셋 Test1

A	B
1	11
2	22
3	33
4	44
5	55
6	66
7	77
8	88
9	99

데이터셋 Test2

A	C
1	0.5
2	7.2
4	4.6
6	5.4
8	5.7
9	6.5
13	0.8
16	5.4
20	3.2

기준변수를 A라 전제하고 제시된 데이터셋들의 구조를 살펴보자. 데이터셋 Test1과 Test2에는 기준변수의 값이 유일하게 존재하지만 데이터셋 Test3는 동일한 기준변수의 값이 여러 개 존재한다. 또한 데이터셋 Test1과 Test2는 기준 변수의 값이 서로 중복되는 관측치 및 개별 데이터셋에만 존재하는 관측치로 구성되어 있으며, 데이터셋 Test3의 기준 변수가 갖는 값은 데이터셋 Test1이 모두 보유하고 있다.

이제 기준 데이터셋의 설정방식에 따라 데이터셋 Test1과 Test2에 대한 대응 가로병합을 수행하는 결과 및 프로그램을 살펴보자. 일대일 관계 데이터에서 기준 데이터셋을 설정하지 않은 상태로 대응 가로병합을 수행한 결과는 다음과 같다.

SAS 프로그램

```
data merge1;
   merge test1 test2;
   by a;
run;
```

데이터셋 MERGE1

A	B	C
1	11	0.5
2	22	7.2
3	33	.
4	44	4.6
5	55	.
6	66	5.4
7	77	.
8	88	5.7
9	99	6.5
13	.	0.8
16	.	5.4
20	.	3.2

데이터셋 Test1에는 기준변수 A의 값중 13, 16, 20이 누락되어 있으며, Test2에는 3, 5, 7이 누락되어 있다. 일대일 관계 데이터에서 기준 데이터셋을 지정하지 않은 상태로 대

응 가로병합을 수행하면 결과 데이터셋의 기준 변수가 보유하는 관측치에는 두 데이터셋이 보유한 기준 변수의 합집합에 해당하는 관측치가 유일하게 입력되며, 입력데이터셋에 기준 변수의 관측치가 존재한다면 병합 대상 변수의 관측치를 결과 데이터셋에 저장하고, 존재하지 않는다면 결측치를 부여한다.

프로그램 11.4 **(일대일 관계 데이터의 대응 가로병합 (2) - 단일 기준데이터셋)**

이번에는 두 데이터셋 중 한 쪽을 기준 데이터셋으로 설정한 상황을 살펴보기로 하자. 데이터셋 Test1을 기준 데이터셋으로 설정한 대응 가로병합의 결과이다.

SAS 프로그램

```
data merge2;
   merge test1(in=test1)
         test2;
   by a;
   if test1;
run;
```

데이터셋 MERGE2

A	B	C
1	11	0.5
2	22	7.2
3	33	.
4	44	4.6
5	55	.
6	66	5.4
7	77	.
8	88	5.7
9	99	6.5

결과 데이터셋의 기준 변수가 보유한 관측치는 데이터셋 Test1에 존재하는 모든 관측치가 저장되어 있으며, 데이터셋 Test2에서는 Test1의 모든 관측치와 Test1이 보유한 기준 변수의 관측치에 대응되는 병합대상 변수의 관측치만이 결과 데이터셋에 저장된다.

이와 비슷하게, 다음과 같이 기준 데이터셋을 Test2로 설정하면, Test2의 모든 관측치와 Test2가 보유한 기준 변수의 관측치에 대응되는 병합 대상 데이터셋의 관측치만이 출력데이터셋에 저장된다. 기준 변수에 대응되지 않는 병합대상 변수의 값은 결측치로 설정된다.

SAS 프로그램

```
data merge3;
   merge test1
         test2(in=test2);
   by a;
   if test2;
run;
```

데이터셋 MERGE3

A	B	C
1	11	0.5
2	22	7.2
4	44	4.6
6	66	5.4
8	88	5.7
9	99	6.5
13	.	0.8
16	.	5.4
20	.	3.2

프로그램 11.5 **(일대일 관계 데이터의 대응 가로병합 (3) - 다중 기준데이터셋)**

다음은 입력 데이터셋 모두를 기준 데이터셋으로 설정한 결과이다. 출력데이터셋에는 두 데이터셋의 기준 변수가 각각 보유한 관측치의 교집합에 해당하는 관측치와 그에 대응되는 병합 대상 변수들만이 출력데이터셋에 저장되어 있음을 확인할 수 있다.

SAS 프로그램

```
data merge4;
   merge test1(in=test1)
         test2(in=test2);
   by a;
   if test1 and test2;
run;
```

데이터셋 MERGE4

A	B	C
1	11	0.5
2	22	7.2
4	44	4.6
6	66	5.4
8	88	5.7
9	99	6.5

프로그램 11.6 **(다대일 관계 데이터의 대응 가로병합 (1) - 기준 데이터셋 미설정)**

일대다, 다대일 관계 데이터의 병합 또한 일대일 관계 데이터가 병합되는 방식과 유사하다. 데이터셋 TEST4, TEST5의 기준 변수가 모두 A이며, TEST4의 기준 변수 A의 값에 유일성이 확보되지 않은 상태를 생각해보자.

데이터셋 Test4

A	B
1	11
2	22
2	33
6	44
6	55
6	66
7	77

데이터셋 Test5

A	C
1	0.5
2	7.2
4	4.6
6	5.4
8	5.7
9	6.5
13	0.8

일대다, 다대일의 관계는 기준 데이터셋의 위치에 따라 달라질 수 있다. 기준 데이터셋을 설정하지 않은 경우에는 MERGE 구문에서 가장 처음 설정한 데이터를 기준으로 관계를 생각하면 된다. 이 예제에서는 데이터셋 TEST4의 기준 변수값에 중복이 존재하므로, 다대일 관계라 생각하면 편리하다.

기준 데이터셋을 설정하지 않으면 두 데이터셋에 있는 모든 기준 변수값에 대응하도록 데이터셋이 구성된다. 기준 변수값이 중복된 경우라면, 중복되지 않은 데이터셋 (TEST5)의 병합 대상 변수 C의 해당 변수값이 동일하게 병합된다. 프로그램 및 결과를 보자.

SAS 프로그램

```
data merge5;
   merge test4 test5;
   by a;
run;
```

데이터셋 MERGE1

A	B	C
1	11	0.5
2	22	7.2
2	33	7.2
4	.	4.6
6	44	5.4
6	55	5.4
6	66	5.4
7	77	.
8	.	5.7
9	.	6.5
13	.	0.8

프로그램 11.7 **(다대일 관계 데이터의 대응 가로병합 (2) - 단일 기준 데이터셋)**

〔프로그램 11.6〕에서 살펴본 예제 프로그램에서 기준 데이터셋을 설정해보도록 하자. 데이터셋 TEST4를 기준 데이터셋으로 설정하면 이는 다대일 관계 데이터의 대응 가로병합이 된다. 그러면 데이터셋 TEST4에 존재하는 기준 변수값들만 데이터셋 MERGE6에 남겨지게 된다. 프로그램 및 결과는 다음과 같다.

SAS 프로그램

```
data merge6;
   merge test4(in=test1)
         test5;
   by a;
   if test1;
run;
```

데이터셋 MERGE2

A	B	C
1	11	0.5
2	22	7.2
2	33	7.2
6	44	5.4
6	55	5.4
6	66	5.4
7	77	.

프로그램 11.8 **(다대일 관계 데이터의 대응 가로병합 (3) - 다중 기준 데이터셋)**

이번에는 다대일 관계 데이터에서 모든 데이터셋에 기준변수를 설정하는 상황을 살펴보기로 하자. 이와 같은 상황에서는 데이터셋 TEST4와 TEST5에 함께 존재하는 기준 변수값과 그에 대응하는 데이터들이 병합 데이터셋 MERGE8에 저장된다.

데이터셋 Test4

A	B
1	11
2	22
2	33
6	44
6	55
6	66
7	77

데이터셋 Test5

A	C
1	0.5
2	7.2
4	4.6
6	5.4
8	5.7
9	6.5
13	0.8

SAS 프로그램

```
data merge8;
   merge test4(in=test1)
         test5(in=test2);
   by a;
   if test1 and test2;
run;
```

데이터셋 MERGE1

A	B	C
1	11	0.5
2	22	7.2
2	33	7.2
6	44	5.4
6	55	5.4
6	66	5.4

프로그램 11.9 **(다대다 관계 데이터의 대응 가로병합)**

이번에는 다대다 관계 데이터를 살펴보자. 예제 데이터셋 TEST4와 TEST6을 보면, 기준변수값이 2인 데이터가 각각 2개, 3개 존재한다.

데이터셋 Test4

A	B
1	11
2	22
2	33
6	44
6	55
6	66
7	77

데이터셋 Test6

A	D
1	0.5
1	7.2
1	4.6
2	5.4
2	5.7
2	6.5
4	0.8

다대다 관계 데이터의 대응 가로병합은 결과를 예상하기 힘들다는 단점이 있다. 대응 가로병합 처리를 실시한 데이터셋 MERGE9에서 기준변수값이 2인 경우를 살펴보자.

SAS 프로그램

```
data merge9;
   merge test4 test6;
   by a;
run;
```

데이터셋 MERGE1

A	B	D
1	11	0.5
1	11	7.2
1	11	4.6
2	22	5.4
2	33	5.7
2	33	6.5
4	.	0.8
6	44	.
6	55	.
6	66	.
7	77	.

다대다 관계 데이터에서 기준 변수값의 중복 횟수가 일치하지 않는 상황에서는 중복 횟수가 적은 병합 대상 데이터셋의 최종 관측치가 반복적으로 저장된다. 따라서, 가능한 다대다 관계 데이터에서의 대응 가로병합 처리는 피하는 것이 좋다. 단, 실무에서 다대다 관계 데이터의 대응 가로병합 처리가 필요한 상황은 거의 발생하지 않는다는 것을 기억하자.

Note

1. [프로그램 11.6], [프로그램 11.7], [프로그램 11.8]은 각각 PROC SQL의 외부 조인(outer join), 좌측조인(left join), 내부조인(inner join)과 동일한 기능을 수행한다.
2. 대응가로병합은 분석 대상 데이터가 전체 데이터보다 작은 경우, 관계형 데이터베이스로 구축된 전체 데이터에서 관심 변수의 값만으로 구성된 데이터셋을 구성할 경우에 특히 유용하다.
3. SAS는 0, 0이 아닌 수, 결측인지의 결과를 계산하기 위하여 IF 구문의 표현식을 계산한다. 0이 아닌 값과 결측이 아닌 값은 표현식이 참임을 나타내고, 0 또는 결측치는 표현식이 거짓임을 나타낸다. 따라서, 예제 내의 조건부 IF 구문을 다음과 같은 방식으로 작성할 수 있다. 첫 번째 IF 구문은 특별하게 값이 0인지를 검사한다. 두 번째 IF 구문은 값이 결측이나 0이 아닌지를 검사한다. (IN= 변수의 값은 항상 1이다.)

```
if a=1and b=1;
if aand b;
```

11.4.6. 1-1 가로병합

1-1 가로병합(one-to-one merging)은 대응 가로병합에서 BY 구문을 생략한 형태로 구성된다. 이는 기준 변수로 **자동 변수** _N_을 사용하는 대응 가로병합으로 생각하면 편리하다. 예제를 통해 살펴보기로 하자.

프로그램 11.10 **(1-1 가로병합)**

다음은 데이터셋 CLIENTS와 AMOUNTS를 1-1 가로병합하는 프로그램 및 결과이다. 자동변수 _n_은 데이터셋에 실제로 저장된 값은 아님을 기억하자.

데이터셋 CLIENT

_n_	Name	EmpID
1	John,L.	11123
2	David,R.	22298
3	Masters,T.	33351
4	Steven,B.	44483

데이터셋 AMOUNTS

_n_	Name	Date	Amt
1	John,L.	08OCT03	92
2	John,L.	15OCT03	43
3	David,R.	04OCT03	16
4	Masters,T.	13OCT03	18
5	Masters,T.	.	27
6	Tomas,A.	21OCT03	15

데이터셋 CLIENT와 AMOUNT에는 관측치가 각각 4개, 6개 존재한다. 따라서, 처음 4번째 관측치까지 정상적으로 병합처리가 일어난 후, 5,6번 관측치에서는 변수 EmpID에 결측치가 할당된다.

SAS 프로그램

```
data merge11;
   merge clients amounts;
run;
```

데이터셋 MERGE11

_n_	Name	EmpID	Date	Amt
1	John,L.	11123	08OCT03	92
2	John,L.	22298	15OCT03	43
3	David,R.	33351	04OCT03	16
4	Masters,T.	44483	13OCT03	18
5	Masters,T.	.	.	27
6	Tomas,A.	.	21OCT03	15

프로그램 11.11 **(FORMAT 구문을 활용한 출력형식 지정)**

1-1 가로병합은 데이터셋 옵션 FIRSTOBS=과 함께 아래에 위치하는 관측치를 현재 관측치의 위치로 끌어올려 새로운 변수를 만드는 상황에서 빈번히 사용된다. 데이터셋 TEST의 변수 Data를 하나씩 끌어올려서 별도 변수로 저장하는 새로운 데이터셋 RESULT를 만들어 보자.

데이터셋 Test

ID	Data
1	100
2	110
3	120
4	130
5	140

SAS 프로그램

```
data result;
   merge test
         test(firstobs=2 rename = (data = data2));
run;
```

데이터셋 Result

ID	Data	Data
1	100	110
2	110	120
3	120	130
4	130	140
5	140	.

Note

1. 반대의 경우인 관측치 끌어내리기는 LAGn 함수로 수행할 수 있다. LAGn 함수의 자세한 내용은 〈SAS DATA STEP - 함수편〉에서 다룬다.
2. 데이터셋 옵션 firstobs=은 〔A2.5. 입력 시작/종료 관측치설정 : FIRSTOBS= /OBS=〕에서 상세히 다룬다.

11.5. 대응 가로병합의 내부 처리 과정

대응 가로병합의 내부 처리 과정을 잘 이해하면 최종 생성될 데이터셋의 구조를 예상할 수 있다. 컴파일 및 수행단계로 나누어 대응 가로병합의 처리 과정을 살펴보도록 하자.

11.5.1. 컴파일단계 - 새로운 출력데이터셋의 설정

데이터셋의 병합 준비단계에서 SAS는 MERGE 구문 내에 나열된 데이터셋들의 요약정보영역에 기반하여 출력데이터셋의 요약정보영역을 작성한 다음, 프로그램의 나머지 부분을 컴파일한다. 다음으로 병합된 데이터셋을 위한 PDV에 기반하여 MERGE 구문 내에 나열된 각 데이터셋들에 대해 추적 포인터(tracking pointer)를 할당한다. 하나 이상의 입력데이터셋에서 동일한 이름을 갖는 변수가 나타난다면, MERGE 구문에 가장 먼저 명시된 데이터셋에 존재하는 변수 정보에 기반하여 해당 변수의 길이를 결정한다.

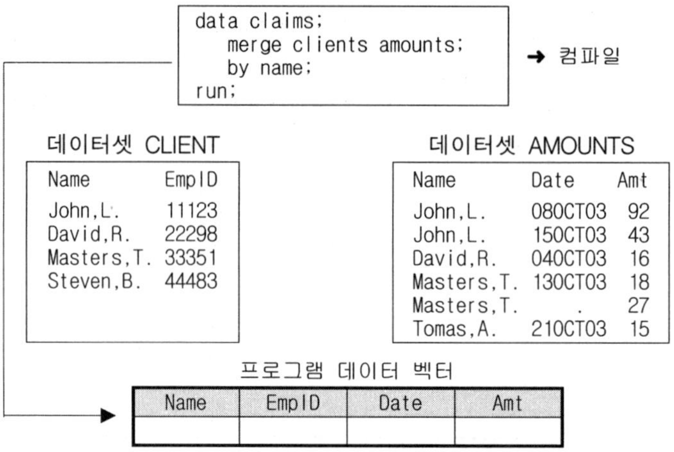

그림 11.12 [Step 1] PDV 초기화

[그림 11.12]는 컴파일단계동안의 대응 가로병합을 보여준다. 데이터셋 Clients와 Amounts의 요약정보를 읽은 후 SAS는 새로 생성될 데이터셋 Claim을 위하여 두 데이터셋 내의 모든 변수를 포함한 PDV를 생성한다. 두 입력데이터셋 내에 변수 Name이 함께 존재하지만, PDV 내에는 단 하나만 생성된다. 마지막으로 데이터셋 Clients와 Amount에 추적 포인터를 할당한다.

11.5.2. 수행단계 : 관측치의 대응 가로병합

SAS는 DATA 스텝이 컴파일되면 각 데이터셋의 관측치에 대하여 추적 포인터를 아래로 이동시키며 순차적으로 개별 BY-값이 서로 일치하는지에 대하여 검사한다. 만일 BY-값이 일치한다면 관측치는 MERGE 구문 내에 명시된 데이터셋의 순서대로 PDV에 작성된다. 기준 변수 이외에 동일한 변수명이 입력데이터셋들에 존재할 경우, 해당 변수의 값은 **가장 나중에** 지정한 입력데이터셋의 해당 변수가 보유하고 있는 값으로 대체된다. [그림 11.13]에 제시된 것처럼 SAS는 출력데이터셋에 병합된 관측치를 작성하고 데이터셋 내의 BY-값이 변경될 때까지 PDV의 값을 유지한다.

Client와 Amount의 두 번째 관측치가 갖는 기준변수 Name의 값은 서로 일치하지 않는다. 따라서, SAS는 [그림 11.14]와 같이 EmpID 변수의 직전 관측치를 그대로 사용한다는 결정을 하고, PDV에 이 값을 포함시킨 관측치를 작성하여 출력데이터셋에 저장한다.

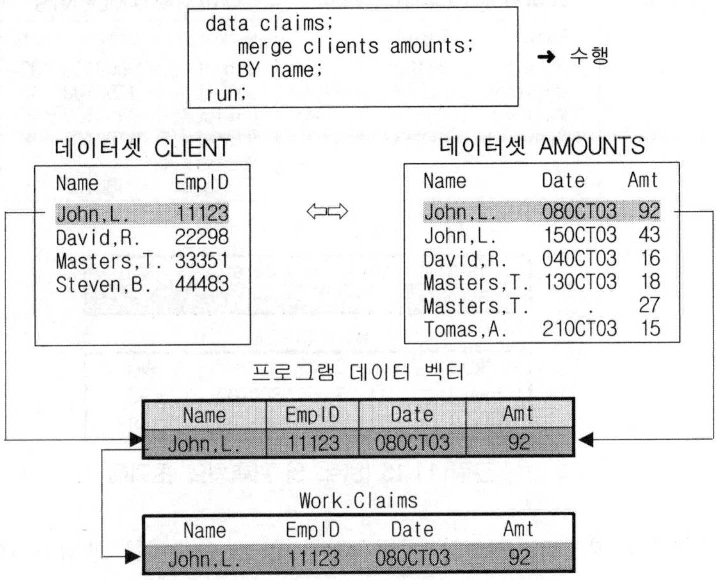

그림 11.13 [Step 2] 서로 일치하는 관측치의 출력

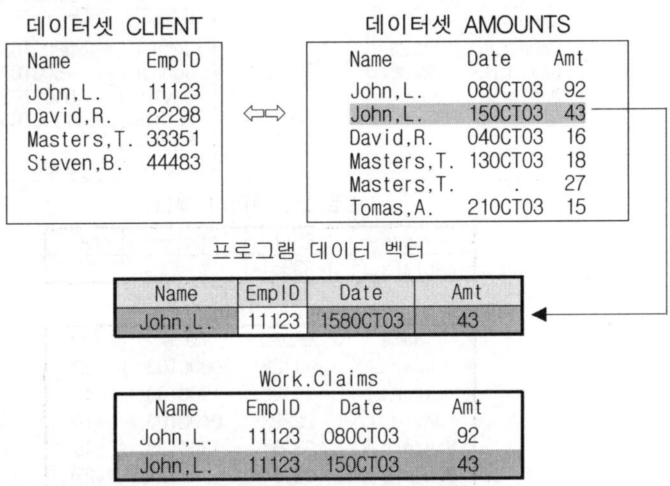

그림 11.14 [Step 2] 서로 일치하지 않는 관측치의 출력

입력데이터셋들에서 BY값이 변경되면 PDV는 결측치로 초기화된다. DATA 스텝은 데이터셋 내의 모든 관측치에 대해서 이러한 처리를 계속한다.

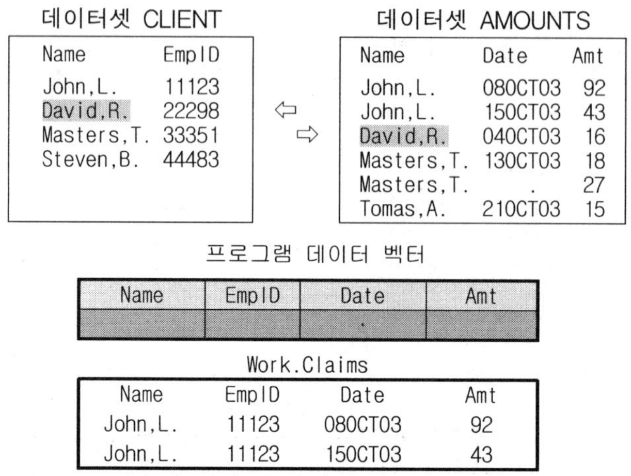

그림 11.15 [Step 3] 관측치의 초기화

결측치를 갖거나, BY-값과 대응되지 않는 관측치를 포함한 PDV내에 작성된 모든 관측치는 출력데이터셋에 작성된다.

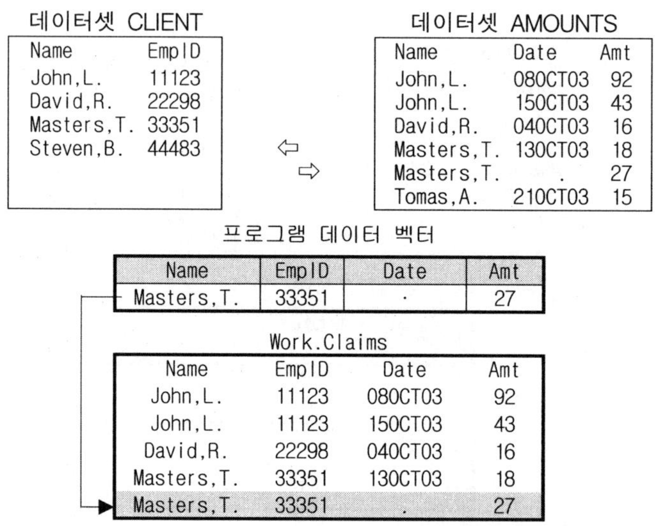

그림 11.16 [Step 4] 결측치를 포함한 데이터의 처리

변수에 대한 결측치를 포함한 관측치라면 출력데이터셋 내의 관측치 역시 결측으로 처리된다. BY-변수의 결측치로 구성된 관측치들은 출력데이터셋의 맨 위에 나타난다. 또한, 만일 입력데이터셋 중 어느 한 쪽에 **일치하는 BY-값이 없다면**, 출력데이터셋의 관측치에서 해당 변수는 결측치로 출력된다.

데이터셋 CLIENT

Name	EmpID
John,L.	11123
David,R.	22298
Masters,T.	33351
Steven,B.	44483

데이터셋 AMOUNTS

Name	Date	Amt
John,L.	08OCT03	92
John,L.	15OCT03	43
David,R.	04OCT03	16
Masters,T.	13OCT03	18
Masters,T.	.	27
Tomas,A.	21OCT03	15

프로그램 데이터 벡터

Name	EmpID	Date	Amt
Tomas.A		21OCT03	15

Work.Claims

Name	EmpID	Date	Amt
John,L.	11123	08OCT03	92
John,L.	11123	15OCT03	43
David,R.	22298	04OCT03	16
Masters,T.	33351	13OCT03	18
Masters,T.	33351	.	27
Steven,B.	44483	.	.
Tomas,A		21OCT03	15

그림 11.17 [Step 5] BY-값이 일치하지 않는 데이터의 처리

Appendix

1 데이터의 정렬 (PROC SORT)

A1.1. 데이터의 정렬 : PROC SORT

A1.2. BY-그룹 처리와 FIRST/LAST.BY변수

A1.3. 중복 관측치의 효율적 제거

A1.4. 대용량 데이터셋의 처리

하나 이상의 특정 변수값에 기초하여 데이터를 순서대로 정렬하는 것은 SAS 프로그래밍의 가장 기초에 해당한다. 이미 **[11장. 데이터셋 병합]** 에서 정렬 처리가 전제된 순차적 세로 병합과 대응 가로 병합의 개념에 대해 살펴보았으며, 실무 데이터 처리 작업에서는 매우 빈번하게 처리해야 하는 작업이기도 하다.

SAS는 정렬 처리를 위해 **PROC SORT**를 지원한다. PROC SORT의 응용 범위는 대단히 방대하며, 실무 데이터 처리 작업에서는 거의 필수적으로 사용해야 하기 때문에, 이 책의 범위에는 벗어나지만 다루고 지나가고자 한다.

이 장에서는 이미 존재하는 SAS 데이터셋으로부터 새로운 데이터셋을 생성하는 것에 대해 살펴본다. 더불어, PROC SORT에서 지원하는 다양한 옵션의 활용 방법, 대용량 데이터에서의 효율적인 정렬 처리, BY-그룹 처리 개념을 활용한 다양한 형태의 관측치 처리기법을 다룰 것이다. 이 장의 내용을 잘 이해한다면, 정렬 처리의 적기 실시에 기초한 능률적인 작업을 수행할 수 있을 것이라 기대한다.

A1.1. 데이터의 정렬 : PROC SORT

PROC SORT는 하나 이상의 특정 변수를 기준으로 SAS 데이터셋의 관측치를 정렬하며, 그 결과로 입력 데이터셋을 대체하거나 정렬된 출력 데이터셋을 생성하는 역할을 한다.

PROC SORT는 반드시 **BY 구문**과 함께 사용해야 하며, 로그에 정렬 관련 정보는 생성하지만, 특별한 결과물을 출력하지는 않는다. 일반형은 다음과 같다.

[PROC SORT - 일반형]

```
PROC SORT DATA=input-dataset-name OUT=output-dataset-name
         <REVERSE/EQUALS|NOEQUALS/NODUPKEY/NODUPRECS(NODUP)/
          SORTSIZE=/FORCE/TAGSORT>;
   BY <DESCENDING> variable-1 <...<DESCENDING> variable-n>;
RUN;
```

[PROC SORT 구문 옵션]
- DATA= : 입력데이터셋을 지정한다.
- OUT= : 출력데이터셋을 지정한다.
- REVERSE : 문자열 순서의 역순으로 정렬한다.
- EQUALS : BY-그룹 내의 데이터는 순서를 그대로 유지한다.
- NOEQUALS : BY-그룹 내의 데이터 순서 변경을 허용한다.
- NODUPKEY : 동일한 BY-그룹 내의 중복 관측치를 제거한다.
- NODUPRECS(NODUP) : 중복된 값을 가지는 관측치를 제거한다.
- SORTSIZE= : 정렬에 사용되는 메모리의 크기를 조절하여 정렬의 효율성을 제고한다.
- FORCE : 강제로 정렬을 수행한다.
- TAGSORT : 임시 저장공간의 사용을 축소한다.

[BY 구문]
- 정렬시의 기준변수를 하나 이상 지정한다. 디폴트는 오름차순 정렬이다.
- DESCENDING 변수명 : 정의된 변수를 내림차순으로 정렬한다.

> **Note** PROC SORT를 활용하여 정렬 처리된 SAS 데이터셋에는 임시변수인 FIRST.BY 변수/LAST.BY변수가 생성되며, 이를 활용하면 다양한 형태의 DATA 스텝 프로그래밍을 구현할 수 있다. [A1.2.2절]을 참고하자.

PROC SORT는 수치형 변수를 정렬할 때 **결측치 > 음수 > 영(0) > 양수**의 순으로 정렬하며, 문자형 변수는 EBCDIC 또는 ASCII 코드의 순서대로 정렬한다. 어떤 코드를 사용할 것인가는 해당 OS가 무엇인지에 따라 달라질 수 있으며, 통상적인 개인용 컴퓨터에서는 ASCII 형식에 의한 정렬을 수행한다. 각 코드에 따른 정렬순서는 **[그림 A1.1]**과 같다.

그림 A1.1 문자열 코드에 따른 PROC SORT의 정렬순서

<table>
<tr><th>EBCDIC 정렬순서</th><th>ASCII 정렬순서</th></tr>
<tr><td>blank . < (+ | & ! $ *) ; - / , % _
> ?: # @ ' = "
a b c d e f g h i j k l m n o p q r ~ s
t u v w x y z
{ A B C D E F G H I } J K L M N O P Q R
₩ S T U V W X Y Z
0 1 2 3 4 5 6 7 8 9</td><td>blank ! " # $ % & ' ( ) * + , - . /0 1 2
3 4 5 6 7 8 9 : ; < = > ? @
A B C D E F G H I J K L M N O P Q R S T
U V W X Y Z[₩] ?_
a b c d e f g h i j k l m n o p q r s t
u v w x y z { } ~</td></tr>
</table>

이 절에서는 기본적인 PROC SORT의 사용법에 대해 간단히 살펴보기로 하자. 그 후, PROC SORT의 다양한 기능을 활용하여 효율적으로 데이터를 다루는 기법들에 대해 상세히 살펴보기로 한다.

프로그램 A1.1 **(PROC SORT를 활용한 정렬 처리)**

PROC SORT를 활용한 정렬처리를 간단하게 살펴보자. 이 예제는 일양 난수(Uniform random number)를 생성한 후 오름 차순 및 내림 차순으로 정렬한다.

SAS 프로그램 - 데이터 생성

```
data uniformrv;
   do i=1 to 10;
      uniform = uniform(12345);
      output;
   end;
run;

proc print data=uniformrv;
run;
```

SAS 프로그램 - 데이터 정렬

```
proc sort data=uniformrv out=ascending;
   by uniform;
run;
proc print data=ascending; run;

proc sort data=uniformrv out=descending;
   by descending uniform;
run;
proc print data=descending; run;
```

PROC SORT를 수행하면 정렬 처리 수행 결과로 구성된 로그를 다음과 같이 출력한다. BY 구문에 DESCENDING 옵션의 적용 여부는 메시지로 출력되지 않기 때문에, 정렬 순서를 확인하려면 프로그램을 확인해야 한다는 것에 주의하자.

SAS 로그 (일부)

```
NOTE: 10개의 관측치를 데이터셋 WORK.UNIFORMRV. (으)로부터  읽었습니다.
NOTE: 데이터셋 'WORK.ASCENDING'은(는) 10개 관측치, 2개 변수를 가지고 있습니다.
NOTE: 프로시저 SORT 실행:
      실행 시간            0.06 초
      cpu 시간             0.00 초
```

출력 결과를 보면 BY 구문에서 DESCENDING 옵션을 설정하는지의 여부에 따라 정렬 순서가 결정된다는 것을 쉽게 확인할 수 있다.

데이터셋 UNIFORMRV

OBS	i	uniform
1	1	0.36292
2	2	0.74519
3	3	0.83106
4	4	0.27628
5	5	0.18382
6	6	0.72888
7	7	0.07789
8	8	0.73432
9	9	0.70725
10	10	0.76408

데이터셋 ASCENDING

OBS	i	uniform
1	7	0.07789
2	5	0.18382
3	4	0.27628
4	1	0.36292
5	9	0.70725
6	6	0.72888
7	8	0.73432
8	2	0.74519
9	10	0.76408
10	3	0.83106

데이터셋 DESCENDING

OBS	i	uniform
1	3	0.83106
2	10	0.76408
3	2	0.74519
4	8	0.73432
5	6	0.72888
6	9	0.70725
7	1	0.36292
8	4	0.27628
9	5	0.18382
10	7	0.07789

프로그램 A1.2 (정렬된 데이터에 대한 PROC SORT의 적용)

PROC SORT는 데이터셋을 정렬하기 전에 저장된 정렬 정보를 검사한다. 이미 정렬된 데이터셋을 다시 정렬하려고 시도한다면 PROC SORT는 정렬을 수행하지 않고 로그창에 메시지만을 출력한다. 다음 로그를 확인하면 OUT= 옵션의 지정여부에 따라 처리 과정은 조금 차이가 난다는 것을 짐작할 수 있다.

SAS 로그

```
proc sort data=ascending;
   by uniform;
run;

NOTE: 입력 데이터셋이 이미 정렬되어 있어서, 정렬을 실행하지 않았습니다.
NOTE: 프로시저 SORT 실행:
      실행 시간             0.00 초
      cpu 시간              0.00 초
```

SAS 로그

```
proc sort data=ascending out=ascending1;
   by uniform;
run;

NOTE: 입력 데이터셋이 이미 정렬되어 있습니다; 출력 데이터셋에 복사되었습니다.
NOTE: 10개의 관측치를 데이터셋 WORK.ASCENDING. (으)로부터  읽었습니다.
NOTE: 데이터셋 'WORK.ASCENDING1'은(는) 10개 관측치, 2개 변수를 가지고 있습니다.
NOTE: 프로시저 SORT 실행:
      실행 시간             0.01 초
      cpu 시간              0.01 초
```

Note 이러한 현상을 무시하고 강제로 정렬을 수행하려면 FORCE 옵션을 사용한다. 현재 정렬되어 있는 데이터셋에 PROC SORT의 OUT= 옵션을 이용하여 결과 데이터셋을 출력하였을 경우에는 단순히 정렬된 데이터셋을 카피하는 역할을 한다.

A1.2. BY-그룹 처리와 FIRST/LAST.BY변수

A1.2.1. BY-그룹 처리의 개념

SAS의 거의 모든 프로시저에서는 그룹별 처리를 위한 **BY 구문**을 지원한다. **BY-그룹 처리**는 하나 이상의 공통적인 변수들에 의해 순서화되어있는 다수의 SAS 데이터셋에서 관측치를 처리하는 방식으로 스텝에 관계없이 적용 가능하다.

BY-그룹 처리를 이해하기 위하여 필요한 몇 가지 용어에 대하여 살펴보자. 먼저, 데이터셋이 정렬 또는 색인되어 있는 변수들의 이름을 **BY-변수(BY-Variable)**라 한다. SET, MERGE, UPDATE 구문과 함께 BY 구문을 사용할 경우 모든 입력데이터셋은 반드시 BY-변수에 의해 정렬되어 있어야 한다.

BY-변수가 갖는 값을 **BY-값(BY-Value)**이라 하며, 동일한 BY-값을 갖는 모든 관측치에 의해 구성되는 그룹을 **BY-그룹(BY-Group)**이라 한다. 만일 하나 이상의 변수를 BY 구문에 사용했다면, BY-그룹은 이들 변수의 동일한 조합을 갖는 관측치의 그룹이며, 각각의 BY-그룹은 BY-변수들의 값에 의해 구성된 개별 조합이 된다.

[그림 A1.2]는 단일 BY-변수인 Zipcode에 의해 데이터를 처리한 결과를 표현한 것이다. 입력데이터셋은 주소, 도시명, 주명과 우편번호로 구성되어 있으며, 5개의 BY-그룹이 생성되었음을 보여주고 있다.

```
DATA TEST;
  INPUT ZIPCODE 1-5 STATE$ 7-8
        CITY$ 10-17 STREET$ 19-28;
  CARDS;
33133 FL Miami    Rice St
33133 FL Miami    Thomas Ave
33801 FL Lakeland French Ave
33133 FL Miami    Trade Ave
33146 FL Miami    Nervia St
85730 AZ Tucson   Gleeson Pl
33133 FL Miami    Surrey Dr
33146 FL Miami    Corsica St
33809 FL Lakeland Egret Dr
85730 AZ Tucson   Domenic Ln
;

PROC SORT DATA=TEST OUT=SORTED;
     BY ZIPCODE;
RUN;
```

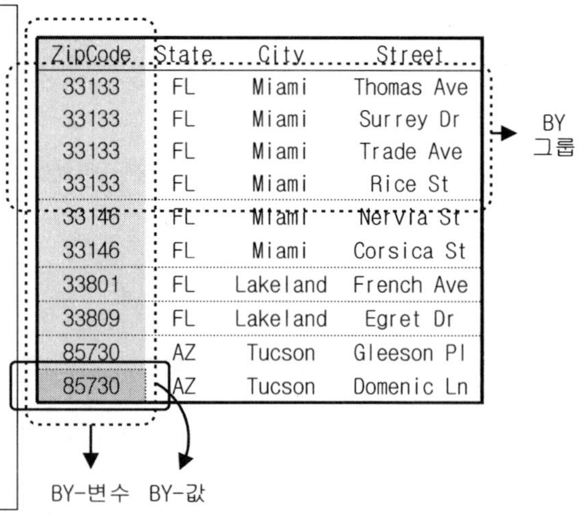

그림 A1.2 단일 변수에 의한 BY-그룹 생성결과

[그림 A1.3]은 BY-변수군 State와 City에 의해 정렬한 결과이며, 3개의 BY-그룹이 생성되었음을 보여주고 있다.

```
PROC SORT DATA=TEST OUT=SORTED;
   by State City;
RUN;
```

BY-변수군 / BY-값 / BY 그룹

State	City	Street	ZipCode
AZ	Tucson	Gleeson Pl	85730
AZ	Tucson	Domenic Ln	85730
FL	Lakeland	French Ave	33801
FL	Lakeland	Egret Dr	33809
FL	Miami	Nervia St	33146
FL	Miami	Rice St	33133
FL	Miami	Corsica St	33146
FL	Miami	Thomas Ave	33133
FL	Miami	Surrey Dr	33133
FL	Miami	Trade Ave	33133

그림 A1.3 두 개의 BY-변수를 이용한 BY-그룹 생성결과

Note

1. 그룹별 처리가 필요한 경우 PROC SORT를 이용하여 주어진 데이터를 정렬한 후에 필요한 처리를 해야 한다.
2. BY 구문의 **NOTSORTED 옵션**을 사용하면, 데이터가 반드시 정렬되어 있지 않아도 관계없다. 하지만 그룹별 처리가 필요할 경우, 사전에 정렬 처리된 데이터에서 더욱 빠른 수행시간을 보인다는 것을 알아두자.
3. DATA 스텝에서 BY-그룹 처리가 적용되는 상황 중 가장 자주 접할 수 있는 것은 다음과 같다.
   (1) 그룹별 최초/최종 관측치에 대한 처리
   (2) SET, MERGE 구문을 활용한 데이터셋 병합 처리
   (3) UPDATE, MODIFY 구문을 활용한 데이터셋 갱신 처리
4. 그룹별 최초/최종 관측치를 처리하는 다양한 상황은 [A1.2.2절]에서 다룬다.
5. 병합을 하기 위한 모든 데이터셋은 하나 이상의 BY-변수를 포함하고 있어야 한다. 관측치 내에 BY-변수의 위치는 어디에 오더라도 관계는 없지만, BY-변수가 지정되어 있지 않을 경우에는 예상치 못한 결과가 발생할 수 있음에 유의하자. SET, MERGE 구문의 활용법은 [11장. SAS 데이터셋의 병합]을 참고하자.
6. MODIFY 구문을 사용할 경우 데이터는 정렬되어 있을 필요는 없다. UPDATE, MODIFY 구문의 활용법은 〈SAS DATA STEP - 응용편〉에서 다룬다.
7. 통계처리와 같은 다양한 상황에서 BY-group 처리는 하나 이상의 변수에 기반한 그룹별 SAS 프로시저 결과를 출력한다.

A1.2.2. FIRST.BY-변수와 LAST.BY-변수

DATA 스텝 내에서도 처리를 위하여 관측치를 그룹화하도록 BY 구문을 사용할 수 있다. SET 구문과 함께 BY 구문을 사용하는 경우, SET 구문에 지정된 데이터셋은 반드시 BY-변수에 의해 정렬되어 있거나, BY-변수에 설정된 별도의 인덱스를 가지고 있어야 한다.

DATA 스텝은 수행 단계에서 BY-변수에 대해 두 가지의 임시 변수를 생성한다. 하나는 **FIRST.BY-변수**로 명명되고, 다른 하나는 **LAST.BY-변수**로 명명되며, 이 값들은 1 또는 0으로 설정된다. FIRST.BY-변수와 LAST.BY-변수는 개별 BY-그룹의 처음과 마지막 관측치를 식별하여 처음 관측치라면 FIRST.BY-변수가 1로 할당되고, 마지막 관측치라면 LAST.BY-변수가 1로 할당된다. 다양한 예제를 통해 FIRST/LAST.BY-변수의 활용 방법을 살펴보기로 하자.

프로그램 A1.3 **(FIRST/LAST 처리 (1) - First/Last.BY-변수의 확인)**

First. BY-변수와 Last. BY-변수는 임시 변수로, DATA 스텝 내부에서만 관련 처리를 수행한 후 최종 데이터셋에는 저장되지 않는다. 실제 First/Last. BY-변수의 구성을 살펴보기 위해 할당구문을 활용하여 변수 First와 Last를 생성해보자.

데이터셋 FIRSTLASTTEST는 임의의 자연수가 중복되어 나타나도록 구성한 데이터셋이다. 프로그램 및 결과는 다음과 같다.

SAS 프로그램

```
data FirstLastTest;
   input Data @@ ;
   cards;
1 1 2 2 2 5 7 7 8 8 8
;

proc sort data=FirstLastTest;
   by data;
run;

data FirstLastTest1;
   set FirstLastTest;
   by data;
   First = first.data;
   Last  = last.data;
run;
```

데이터셋 FIRSTLASTTEST1

Data	First	Last
1	1	0
1	0	1
2	1	0
2	0	0
2	0	1
5	1	1
7	1	0
7	0	1
8	1	0
8	0	0
8	0	1

관측치 중 5는 1개만 존재한다. 이 경우 변수 First와 Last가 동시에 1로 표시되는 것을 확인할 수 있다. 또한 동일한 관측치가 여러 개 존재하는 경우 최초 관측치에는 변수 First에 1이, 마지막 관측치에는 변수 Last에 1이 할당된다는 것을 확인할 수 있다.

프로그램 A1.4 **(FIRST/LAST 처리 (2) - 그룹내 개체번호 부여)**

FIRST.변수를 활용하는 대표적인 상황 중 하나는 IF-THEN/ELSE 구문과 합구문을 활용하여 그룹 내 개체번호를 부여하는 경우이다. 다음 프로그램 및 결과를 보자.

SAS 프로그램

```
data FirstLastTest2;
   set FirstLastTest;
   by data;
   if first.data then SubID=1;
   else               SubID+1;
run;
```

데이터셋 FIRSTLASTTEST2

Data	SubID
1	1
1	2
2	1
2	2
2	3
5	1
7	1
7	2
8	1
8	2
8	3

그룹 내 개체 번호를 부여하는 것은 이력성 데이터(historical data)에서 그룹별 최대값(primary value) 및 두 번째 값(secondary value)를 동시에 계산해야 하는 경우에 자주 사용된다.

프로그램 A1.5 **(FIRST/LAST 처리 (3) - 최종 누적연산 결과 출력)**

LAST. BY-변수를 활용하는 대표적인 상황으로는 관측치의 누적 연산 결과만으로 구성된 데이터셋을 생성하는 것이다. 〔프로그램 A1. 4〕에 LAST. BY-변수로 구성된 분할-IF 구문을 적용하면 그룹별 빈도수(frequency)를 계산하는 프로그램으로 변모한다. 다음 프로그램 및 결과를 보자.

SAS 프로그램

```
data FirstLastTest3;
   set FirstLastTest;
   by data;
   if first.data then SubID = 1;
   else               SubID + 1;
   if last.data;
run;
```

데이터셋 FIRSTLASTTEST2

Data	SubID
1	2
2	3
5	1
7	2
8	3

이를 적절히 잘 응용한다면, PROC SQL 또는 PROC FREQ, PROC MEANS 등에서 지원하는 그룹별 연산을 유사하게 구현할 수 있음을 참고하자.

프로그램 A1.6 **(FIRST/LAST 처리 (4) - 그룹 번호 부여)**

FIRST.BY-변수를 활용하는 또 다른 상황으로 그룹 번호를 부여하는 프로그램을 살펴보기로 하자. 〔프로그램 A1.4〕에서는 그룹의 첫 번째 관측치를 항상 0으로 초기화 해주는 반면, 지금 상황에서는 그룹의 첫 번째 관측치로 식별되는 경우 그룹 번호에 1을 더해주는 절차만을 거치면 된다. 프로그램 및 결과는 다음과 같다.

SAS 프로그램

```
data FirstLastTest4;
   set FirstLastTest;
   by data;
   if first.data then GroupID+1;
run;
```

데이터셋 FIRSTLASTTEST2

Data	GroupID
1	1
1	1
2	2
2	2
2	2
5	3
7	4
7	4
8	5
8	5
8	5

프로그램 A1.7 **(FIRST/LAST 처리 (5) - 그룹번호의 초기값 설정)**

RETAIN 구문을 활용하면 그룹번호에 초기값을 부여할 수도 있다. 프로그램 및 결과는 다음과 같다.

SAS 프로그램

```
data FirstLastTest5;
   set FirstLastTest;
   by data;
   retain GroupID 1000;
   if first.data then GroupID+1;
run;
```

데이터셋 FIRSTLASTTEST1

Data	GroupID
1	1001
1	1001
2	1002
2	1002
2	1002
5	1003
7	1004
7	1004
8	1005
8	1005
8	1005

A1.2.3. FIRST/LAST.BY-변수의 내부 처리 결과

FIRST.BY-변수와 LAST.BY-변수로 작업하기 위해 [그림 A1.4]의 데이터셋을 살펴보자.

데이터셋 USA

Dept	WageCat	WageRate
ADM20	S	3392.50
ADM30	S	5093.75
CAM10	S	1813.30
CAM10	S	1572.50
CAM10	H	13.48
ADM30	S	2192.25

```
proc sort data=usa out=temp;
   by dept;
run;
data budget(keep=dept payroll);
   set temp;
   by dept;
   if      wagecat='S' then Yearly=wagerate*12;
   else if wagecat='H' then Yearly=wagerate*2000;
   if first.dept then Payroll=0;
   payroll+yearly;
   if last.dept;
run;
```

그림 A1.4 FIRST.BY변수와 LAST.BY변수를 활용한 SAS 프로그램

데이터셋 USA는 직원 개인별 임금 총액으로 구성되어 있으며, 이를 기반으로 하여 부서별 연봉 총액을 계산해야 한다. 급여율(WageRate)은 정규직원(WageCat=S)의 경우 월급으로 설정되어 있으며 임시직원(WageCat=H)의 경우 시급으로 설정되어 있다. 또한 임시직원은 연간 2000시간을 일한다고 가정하자. 연봉 총액을 계산하기 전에 Dept 변수의 값에 의해 관측치를 그룹화할 필요가 있다.

이와 같은 논리적 절차에 따라 [그림 A1.4]에 제시된 프로그램은 부서별 연봉 총액을 계산한다. 변수명 Dept에 FIRST.과 LAST.이 붙어있다는 것에 유의하자.

데이터셋 BUDGET이 생성되었을 때 PDV의 내부는 [그림 A1.5]와 같이 구성된다. FIRST.Dept와 LAST.Dept의 값은 그룹의 처음과 마지막에 각각 1이 설정된다. 이 데이터셋을 출력하면 부서별 연봉총액의 합계가 출력된다.

PDV 내부 처리 결과

_N_	Dept	Payroll	FIRST.Dept	LAST.Dept
1	ADM20	40710.0	1	1
1	ADM30	61125.0	1	0
1	ADM30	87432.0	0	1
1	CAM10	21759.6	1	0
1	CAM10	40629.6	0	0
1	CAM10	67589.6	0	1

데이터셋 BUDGET

Dept	Payroll
ADM20	40710.0
ADM30	87432.0
CAM10	67589.6

그림 A1.5 BY-그룹 처리에 의해 생성된 PDV 내부 변수

A1.2.4. 부그룹 내의 처음 및 마지막 관측치 탐색

여러 개의 BY-변수를 지정했을 때, 각 변수에 대한 FIRST.variable은 변수의 새로운 값이 나타났을 때, 1로 설정되며, 첫 번째 BY-변수의 값의 변경이 있을 경우 두 번째 BY-변수에 의한 LAST.variable에 1을 할당한다. 각 매니저의 업무형태에 따른 연봉 총액을 계산하고 싶다고 가정하자. 이 경우, BY-변수로 Manager와 JobType을 지정하여 작성한 프로그램은 [그림 A1.6]과 같다.

```
proc sort data=company.usa2 out=work.temp2;
   by manager jobtype;
run;
```

그림 A1.6 두 개의 BY-변수로 정렬한 SAS 프로그램

생성되는 PDV는 [그림 A1.7]와 같다. FIRST.Manager 및 LAST.Manager의 값에 따라 FIRST.JobType 및 LAST.JobType의 값이 달라진다는 것에 주의하자.

_N_	Manager	JobType	Payroll	FIRST. Manager	LAST. Manager	FIRST. JobType	LAST. JobType
1	Coxe	3	40710.0	1	0	1	1
2	Coxe	50	41040.0	0	0	1	0
3	Coxe	50	82350.0	0	0	0	1
4	Coxe	240	27300.0	0	0	1	0
5	Coxe	240	54270.0	0	1	0	1
6	Delgado	240	35520.0	1	0	1	0
7	Delgado	240	63120.0	0	0	0	1
8	Delgado	420	18870.0	0	0	1	0
9	Delgado	420	45830.0	0	0	0	1
10	Delgado	440	21759.6	0	1	1	1
11	Overby	1	82270.8	1	0	1	1
12	Overby	5	48550.2	0	0	1	1
13	Overby	10	53766.0	0	0	1	1
14	Overby	20	70929.0	0	0	1	0
15	Overby	20	108885.0	0	1	0	1

그림 A1.7 BY-그룹 처리에 의해 생성된 PDV 내부 변수

First.JobType과 Last.Jobtype의 값을 적절히 활용하면 각각의 부그룹을 식별할 수 있다. [그림 A1.8]에 제시된 DATA 스텝 프로그램은 부그룹의 처음 관측치일 경우 연봉총액이 누적되는 변수인 Payroll을 0으로 초기화시킨 후 합 구문으로 부그룹별 연봉을 누적시킨다. Payroll은 부그룹별로 누적되며 따라서 Last.Jobtype의 값이 1인 관측치만을 남겨두면 업무형태 및 매니저에 따른 연봉총액으로 구성된 데이터셋 Company.Budget2이 최종적으로 생성된다.

```
data company.budget2(keep=manager jobtype payroll);
   set work.temp2;
   by manager jobtype;
   if wagecat='S' then Yearly=wagerate*12;
   else if wagecat='H' then Yearly=wagerate*2000;
   if first.jobtype then Payroll=0;
   payroll+yearly;
   if last.jobtype;
run;
```

그림 A1.8 LAST.BY변수와 분할-IF 구문의 응용

A1.3. 중복 관측치의 효율적 제거

중복 관측치를 제거하는 절차는 때에 따라서 매우 중요한 역할을 한다. 예를 들어, 대응 가로 병합(matched merging)에서 기준 데이터셋에 존재하는 키 변수값의 중복(duplicate)이 존재하는지의 여부에 따라 결과는 판이하게 달라진다는 것은 이미 **[11.4. 관계형 데이터와 대응 가로병합]**에서 살펴본 바 있다.

이외에도 중복 관측치의 존재 여부에 따라 데이터 처리 결과가 뒤엉키는 경우는 실무에서 자주 접할 수 있다. 이때 정렬에 사용된 BY-변수의 값만이 중복된 관측치를 제거할 것인지, 아니면 전체 변수의 값이 중복된 관측치를 제거할 것인지에 따라 중복 관측치 제거 방식은 달리 가져가야 한다. 이 절에서는 PROC SORT의 옵션 및 처리 결과를 활용한 다양한 방식의 중복 관측치 처리를 살펴본다.

A1.3.1. 중복 키변수값을 갖는 관측치의 제거 - NODUPKEY 옵션

NODUPKEY 옵션은 정렬에 사용된 키 변수(key variable, BY-variable)의 값이 중복되었는지의 여부를 검출한 후 삭제 처리한다. 이 옵션을 지정하면, PROC SORT는 직전 관측치의 키 변수값과 비교하여 중복이 발견되면 해당 관측치를 출력 데이터셋에 저장하지 않는다.

프로그램 A1.8 **(NODUPKEY 옵션의 활용)**

SAS 데이터셋 PROD는 인터넷 음반몰의 재고 목록으로 구성되어 있다. 이 데이터셋의 2, 7번 관측치와 1, 9번 관측치는 동일한 값으로 구성되어 있다. 변수 아티스트와 앨범명이 중복된 관측치를 제거하기 위해 NODUPKEY 옵션을 사용하자.

SAS 프로그램

```
data prod;
   input 아티스트 $ 1-17 앨범명 $ 18-35 Label $ 36-47;
   cards;
노브레인          청년폭도맹진가      문사단
노브레인          Stand Up Again      Roxtar
다이나믹듀오      Double Dynamite     갑-Ent.
클래지콰이        Instant Pig         Fluxus
스토니스컹크      Ragga Muffin'       YG-Ent.
클래지콰이        Color Your Soul     Fluxus
노브레인          Stand Up Again      Roxtar
다이나믹듀오      Taxi Driver         갑-Ent.
노브레인          청년폭도맹진가      문사단
;

proc sort data=prod out=dupdel nodupkey;
   by 아티스트 앨범명;
run;
```

PROC SORT를 실행하면 먼저 BY 변수값에 근거하여 관측치를 정렬한 후, 동일한 BY 변수값을 갖는 관측치가 제거된 데이터셋 DUPDEL이 생성된다. NODUPKEY가 적용되었을 때 일어나는 내부 처리 및 로그 메시지는 다음과 같다.

SAS 로그

```
53   proc sort data=prod out=dupdel nodupkey;
54      by 아티스트 앨범명;
55   run;

NOTE: 9개의 관측치를 데이터셋 WORK.PROD. (으)로부터  읽었습니다.
NOTE: 중복 키값을 가지고 있는 2개의 관측치가 삭제되었습니다.
NOTE: 데이터셋 'WORK.DUPDEL'은(는) 7개 관측치, 3개 변수를 가지고 있습니다.
NOTE: 프로시저 SORT 실행:
      실행 시간          0.01 초
      cpu 시간           0.00 초
```

SAS 로그에는 중복 관측치의 제거와 관련된 메시지가 출력된다. 데이터셋 PROD에는 변수 "아티스트"와 "앨범명"이 동시에 중복된 관측치가 2개 존재한다는 것을 확인할 수 있으며, 출력 데이터셋 DUPDEL에는 중복이 제거된 7개의 관측치가 저장된다.

데이터셋 DUPDEL (중복 삭제 직전)

아티스트	앨범명	Label
노브레인	Stand Up Again	Roxtar
노브레인	Stand Up Again	Roxtar
노브레인	청년폭도맹진가	문사단
노브레인	청년폭도맹진가	문사단
다이나믹듀오	Double Dynamite	갑-Ent.
다이나믹듀오	Taxi Driver	갑-Ent.
스토니스컹크	Ragga Muffin'	YG-Ent.
클래지콰이	Color Your Soul	Fluxus
클래지콰이	Instant Pig	Fluxus

데이터셋 DUPDEL (최종 결과)

아티스트	앨범명	Label
노브레인	Stand Up Again	Roxtar
노브레인	청년폭도맹진가	문사단
다이나믹듀오	Double Dynamite	갑-Ent.
다이나믹듀오	Taxi Driver	갑-Ent.
스토니스컹크	Ragga Muffin'	YG-Ent.
클래지콰이	Color Your Soul	Fluxus
클래지콰이	Instant Pig	Fluxus

A1.3.2. 중복 관측치의 제거 - NODUPRECS 옵션

NODUPRECS 옵션은 NODUPKEY 옵션과 달리 모든 변수값이 일치하는 중복 관측치를 삭제 처리한다.

NODUPRECS 옵션은 연속적으로 나타나는 관측치에 대해서만 중복여부를 검증하기 때문에, 출력 데이터셋에 비연속적으로 존재하는 관측치는 삭제하지 않는다. 따라서, NODUPRECS 옵션의 사용 시에는 BY 변수를 어떻게 설정하는가에 따라 결과가 달라질 수 있다. 예제를 통해 이와 같은 상황을 살펴보자.

프로그램 A1.9 **(NODUPRECS 옵션의 활용)**

〔프로그램 A1. 8〕에서 살펴본 데이터셋 PROD에 대해 NODUPRECS 옵션을 활용하여 중복 레코드를 제거해 보기로 하자.

데이터셋 PROD에는 이미 살펴본 바와 같이 데이터에는 2개의 중복 레코드가 존재한다. 먼저, 변수 아티스트만을 BY 변수로 지정하여 NODUPRECS 옵션을 적용한 프로그램 및 로그는 다음과 같다.

SAS 프로그램

```
proc sort data=prod out=duprecdel noduprecs;
   by 아티스트;
run;
```

SAS 로그

```
81    proc sort data=prod out=duprecdel noduprecs;
82       by 아티스트;
83    run;

NOTE: 9개의 관측치를 데이터셋 WORK.PROD. (으)로부터  읽었습니다.
NOTE: 1개의 중복 관측치가 삭제되었습니다.
NOTE: 데이터셋 'WORK.DUPRECDEL'은(는) 8개 관측치, 3개 변수를 가지고 있습니다.
NOTE: 프로시저 SORT 실행:
      실행 시간           0.01 초
      cpu 시간            0.01 초
```

중복레코드 2개가 존재함에도 불구하고 중복 삭제 처리는 한 개의 레코드에 대해서만 일어났다. 이를 이해하기 위해서는 PROC SORT의 기본적인 정렬 처리 방식을 이해할 필요가 있다. SAS는 BY 변수값이 동일하다면 원본 데이터셋에 저장된 관측치의 순서대로 정렬 처리를 진행한다. 다음은 중복 레코드 삭제 처리 직전에 정렬이 완료된 결과이다.

데이터셋 PROD

아티스트	앨범명	Label
노브레인	청년폭도맹진가	문사단
노브레인	Stand Up Again	Roxtar
노브레인	Stand Up Again	Roxtar
노브레인	청년폭도맹진가	문사단
다이나믹듀오	Double Dynamite	갑-Ent.
다이나믹듀오	Taxi Driver	갑-Ent.
스토니스컹크	Ragga Muffin'	YG-Ent.
클래지콰이	Instant Pig	Fluxus
클래지콰이	Color Your Soul	Fluxus

따라서, 삭제 전 결과에서 1, 4번 관측치는 중복으로 인식하지 않기 때문에 삭제 처리가 일어나지 않는다. 최종 정렬 결과로 구성된 데이터셋 DUPRECDEL은 다음과 같다.

데이터셋 DUPDEL (중복 관측치 삭제 직전)

아티스트	앨범명	Label
노브레인	청년폭도맹진가	문사단
노브레인	Stand Up Again	Roxtar
노브레인	청년폭도맹진가	문사단
다이나믹듀오	Double Dynamite	갑-Ent.
다이나믹듀오	Taxi Driver	갑-Ent.
스토니스컹크	Ragga Muffin'	YG-Ent.
클래지콰이	Instant Pig	Fluxus
클래지콰이	Color Your Soul	Fluxus

이와 같은 상황은 BY 변수를 여러 개 사용하여 해결할 수 있다. 예제에서는 BY 변수에 앨범명을 추가하면 모든 중복 레코드가 제거된다. 다음은 모든 중복 레코드를 제거하도록 구성된 프로그램 및 수행 결과이다.

SAS 로그

```
proc sort data=prod out=duprecdel noduprecs;
   by 아티스트 앨범명;
run;

NOTE: 9개의 관측치를 데이터셋 WORK.PROD. (으)로부터  읽었습니다.
NOTE: 2개의 중복 관측치가 삭제되었습니다.
NOTE: 데이터셋 'WORK.DUPRECDEL'은(는) 7개 관측치, 3개 변수를 가지고 있습니다.
NOTE: 프로시저 SORT 실행:
      실행 시간           0.01 초
      cpu 시간            0.01 초
```

데이터셋 DUPRECDEL (중복 삭제 직전)

아티스트	앨범명	Label
노브레인	Stand Up Again	Roxtar
노브레인	Stand Up Again	Roxtar
노브레인	청년폭도맹진가	문사단
노브레인	청년폭도맹진가	문사단
다이나믹듀오	Double Dynamite	갑-Ent.
다이나믹듀오	Taxi Driver	갑-Ent.
스토니스컹크	Ragga Muffin'	YG-Ent.
클래지콰이	Color Your Soul	Fluxus
클래지콰이	Instant Pig	Fluxus

데이터셋 DUPRECDEL (최종 결과)

아티스트	앨범명	Label
노브레인	Stand Up Again	Roxtar
노브레인	청년폭도맹진가	문사단
다이나믹듀오	Double Dynamite	갑-Ent.
다이나믹듀오	Taxi Driver	갑-Ent.
스토니스컹크	Ragga Muffin'	YG-Ent.
클래지콰이	Color Your Soul	Fluxus
클래지콰이	Instant Pig	Fluxus

Note
1. NODUPKEY 옵션과 NODUPRECS의 혼동에 주의하자.
2. NODUPRECS 옵션의 처리 방식을 조절하기 위해 시스템 옵션 SORTDUP=을 사용한다. SORTDUP=PHYSICAL을 지정하면, 데이터셋 내의 모든 변수값에 기초하여 중복 제거 처리를 수행한다. 반면, SORTDUP=LOGICAL을 지정하면 데이터셋 옵션 DROP=, KEEP= 옵션 적용 후에 잔류하는 변수들의 값에만 기초하여 중복 제거 처리를 수행한다.

A1.3.3. 정렬 결과 저장 순서의 결정 : EQUALS | NOEQUALS 옵션

EQUALS | NOEQUALS 옵션은 PROC SORT에 의해 정렬된 결과가 저장되는 순서를 설정한다. NODUPRECS 옵션 또는 NODUPKEY 옵션을 사용하여 중복관측치를 제거하는 작업을 수행하는 경우, 이 옵션의 사용 여부에 따라 제거 대상 관측치가 달라질 수 있다.

EQUALS 옵션이 설정된 정렬처리는 동일 BY-변수값을 갖는 관측치들에 대해 입력 데이터에 저장된 순서를 출력 데이터셋에 그대로 유지한다. 반면, NOEQUALS 옵션은 출력 데이터셋에 순서를 유지시켜줄 필요가 없는 경우에 사용하며, CPU 사용시간 및 메모리 사용량을 절감할 수 있다. 예제를 통해 살펴보도록 하자.

Note
EQUALS|NOEQUALS 옵션은 SAS V9 이상에서 지원한다.

프로그램 A1.10 **(NOEQUAL 옵션의 활용)**

NODUPKEY 옵션과 NOEQUALS 옵션을 사용하면 개별 BY 그룹의 첫 번째 관측치만을 남길 수 있다. 다음 프로그램 및 데이터셋 생성 결과를 보면, NOEQUAL 옵션의 적용여부에 따른 정렬 결과의 차이를 알 수 있다.

SAS 프로그램

```
proc sort data=prod out=equal   nodupkey          ; by 아티스트; run;
proc sort data=prod out=noequal nodupkey noequals; by 아티스트; run;
```

데이터셋 EQUAL

아티스트	앨범명	Label
노브레인	청년폭도맹진가	문사단
다이나믹듀오	Double Dynamite	갑-Ent.
스토니스컹크	Ragga Muffin'	YG-Ent.
클래지콰이	Instant Pig	Fluxus

데이터셋 NOEQUAL

아티스트	앨범명	Label
노브레인	청년폭도맹진가	문사단
다이나믹듀오	Double Dynamite	갑-Ent.
스토니스컹크	Ragga Muffin'	YG-Ent.
클래지콰이	Color Your Soul	Fluxus

A1.3.4. FIRST.변수/LAST.변수를 활용한 중복 관측치 제거

[A1.2.2절]에서 임시변수 FIRST.변수/LAST.변수를 살펴보았다. 분할-IF 구문과 함께 이를 적절히 활용하면 BY 변수값이 중복된 관측치를 쉽게 삭제 처리할 수 있다. 예제를 통해 살펴보기로 하자.

프로그램 A1.11 **(FIRST.BY-변수를 활용한 중복 관측치의 제거)**

지금까지 살펴본 음반정보 데이터셋 PROD에서 앨범명이 중복되는 관측치에 대해 분할-IF 구문이 적용된 DATA 스텝을 활용하여 삭제해보자. 프로그램 및 결과는 다음과 같다.

SAS 프로그램 (단순정렬)

```
proc sort data=prod out=sorted;
   by 앨범명;
run;
```

SAS 프로그램 (중복제거)

```
data prod2;
   set sorted;
   by 앨범명;
   if first.앨범명;
run;
```

데이터셋 SORTED (중복 삭제 직전)

아티스트	앨범명	Label
클래지콰이	Color Your Soul	Fluxus
다이나믹듀오	Double Dynamite	갑-Ent.
클래지콰이	Instant Pig	Fluxus
스토니스컹크	Ragga Muffin'	YG-Ent.
노브레인	Stand Up Again	Roxtar
노브레인	Stand Up Again	Roxtar
다이나믹듀오	Taxi Driver	갑-Ent.
노브레인	청년폭도맹진가	문사단
노브레인	청년폭도맹진가	문사단

데이터셋 DUPRECDEL (최종 결과)

아티스트	앨범명	Label
클래지콰이	Color Your Soul	Fluxus
다이나믹듀오	Double Dynamite	갑-Ent.
클래지콰이	Instant Pig	Fluxus
스토니스컹크	Ragga Muffin'	YG-Ent.
노브레인	Stand Up Again	Roxtar
다이나믹듀오	Taxi Driver	갑-Ent.
노브레인	청년폭도맹진가	문사단

프로그램 A1.12 **(중복 관측치 제거 방식 비교)**

데이터셋 SORTTEST는 0~99,999로 구성된 이산형 일양분포난수 (discrete uniform random variable) 1,000,000개로 구성된 데이터셋이다. 생성 프로그램은 다음과 같다.

SAS 프로그램 (난수생성)

```
data SortTest;
   do i=1 to 1000000;
      data = int(100000*uniform(10));
      output;
   end;
run;
```

NODUPKEY 옵션이 적용된 PROC SORT는 일반적으로 FIRST./LAST. 처리에 비해 DATA 스텝에 비해 입출력 처리 및 CPU 시간을 적게 소모한다. 실제 확인해보도록 하자.

먼저 NODUPKEY 옵션을 적용하여 중복 제거 처리를 실시한 경우를 살펴보자. PROC SORT를 한 번 수행하는 것으로 중복 관측치를 제거하기 때문에 프로그램의 분량이 줄어든다는 것은 직관적으로 확인가능하다. 수행시간은 1.14초가 소요되었다.

SAS 로그

```
proc sort data=SortTest out=SortTest1 nodupkey;
    by data;
run;

NOTE: 1000000개의 관측치를 데이터셋 WORK.SORTTEST. (으)로부터  읽었습니다.
NOTE: 중복 키값을 가지고 있는 900007개의 관측치가 삭제되었습니다.
NOTE: 데이터셋 'WORK.SORTTEST1'은(는) 99993개 관측치, 2개 변수를 가지고
      있습니다.
NOTE: 프로시저 SORT 실행:
      실행 시간            1.14 초
      cpu 시간             1.14 초
```

동일한 결과를 얻기 위해 FIRST/LAST. BY-변수를 활용해보기로 하자. 이를 위해서는 먼저, 전체 데이터셋을 그대로 정렬하는 절차를 거친 후, 다시 분할-IF 구문이 적용된 DATA 스텝을 수행하는 방식의 2단계 절차를 실시해야 한다. 단순히 생각하더라도, NODUPKEY 옵션을 사용하는 것에 비해 프로그램 분량이 늘어나는 것은 자명하다. 더구나, 전체 처리의 수행시간이 1.68초로 50%가량 증가했음을 살펴볼 수 있다. 다음 로그를 보자.

SAS 로그

```
proc sort data=SortTest out=SortTest2;
    by data;
run;

NOTE: 1000000개의 관측치를 데이터셋 WORK.SORTTEST. (으)로부터  읽었습니다.
NOTE: 데이터셋 'WORK.SORTTEST2'은(는) 1000000개 관측치, 2개 변수를 가지고
      있습니다.
NOTE: 프로시저 SORT 실행:
      실행 시간            1.37 초
      cpu 시간             1.26 초

data SortTest2;
    set SortTest2;
    by data;
    if first.data;
run;

NOTE: 1000000개의 관측치를 데이터셋 WORK.SORTTEST2. (으)로부터  읽었습니다.
NOTE: 데이터셋 'WORK.SORTTEST2'은(는) 99993개 관측치, 2개 변수를 가지고
      있습니다.
NOTE: DATA 문장 실행:
      실행 시간            0.31 초
      cpu 시간             0.26 초
```

A1.4. 대용량 데이터셋의 정렬

대용량 데이터셋(large-size dataset)이라는 개념은 매우 상대적이다. 개인용 PC에서 작업을 하는 경우, 500MB 정도의 데이터셋을 처리하는 것에도 어려움이 있는 반면, 워크스테이션 이상 급에서는 20GB이상의 크기를 갖는 데이터셋도 무리없이 처리할 수 있다.

데이터셋의 크기가 적을 경우에는 당연히 작업 공간 및 작업 시간을 고민할 필요는 없다. 하지만, 데이터셋의 크기가 커지거나 정렬에 사용되는 BY 변수의 개수가 많아질수록 효율적으로 정렬하는 기법의 활용여부는 중요해진다. SAS에서의 정렬 처리는 기본적으로 시스템 자원을 대단히 많이 소모하는 작업이기 때문에, 다양한 방식의 최적화 기법을 생각해볼 필요가 있다. 이 절에서는 대용량 데이터셋의 정렬 처리를 위해 고려해야 할 다양한 상황을 살펴본다.

A1.4.1. 대용량 데이터셋 정렬 처리에서의 고려사항

대용량 데이터셋의 정렬에서 고려해야 하는 요소로는 크게 두 가지가 있다. 하나는 정렬 처리에 소요되는 작업 시간이고, 또 다른 하나는 정렬 처리에 필요한 작업 공간의 확보 여부이다.

먼저 정렬에 필요한 작업공간의 크기에 대해 살펴보자. SAS를 활용하여 데이터셋을 정렬 처리할 때, 정렬 대상 데이터셋 크기의 3배수에 해당하는 추가적인 저장 공간을 필요로 한다. 저장 공간이 확보되지 않으면, SAS는 로그에 저장 공간 미확보와 관련한 오류메시지를 출력한 후 정렬 처리를 취소한다.

작업공간은 설정된 옵션 및 정렬 도구와 정렬 결과에 관련된 메모리 및 디스크 공간이 할당될 수 있다. 다음 공식을 활용하면 PROC SORT에 필요한 작업 공간의 총량을 대략 계산할 수 있다.

[SAS 데이터셋 정렬을 위해 필요한 저장 용량 산출 공식]

필요공간 = (키변수길이+관측치길이)×관측치수×4

· 승수로 설정된 4는 SAS V9 이전 버전에 사용되는 유틸리티 파일에 적용된다. 메모리 내부 정렬 및 SAS V9에서 정렬하는 경우는 승수로 2를 사용하면 된다.

프로그램 A1.13 **(정렬 작업시의 필요한 임시 저장용량 크기 계산)**

작업 공간 확보를 위해 가상 데이터를 활용하자. 데이터셋 RANDOM은 생성순번 및 정규난수와 일양난수로 구성되어 있다. 필요한 작업공간 계산에 사용할 정보를 얻으려면 PROC CONTENTS를 활용한다.

SAS 프로그램 (난수생성)

```
data random;
   do i=1 to 5000000;
      uniform = uniform (12345);
      normal  = normal  (12345);
      output;
   end;
run;
proc contents data=random;
run;
```

생성된 데이터셋의 크기는 116.3MB의 크기를 갖는다. 그러면 PROC CONTENS의 결과를 활용하여 정렬에 필요한 작업 공간의 크기를 살펴보자. 데이터셋 RANDOM의 관측치 수는 20,000,000개이며 8B의 길이를 갖는 수치형 변수 3개로 이루어져 있다. 따라서 개별 관측치의 길이는 24B가 된다. 예를 들어, 변수 Normal에 기초하여 정렬을 수행한다면, (4+24)×5000000×2 ≒ 280MB의 공간을 필요로 하게 된다. 즉, 하드디스크에는 적어도 280MB 이상의 공간을 확보해 두어야 정상적인 정렬 작업이 진행될 수 있을 것이다.

PROC CONTENTS 결과

```
                              CONTENTS 프로시저

데이터셋 이름   WORK.RANDOM                          관측치          5000000
멤버 유형       DATA                                 변수            3
엔진            V9                                   인덱스          0
생성일          2006년 11월 27일 일 오전 03시19분28초  관측치 길이     24
마지막 수정일   2006년 11월 27일 일 오전 03시19분28초  삭제된 관측치   0
보호                                                 압축여부        아니오
데이터셋 유형                                        정렬            아니오
라벨
데이터 표현     WINDOWS_32
엔코딩          euc-kr  Korean (EUC)
```

변수와 속성 리스트(오름차순)

#	변수	유형	길이
1	i	수치	8
3	normal	수치	8
2	uniform	수치	8

A1.4.2. 데이터셋 크기에 따른 정렬 소요 시간

정렬 처리에 소요되는 작업시간은 운영체제 및 CPU와 같은 시스템 성능에 많은 영향을 받는다. 그러나, 한가지 알아두어야 하는 것은 파일 크기(또는 관측치 수)가 2배라고 해서 정렬 처리에 소요되는 시간이 2배 늘어나지는 않는다는 것이다. 그러면, 데이터셋의 크기에 따른 작업 시간을 생각해보자.

[표 A1.1]은 [프로그램 A1.13]에서 살펴본 난수 생성 DATA 스텝 프로그램에서 난수의 생성 갯수에 따른 정렬 소요 시간을 정리한 것이다. 데이터셋의 저장용량이 늘어남에 따라 정렬시간이 기하급수적으로 늘어난다는 것을 확인할 수 있다.

표 A1.1 파일 크기에 따른 정렬 소요 시간

관측치수	저장용량	정렬시간
1만	0.4MB	0.4초
50만	19.3MB	4.0초
200만	77.4MB	20.1초
1000만	386.8MB	2분 4초

관측치수	저장용량	정렬시간
10만	3.9MB	0.9초
100만	38.7MB	6.1초
500만	193.4MB	52.0초
2000만	773.5MB	9.43.75

Note

1. PROC SORT는 입출력 처리에 매우 민감하다. 정렬 처리 도중 저장 공간이 부족해질 경우, 데이터 파일에 물리적인 손상이 갈 수 있다는 것에 주의하자.
2. PROC SORT에 의한 모든 정렬 처리는 Work 라이브러리에서 이루어진다. 따라서, 정렬 대상 파일이 Work 라이브러리에 존재하는 경우, 모든 입출력 처리는 Work 라이브러리에 집중된다.
3. SAS V8 이전에서는 실제 데이터 파일 크기의 대략 3~4배 정도에 해당하는 비압축 데이터파일 크기만큼의 작업공간이 요구되었으나, SAS V9부터는 2배 정도의 작업 공간이 요구된다.
3. SAS V9에서는 정렬 처리에 의해 생성되는 파일이 저장되는 경로를 지정하기 위한 시스템 옵션 UTILLOC=을 지원한다. 이에 대한 자세한 내용은 SAS 매뉴얼을 참고하자.

A1.4.3. 대용량 데이터셋의 정렬 기법

[A1.4.1절]에서 대용량 데이터셋의 정렬에서 고려해야 하는 사항에 대해 살펴보았다. 특히, 작업 공간이 제대로 확보되지 않은 상태에서 적절한 정렬 처리를 수행하기 위해서는 다양한 형태의 프로그래밍 기법을 고려해야 한다. 이 상황에 대한 해결방법은 보통 [그림 A1.9]와 같은 절차를 거친다.

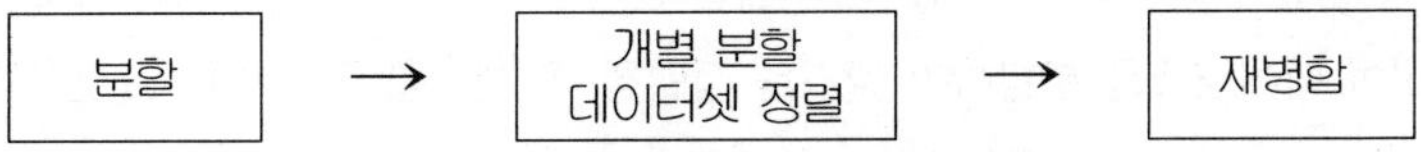

그림 A1.9 대용량 데이터 정렬 절차

이 방식은 **스레드 정렬**(thread sort)의 처리방식과 유사하다. 각각의 단계에서는 이미 우리가 공부한 다양한 데이터셋 옵션 및 PROC SORT에서 지원하는 구문을 여러 가지의 조합으로 적용할 수 있다.

작업 공간 확보에 문제가 발생했을 경우라면 **[그림 A1.9]**에 제시된 절차를 반드시 따라야 한다. 또한 적절한 방식을 선택한다면, 전체 데이터셋을 한 번에 정렬하는 것보다 정렬 소요 시간을 단축하는 효과를 확인할 수도 있다. 예제를 통해 개별 기법들의 프로그래밍 방식을 살펴보고 각각의 소요 시간을 살펴보기로 하자.

프로그램 A1.14 **(대용량 데이터 파일 정렬 방식 비교)**

〔프로그램 A1.13〕에서 생성한 데이터셋 RANDOM을 일양난수의 크기에 기초하여 정렬하고자 한다. 관측치의 갯수는 대용량의 정의를 충족시키기 위해 20,000,000개를 생성하며, 생성된 파일의 용량은 773.5MB이다. 이 데이터셋을 활용하여 여러 가지 정렬 기법 및 정렬에 소요되는 시간을 살펴보기로 하자. 먼저, 특별한 조치 없이 PROC SORT만으로 정렬 처리를 수행하는 프로그램은 다음과 같다.

PROC SORT (1) - 일반 정렬 처리

```
proc sort data=random out=random_order0;
   by uniform;
run;
```

로그를 보면, 정렬 처리 수행에 걸린 시간이 약 10분 가량 소요된 것으로 나타났다.

SAS 로그

```
10    proc sort data=random out=random_order0;
11       by uniform;
12    run;

NOTE: 20000000개의 관측치를 데이터셋 WORK.RANDOM. (으)로부터  읽었습니다.
NOTE: 데이터셋 'WORK.RANDOM_ORDER0'은(는) 20000000개 관측치, 5개 변수를 가지고
      있습니다.
NOTE: 프로시저 SORT 실행:
      실행 시간          9:43.75
      cpu 시간           1:37.15
```

이제 분할 정렬하는 다양한 기법을 살펴보자. 먼저, 사전에 IF-THEN/ELSE 구문을 활용하여 데이터셋을 분할하여 각각을 정렬한 후 재병합 하는 SAS 프로그램은 다음과 같다. 일양난수의 값에 기초하여 4개의 데이터셋으로 분할하였음에 유의하자.

PROC SORT (2) - 다중 출력을 활용한 분할 정렬 후 재병합

```
data temp1 temp2 temp3 temp4;
   set random;
   if              uniform <= 0.25 then output temp1;
   else if 0.25 < uniform <= 0.5  then output temp2;
   else if 0.5  < uniform <= 0.75 then output temp3;
   else                                 output temp4;
run;

proc sort data=temp1;by uniform;run;
proc sort data=temp2;by uniform;run;
proc sort data=temp3;by uniform;run;
proc sort data=temp4;by uniform;run;

data random_orders2;
   set temp1 temp2 temp3 temp4;
   by uniform;
run;
```

데이터셋의 분할에 사용된 DATA 스텝을 수행하면 다음과 같은 로그가 생성된다. 데이터 분할에는 2분 47초 가량이 소요되었다.

SAS 로그

```
data temp1 temp2 temp3 temp4;
   set random;
   if              uniform <= 0.25 then output temp1;
   else if 0.25 < uniform <= 0.5  then output temp2;
   else if 0.5  < uniform <= 0.75 then output temp3;
   else                                 output temp4;
run;

NOTE: 20000000개의 관측치를 데이터셋 WORK.RANDOM. (으)로부터  읽었습니다.
NOTE: 데이터셋 'WORK.TEMP1'은(는) 4997722개 관측치, 5개 변수를 가지고 있습니다.
NOTE: 데이터셋 'WORK.TEMP2'은(는) 4998414개 관측치, 5개 변수를 가지고 있습니다.
NOTE: 데이터셋 'WORK.TEMP3'은(는) 4999501개 관측치, 5개 변수를 가지고 있습니다.
NOTE: 데이터셋 'WORK.TEMP4'은(는) 5004363개 관측치, 5개 변수를 가지고 있습니다.
NOTE: DATA 문장 실행:
      실행 시간           2:47.67
      cpu 시간            21.96 초
```

분할된 데이터셋을 정렬하기 위해 작성한 PROC SORT 프로그램에 의해 생성된 로그의 일부는 다음과 같다. 데이터셋 정렬 시간은 각각 56초, 1분 27초, 1분 11초, 1분 18초이다.

SAS 로그

```
proc sort data=temp2;by uniform;run;

NOTE: 4998414개의 관측치를 데이터셋 WORK.TEMP2. (으)로부터  읽었습니다.
NOTE: 데이터셋 'WORK.TEMP2'은(는) 4998414개 관측치, 5개 변수를 가지고 있습니다.
NOTE: 프로시저 SORT 실행:
      실행 시간           1:27.40
      cpu 시간            27.57 초
```

정렬을 마무리한 후 재병합하기 위해 작성된 DATA 스텝 프로그램에 의해 생성된 로그는 다음과 같다. 약 2분 50초가 소요되었음을 확인할 수 있다.

SAS 로그

```
data random_orders2;
   set temp1 temp2 temp3 temp4;
   by uniform;
run;

NOTE: 4997722개의 관측치를 데이터셋 WORK.TEMP1. (으)로부터  읽었습니다.
NOTE: 4998414개의 관측치를 데이터셋 WORK.TEMP2. (으)로부터  읽었습니다.
NOTE: 4999501개의 관측치를 데이터셋 WORK.TEMP3. (으)로부터  읽었습니다.
NOTE: 5004363개의 관측치를 데이터셋 WORK.TEMP4. (으)로부터  읽었습니다.
NOTE: 데이터셋 'WORK.RANDOM_ORDERS2'은(는) 20000000개 관측치, 5개 변수를 가지고
      있습니다.
NOTE: DATA 문장 실행:
      실행 시간            2:49.06
      cpu 시간             31.90 초
```

분할-정렬-재병합 방식에 의한 대용량 데이터셋 정렬에 소요된 시간은 10분 29초이다. 즉, 한 번에 정렬하는 것보다도 오래 걸렸음을 확인할 수 있다.

이번에는 PROC SORT에 WHERE 구문을 적용하여 데이터셋을 분할 정렬한 후 재병합하는 방식을 살펴보자. 프로그램은 다음과 같다.

PROC SORT (3) - WHERE 구문을 활용한 분할 정렬 후 재병합

```
proc sort data=random out=temp1; by uniform; where 0    <= uniform <= 0.25; run;
proc sort data=random out=temp2; by uniform; where 0.25 <  uniform <= 0.5;  run;
proc sort data=random out=temp3; by uniform; where 0.5  <  uniform <= 0.75; run;
proc sort data=random out=temp4; by uniform; where 0.75 <  uniform <= 1  ;  run;

data random_orders3;
   set temp1 temp2 temp3 temp4;
   by uniform;
run;
```

WHERE 구문을 활용하여 분할 정렬한 결과 각각 1분 32초, 1분 35초, 1분 39초, 1분 39초가 소요되었다. 다음은 WHERE 구문이 적용된 PROC SORT 프로그램에 의해 생성된 로그의 일부이다.

SAS 로그

```
proc sort data=random out=temp4; by uniform; where 0.75 < uniform <= 1;run;

NOTE: 5004363개의 관측치를 데이터셋 WORK.RANDOM. (으)로부터  읽었습니다.
      WHERE (uniform>0.75 and uniform<=1);
NOTE: 데이터셋 'WORK.TEMP4'은(는) 5004363개 관측치, 5개 변수를 가지고 있습니다.
NOTE: 프로시저 SORT 실행:
      실행 시간            1:39.76
      cpu 시간             30.78 초
```

정렬 완료된 데이터셋을 재병합하도록 구성된 작성된 DATA 스텝 프로그램에 의해 생성된 로그는 다음과 같다. 약 1분 46초가 소요되었음을 확인할 수 있다.

SAS 로그

```
45    data random_orders3;
46       set temp1 temp2 temp3 temp4;
47       by uniform;
48    run;

NOTE: 4997722개의 관측치를 데이터셋 WORK.TEMP1. (으)로부터  읽었습니다.
NOTE: 4998414개의 관측치를 데이터셋 WORK.TEMP2. (으)로부터  읽었습니다.
NOTE: 4999501개의 관측치를 데이터셋 WORK.TEMP3. (으)로부터  읽었습니다.
NOTE: 5004363개의 관측치를 데이터셋 WORK.TEMP4. (으)로부터  읽었습니다.
NOTE: 데이터셋 'WORK.RANDOM_ORDERS3'은(는) 20000000개 관측치, 5개 변수를 가지고
      있습니다.
NOTE: DATA 문장 실행:
      실행 시간           1:46.62
      cpu 시간            30.89 초
```

PROC SORT의 WHERE 구문을 활용한 정렬에 소요된 시간은 8분 14초이다. 이 방식은 앞에서 살펴본 두 방식에 비해서는 수행시간 절감효과가 어느 정도 존재하는 것으로 볼 수 있다.

이번에는 데이터셋 옵션 firstobs=/obs= 옵션을 활용하여 데이터셋 RANDOM을 네 개로 분할한 후 재병합하는 절차를 살펴보자. 프로그램은 다음과 같다.

데이터셋 옵션을 활용하여 분할 정렬한 결과 각각 46초, 34초, 36초, 36초가 소요되었다. 다음은 데이터셋 옵션이 적용된 PROC SORT 프로그램에 의해 생성된 로그의 일부이다.

SAS 로그

```
13    proc sort data=random(firstobs=1 obs= 5000000) out=temp1;by uniform;run;

NOTE: 5000000개의 관측치를 데이터셋 WORK.RANDOM. (으)로부터  읽었습니다.
NOTE: 데이터셋 'WORK.TEMP1'은(는) 5000000개 관측치, 5개 변수를 가지고 있습니다.
NOTE: 프로시저 SORT 실행:
      실행 시간           46.70 초
      cpu 시간            23.59 초
```

정렬 완료된 데이터셋을 재병합하도록 구성된 작성된 DATA 스텝 프로그램에 의해 생성된 로그는 다음과 같다. 약 1분 26초가 소요되었음을 확인할 수 있다.

SAS 로그

```
17    data random_orders1;
18       set temp1 temp2 temp3 temp4;
19       by uniform;
20    run;

NOTE: 5000000개의 관측치를 데이터셋 WORK.TEMP1. (으)로부터  읽었습니다.
NOTE: 5000000개의 관측치를 데이터셋 WORK.TEMP2. (으)로부터  읽었습니다.
NOTE: 5000000개의 관측치를 데이터셋 WORK.TEMP3. (으)로부터  읽었습니다.
NOTE: 5000000개의 관측치를 데이터셋 WORK.TEMP4. (으)로부터  읽었습니다.
NOTE: 데이터셋 'WORK.RANDOM_ORDERS1'은(는) 20000000개 관측치, 5개 변수를 가지고
      있습니다.
NOTE: DATA 문장 실행:
      실행 시간            1:26.15
      cpu 시간             37.98 초
```

PROC SORT와 데이터셋 옵션을 활용한 정렬에 소요된 시간은 3분 59초이다. 이 방식은 앞에서 살펴본 방식에 비해 수행시간 절감효과가 상당한 것으로 나타났다.

대용량 파일의 정렬은 파일 크기에 따라 기하급수적으로 증가한다는 것을 이미 〔표 A1. 1〕에서 살펴본 바 있다. 따라서, 아이디어의 기초는 데이터를 적당한 크기로 쪼갠 후 재병합하는 것에 집중된다. 예제에서 살펴본 방식들의 정렬 처리 소요 시간을 살펴보면, 데이터 입출력 단계 및 관측치 식별에 따르는 처리를 최소화시켜주는 것이 효율적인 처리의 관건임을 확인할 수 있다.

정렬 기법		정렬소요시간
일반 정렬 처리		9분 44초
분할 정렬 처리	다중 출력	10분 29초
	WHERE 구문	8분 14초
	데이터셋 옵션	3분 59초

분할된 데이터셋을 재병합할 때 PROC APPEND의 사용을 고려할 수도 있을 것이다. 다음은 PROC APPEND를 활용하여 데이터셋을 재병합하는 프로그램 및 로그이다.

PROC APPEND 프로그램

```
proc append base=random_order4 data=temp1;run;
proc append base=random_order4 data=temp2;run;
proc append base=random_order4 data=temp3;run;
proc append base=random_order4 data=temp4;run;
```

SAS 로그

```
50   proc append base=random_order4 data=temp1;run;

NOTE: 'WORK.TEMP1'을(를) 추가 중 (대상 데이터셋 :'WORK.RANDOM_ORDER4').
NOTE: BASE 데이터셋이 존재하지 않습니다. DATA 파일이 BASE 파일에 복사됩니다.
NOTE: 4997722개의 관측치를 데이터셋 WORK.TEMP1. (으)로부터  읽었습니다.
NOTE: 데이터셋 'WORK.RANDOM_ORDER4'은(는) 4997722개 관측치, 5개 변수를 가지고
      있습니다.
NOTE: 프로시저 APPEND 실행:
      실행 시간           41.17 초
      cpu 시간            3.36 초

... (생략) ...

53   proc append base=random_order4 data=temp4;run;

NOTE: 'WORK.TEMP4'을(를) 추가 중 (대상 데이터셋 :'WORK.RANDOM_ORDER4').
NOTE: 5004363개의 관측치를 데이터셋 WORK.TEMP4. (으)로부터  읽었습니다.
NOTE: 5004363개의 관측치가 추가되었습니다.
NOTE: 데이터셋 'WORK.RANDOM_ORDER4'은(는) 20000000개 관측치, 5개 변수를 가지고
      있습니다.
NOTE: 프로시저 APPEND 실행:
      실행 시간           38.79 초
      cpu 시간            3.18 초
```

DATA 스텝에 의한 병합처리는 대략 1분 30초 내외에서 처리가 완료된 것과는 달리, 데이터셋을 모두 병합하는 데 2분 52초의 시간이 소요되어, 두 배 가량 많은 시간을 소모하는 것으로 나타났다.

Note

1. 데이터셋 옵션 FIRSTOBS=/OBS=은 〔A2.5. 입력 시작/종료 관측치 번호 설정 : FIRSTOBS= / OBS=〕를 참고하자.
2. PROC APPEND는 〈 SAS PROC STEP - 데이터 처리편 〉를 참고하자.

Appendix

2

데이터셋 옵션

A2.1. 변수 보유/제거 :
KEEP= / DROP=

A2.2. 변수명 변경 :
RENAME=

A2.3. 특정 조건을 만족하는 관측치 추출 :
WHERE=

A2.4. 데이터셋 라벨 설정 :
LABEL=

A2.5. 입력 시작/종료 관측치 번호 설정 :
FIRSTOBS= / OBS=

DATA 스텝을 사용하지 않고 데이터셋의 여러 가지 속성을 조작하기 위해 **데이터셋 옵션**(dataset option)을 사용한다. 대다수의 SAS 데이터셋 옵션은 DATA 스텝/PROC 스텝에 관계없이 입출력 SAS 데이터셋 어디서나 사용할 수 있다.

단일 DATA 스텝 또는 PROC 스텝에서 데이터셋 옵션이 입력 및 출력데이터셋에 동시에 적용되었을 경우는 프로그래밍 구문들이 수행되기 이전에 입력데이터셋에 적용된 데이터셋 옵션이 수행되며, 모든 처리가 종료된 후 출력데이터셋의 옵션이 수행된다. 이미 적용된 데이터셋 옵션을 변경하거나 취소하려면 반드시 데이터셋을 재생성해야만 하며, 일부 속성들은 PROC DATASETS를 이용하여 수정 가능하다. 이 장에서는 데이터셋 옵션 중 자주 사용되는 것들에 대해 간단한 예제와 함께 살펴본다.

A2.1. 변수 보유/제거 : KEEP= / DROP=

[5.5. 변수의 선택 및 제거]에서 우리는 데이터셋 입출력 처리에서 특정 변수만을 채택 또는 제거하기 위한 KEEP/DROP 구문을 살펴보았다. SAS는 이와 동일한 기능을 하는 데이터셋 옵션으로 KEEP=/DROP= 옵션을 지원한다. 일반형은 다음과 같다.

[데이터셋 옵션 - KEEP= / DROP=]

```
(KEEP=variables)
(DROP=variables)
```

· variable(s) : 보유 또는 제거하고자 하는 변수를 나열한다.

단일 데이터셋을 활용한 작업이라면, KEEP/DROP 구문과 KEEP=/DROP= 옵션의 차이는 없다고 봐도 무방하다. 그러나, [프로그램 7.9]에서 살펴 본 다중 데이터셋 출력이나 다음 예제에서 살펴볼 데이터셋 병합 처리 등 단일 DATA 스텝에서 여러 개의 데이터셋을 한꺼번에 다루면서도 유연한 프로그램을 설계하려면 KEEP=/DROP= 구문이 더욱 편리하다. 예제를 통해 살펴보기로 하자.

프로그램 A2.1 **(데이터셋 옵션 KEEP= / DROP= 활용 예시)**

웹사이트가입자의 관련정보로 구성된 데이터셋 START와 VISIT를 생각해보자. 이다. 데이터셋 START는 웹사이트 가입자의 최초가입일(Date) 및 회원번호(ID)로 구성되어 있고, VISIT는 최종방문일(Date), 회원번호(ID), 방문횟수(Count)로 구성되어 있다.

데이터셋 START

ID	Date
13223	11NOV00
25798	15JAN01
31111	28FEB99
48683	30APR99
67527	05MAY02
84165	01OCT00

데이터셋 VISIT

ID	Date	Count
13223	11APR03	10
25798	15MAY03	25
31111	28DEC03	176
48683	30SEP02	8
84165	05NOV03	2

데이터셋 START에 방문횟수만을 추가하고 싶다고 하자. 다음과 같이 대응 가로병합을 수행하는 DATA 스텝을 실행하면 최초가입일자에 최종방문일자를 덮어쓴 결과가 나타난다.

SAS 프로그램

```
data merged;
   merge Start Visit;
   by id;
run;
```

데이터셋 MERGED

ID	Date	Count
13223	11APR03	10
25798	15MAY03	25
31111	28DEC03	176
48683	30SEP02	8
67527	05MAY02	.
84165	05NOV03	2

두 데이터셋에는 동일한 변수명인 Date가 존재한다. MERGE 구문에서 데이터셋 VISIT를 나중에 설정했기 때문에, 대부분의 관측치에서는 데이터셋 VISIT가 보유한 변수 Date의 값이 저장된다. 하지만, 6번째 관측치의 경우 데이터셋 START에는 ID "67527"이 존재하지만, VISIT에는 그에 대응되는 ID값을 갖고 있지 않기 때문에 Date는 여전히 최초가입 일자가 저장된다.

데이터셋 START가 보유한 변수 Date의 값을 훼손하지 않기 위해 먼저 다음 프로그램과 같이 DROP 구문을 생각해보자.

SAS 프로그램

```
data merged2;
   merge Start Visit;
   by id;
   drop Date
run;
```

데이터셋 MERGED2

ID	Count
13223	10
25798	25
31111	176
48683	8
67527	.
84165	2

즉, 우리는 특정 데이터셋 (VISIT)이 보유한 변수를 제거하는 기능이 필요한 것이다. 하지만, KEEP/DROP 구문의 효과는 출력 데이터셋에 적용되기 때문에, 데이터셋 MERGE2에는 변수 Date가 아예 제거되는 결과가 나타난다. 이 또한 우리가 원하는 결과는 아니다.

데이터셋 옵션은 "특정 데이터셋"에 변수 추가/제거를 실시하고자 하는 경우에 유용하다. 다음 프로그램과 같이 데이터셋 옵션 DROP=에 의해 수행결과를 살펴보면, 처음 원했던 것과 같이 데이터셋 START의 값을 훼손하지 않고, VISIT의 변수 Count가 대응 가로병합 처리 된 것을 확인할 수 있다.

SAS 프로그램

```
data merged3;
   merge Start Visit(drop=date);
   by id;
run;
```

데이터셋 MERGED3

ID	Date	Count
13223	11NOV00	10
25798	15JAN01	25
31111	28FEB99	176
48683	30APR99	8
67527	05MAY02	.
84165	01OCT00	2

A2.2 변수명 변경 : RENAME=

대응 가로병합에서 입력데이터셋 내의 변수들이 동일한 명칭을 가지는 경우를 [프로그램 A2.1]에서 살펴보았다. 사전에 특별한 조치를 하지 않으면, 대응 가로병합은 첫번째 데이터셋의 변수가 보유한 값을 뒤에 지정된 데이터셋의 변수값이 순차적으로 덮어쓰도록 처리한다.

[프로그램 A2.1]에서는 명칭이 동일한 변수중 하나만이 필요한 경우를 처리하기 위해 데이터셋 옵션 DROP=을 사용하였다. 이와 달리, 명칭이 동일한 변수 모두가 필요한 상황이라면, 데이터셋 옵션 RENAME=을 사용하여 변수의 이름을 변경해야 한다. 일반형은 다음과 같다.

[데이터셋 옵션 - RENAME=]

```
(RENAME=(old-variable(s)=new-variable-name(s)))
```

· old-variable-name : 변경 대상 변수명을 지정한다.
· new-variable-name : 새로운 변수명을 지정한다.

Note

1. RENAME= 옵션에는 원하는 만큼의 변수에 대하여 이름을 변경할 수 있다.
2. RENAME 옵션은 KEEP=/DROP= 옵션과 달리 반드시 처리대상 변수들을 괄호로 감싸서 나열해야 한다.
3. 동일 데이터셋에 데이터셋 옵션을 여러 개 적용할 수 있다.

프로그램 A2.2 **(데이터셋 옵션 RENAME= 활용 예시)**

〔프로그램 A2. 1〕에서 다룬 데이터셋 START와 VISIT를 대응 가로 병합하는 경우를 다시 생각해보자. 〔프로그램 A2. 1〕과 달리 두 데이터셋이 공통적으로 보유한 변수명 Date를 모두 출력 데이터셋에 남겨두어야 한다고 하자.

다음 프로그램에 적용된 데이터셋 옵션 RENAME=은 데이터셋 START 내의 변수 Date를 StartDate로 변경하고, VISIT가 보유한 변수 Date를 VisitDate로 변경한다. 출력데이터셋 MERGED4의 결과를 살펴보면 변수명이 변경되었음을 확인할 수 있다.

SAS 프로그램

```
data merged4;
   merge Start(rename=(date=StartDate))
         Visit(rename=(date=VisitDate));
   by id;
run;
```

데이터셋 MERGED4

ID	StartDate	VisitDate	Count
13223	11NOV00	11APR03	10
25798	15JAN01	15MAY03	25
31111	28FEB99	28DEC03	176
48683	30APR99	30SEP02	8
67527	05MAY02		.
84165	01OCT00	05NOV03	2

A2.3. 특정 조건을 만족하는 관측치 추출 : WHERE=

데이터셋 옵션 WHERE=는 지정된 조건을 만족하는 관측치만을 선택하여 입출력 절차를 수행한다.

[데이터셋 옵션 - WHERE=]

```
SAS-DATASET-NAME(WHERE=(where-expression))
```

· where-expression : 유효한 WHERE-표현식을 지정한다.

DATA 스텝에서 WHERE 구문을 사용했을 경우에는 모든 입력 데이터셋에 대해 WHERE-표현식이 적용된다. 반면에 WHERE= 옵션을 사용하면, 옵션에 적용된 데이터셋에만 WHERE-표현식이 적용된다.

Note

1. FIRSTOBS=/OBS= 옵션 및 SET/MODIFY 구문의 POINT= 옵션과 함께 사용할 수 없다.
2. DATA/PROC 스텝에서 입력데이터셋에 WHERE= 옵션을 지정하면 스텝을 처리하기 전에 먼저 관측치가 WHERE 표현식에 지정한 조건을 만족하는지의 여부에 대해 검토한다.
3. WHERE 구문과 WHERE 옵션이 함께 지정되면 WHERE-구문 조건이 취소된다.
4. 출력데이터셋에도 WHERE= 옵션을 적용할 수 있다. WHERE-처리는 일반적으로 입력 시점에서 조건에 의거한 데이터로만 처리하는 것이 출력시점에 비해 효율적인 경우가 많으나, 내부적으로 조건 변수를 계산하여 처리하는 것과 같이 입력 시점에서 조건처리를 하는 것이 불가능한 경우도 있으므로 상황에 따라 유연하게 대처할 필요가 있다.
5. WHERE 조건절의 적용 대상 데이터셋에 정렬 처리 또는 인덱스 설정이 되어 있으면 처리시간을 최적화할 수 있다.

프로그램 A2.3 **(데이터셋 옵션 WHERE= 활용 예시)**

다음 프로그램은 WHERE= 옵션을 적용하여 입력데이터셋 SALES97에서 변수 Quarter의 값이 1인 관측치만을 읽어들인 후 출력데이터셋 SALES_CONDITION에 저장하는 DATA 스텝 프로그램이다. SET 구문을 활용한 단일 데이터셋 입력 처리에서 WHERE=옵션을 사용하면, WHERE 구문과 동일한 기능을 수행하는 것을 확인할 수 있다.

데이터셋 SALES97

ID	Sales	Quarter
1824	1323.34	1
1824	2472.85	2
1943	1908.34	1
2063	2345.34	1
2063	2452.45	2
2063	3523.52	3
2063	2983.01	4

SAS 프로그램

```
data sales_condition;
   set sales97(where=(Quarter=1));
run;
```

데이터셋 SALES_CONDITION

ID	Sales	Quarter
1824	1323.34	1
1943	1908.34	1
2063	2345.34	1

프로그램 A2.4 **(WHERE 구문과 WHERE= 옵션의 차이)**

〔프로그램 A2. 4〕에서 데이터셋 옵션 RENAME=을 사용하여 변수명을 변경하는 프로그램을 살펴보았다. 이 프로그램에 WHERE 구문을 추가해 보기로 하자.

SAS 프로그램

```
data merged5;
   merge Start(rename=(date=StartDate)) Visit(rename=(date=VisitDate));
   by id;
   where year(startdate)=2000;
run;
```

SAS 로그

```
92    data merged5;
93       merge Start(rename=(date=StartDate)) Visit(rename=(date=VisitDate));
94       by id;
95       where year(startdate)=2000;
ERROR: Variable startdate is not on file WORK.VISIT.
97    run;

NOTE: 오류가 발생하여 SAS 시스템은 현재 스텝의 실행을 중지합니다.
WARNING: 데이터 셋 WORK.MERGED5이(가) 불완전합니다.  이 스텝은 0개의 관측치와
         4개의 변수가 있을 때 중단되었습니다.
NOTE: DATA 문장 실행:
      실행 시간           0.01 초
      cpu 시간            0.00 초
```

로그를 보면, "변수 StartDate가 데이터셋 VISIT에 존재하지 않는다"는 메시지가 출력된다. 즉, 대응 가로병합에 WHERE 구문을 사용하면, 기본적으로 모든 입력 데이터셋에 WHERE-처리에 필요한 변수가 저장되어 있다는 것을 전제로 한다. 따라서, 이를 충족하지 않았을 경우 오류가 나타나게 된다.

데이터셋 옵션 WHERE=는 WHERE 구문과는 달리 개별 데이터셋에 대한 조건 처리를 수행한다. 따라서, 대응 가로병합에서는 WHERE 구문을 사용하는 것보다 데이터셋 옵션 WHERE=을 사용하는 것이 예기치 않은 오류를 줄일 수 있는 방법이라 할 수 있다.

다음 프로그램을 보면, 두 데이터셋이 공통적으로 보유하고 있는 변수 Date를 활용하여 조건을 설정한다. RENAME=으로 변수명을 변경한 상태이기 때문에, WHERE= 옵션에는 바뀐 변수명을 설정해야 오류를 방지할 수 있다. 로그를 보면, 각각의 데이터셋에 설정된 조건과 일치하는 관측치만을 추출하여 대응 가로병합을 수행하였음을 알 수 있다.

SAS 프로그램

```
data merged5;
   merge Start(rename=(date=StartDate)
               where=(year(date)=2001))
         Visit(rename=(date=VisitDate)
               where=(year(date)=2003));
   by id;
run;
```

데이터셋 MERGED5

id	Start Date	Visit Date	count
13223	.	11APR03	10
25798	.	15MAY03	25
31111	.	28DEC03	176
67527	05MAY02	.	.
84165	.	05NOV03	2

SAS 로그

```
NOTE: 1개의 관측치를 데이터셋 WORK.START. (으)로부터 읽었습니다.
      WHERE YEAR(StartDate)=2000;
NOTE: 4개의 관측치를 데이터셋 WORK.VISIT. (으)로부터 읽었습니다.
      WHERE YEAR(VisitDate)=2003;
NOTE: 데이터셋 'WORK.MERGED5'은(는) 5개 관측치, 4개 변수를 가지고 있습니다.
NOTE: DATA 문장 실행:
      실행 시간          0.01 초
      cpu 시간           0.01 초
```

A2.4. 데이터셋 라벨 설정 : LABEL=

데이터셋의 이름은 32자까지 지정가능하기 때문에 많은 데이터셋을 관리하기에는 한계가 존재한다. 데이터셋에 라벨을 지정하면 해당 데이터셋이 어떤 내용으로 구성되어 있는지를 식별하기가 수월할 것이다.

SAS에서 지원하는 데이터셋 옵션 LABEL=을 사용하면 출력데이터셋에 라벨을 설정할 수 있다. 일반형은 다음과 같다.

[데이터셋 옵션 - LABEL=]

```
SAS-DATASET-NAME(LABEL='label')
```

· 'label' : 데이터셋에 부여할 라벨을 256자까지 지정한다.

Note

1.라벨을 삭제하려면 LABEL= 옵션을 지정하지 않은 DATA 스텝을 수행한다.
2.변수에 라벨을 부여하기 위해서는 LABEL 구문을 사용한다.

프로그램 A2.5 **(데이터셋 옵션 LABEL= 활용 예시)**

데이터셋 옵션 LABEL=을 적용하여 데이터셋에 라벨을 설정한 후, PROC CONTENTS를 사용하여 확인하는 프로그램 및 결과는 다음과 같다.

SAS 프로그램

```
data sales_label(label = "'97 판매량 데이터");
   set sales97;
run;
proc contents data=sales_label; run;
```

PROC CONTENTS 출력결과(일부)

```
데이터셋 이름:  PERM.SALES_LABEL
멤버 유형:      DATA
엔진:           V8
생성:           2004년05월09일 일요일 19시56분
마지막 수정일:  2004년05월09일 일요일 19시56분
보호:
데이터셋 유형:
라벨:           '97 판매량 데이터
```

Note

PROC CONTENTS에 대한 상세한 내용은 〈 SAS PROC STEP - 데이터처리편 〉을 참고하자.

A2.5. 입력 시작/종료 관측치 번호 설정 : FIRSTOBS= / OBS=

데이터의 특정 부분, 특히 관측치 번호(observation number)에 기초한 처리를 해야 하는 경우가 상당히 자주 발생한다. 데이터셋 옵션 FIRSTOBS=/OBS=을 활용하면 이러한 상황을 쉽게 해결할 수 있다. FIRSTOBS= 옵션은 입력데이터셋에서 읽어 들일 관측치의 최초 위치를 지정하고, OBS= 옵션은 마지막 위치를 지정하는 기능을 한다. 일반형은 다음과 같다.

[데이터셋 옵션 - FIRSTOBS=/OBS=]

```
SAS-DATASET-NAME(FIRSTOBS=n)
SAS-DATASET-NAME(OBS=n|max)
```

- n : 입력을 시작/종료할 관측치 번호를 지정한다. 데이터셋이 보유하고 있는 관측치의 전체 개수보다 작은 정수를 지정해야 한다.
- MAX : OBS=옵션의 적용시 전체 데이터를 모두 입력할 때 지정한다. OBS= 옵션의 생략은 OBS=MAX를 설정한 것과 동일하다.

Note

1. 이 옵션들은 DATA/PROC 스텝의 입력 데이터셋에서만 사용할 수 있다.
2. WHERE 구문 또는 데이터셋 옵션 WHERE= 과 함께 사용할 수 없다.
3. 시스템 옵션 및 INFILE 구문에서도 동일한 기능을 수행하는 옵션을 지원한다. 시스템 옵션 및 INFILE 구문에 대한 상세한 내용은 〈 SAS DATA STEP - 응용편 〉을 참고하자.
4. OBS=0을 지정하면 속성은 모두 정상적으로 보유하고 있으나 관측치는 작성되지 않는 빈 데이터셋(Null dataset)을 생성한다.

프로그램 A2.6 **(데이터셋 옵션 FIRSTOBS=/OBS= 활용 예시)**

〔프로그램 A2.3〕에서 살펴본 데이터셋 SALES97을 활용하여 데이터셋 옵션 FIRSTOBS= / OBS= 의 기능을 살펴보기로 하자. 자동변수 _N_을 활용하여 사전에 데이터셋 SALES97의 관측치 번호를 데이터셋에 첨부해두었다.

데이터셋 SALES97

ID	Sales	Quarter	Order
1824	1323.34	1	1
1824	2472.85	2	2
1943	1908.34	1	3
2063	2345.34	1	4
2063	2452.45	2	5
2063	3523.52	3	6
2063	2983.01	4	7

먼저, FIRSTOBS= 옵션을 적용한 결과를 살펴보자. 데이터셋 SALES97에 FIRSTOBS=6를 설정했기 때문에 데이터셋 FIRSTOBS에는 6번째 이후의 관측치만 입력 처리된다.

SAS 프로그램

```
data firstobs;
   set sales97(firstobs=6);
run;
```

데이터셋 FIRSTOBS

ID	Sales	Quarter	Order
2063	3523.52	3	6
2063	2983.01	4	7

반대로 OBS=2를 설정한 데이터셋 OBS에는 데이터셋 SALES97의 처음 2번째 관측치까지만 입력 처리를 수행한다.

SAS 프로그램

```
data obs;
   set sales97(obs=2);
run;
```

데이터셋 OBS

ID	Sales	Quarter	Order
1824	1323.34	1	1
1824	2472.85	2	2

FIRSTOBS=3과 OBS=4 옵션을 동시에 적용하면, 3, 4번 관측치를 추출하게 된다. 즉, 두 옵션을 함께 설정하면 중간에 위치한 데이터도 자유자재로 추출할 수 있다.

SAS 프로그램

```
data firstobs_obs;
   set sales97(firstobs=3 obs=4);
run;
```

데이터셋 FIRSTOBS_OBS

ID	Sales	Quarter	Order
1943	1908.34	1	3
2063	2345.34	1	4

OBS=0을 설정하면, 데이터셋 구성은 동일하나, 관측치를 보유하지 않는 빈 데이터셋(Null Dataset)을 생성한다. 로그를 확인해보자.

SAS 프로그램

```
data obs;
   set sales97(obs=0);
run;
```

SAS 로그

```
NOTE: 0개의 관측치를 데이터셋 WORK.SALES97. (으)로
      부터 읽었습니다.
NOTE: 데이터셋 'WORK.NULL'은(는) 0개 관측치, 3개
      변수를 가지고 있습니다.
NOTE: DATA 문장 실행:
      실행 시간              0.01 초
      cpu 시간               0.00 초
```

찾 아 보 기

SAS DATA STEP -기초편- (제2판)

저　　자	손건태 · 안상욱
발 행 인	주정희
발 행 처	자유아카데미
주　　소	경기도 파주시 교하읍 문발리 527-2 파주출판문화정보산업단지
전　　화	031-955-1321
팩　　스	031-955-1322
홈페이지	www.freeaca.com
전자우편	main@freeaca.com(대표) editor@freeaca.com(편집)
등　　록	제406-2003-017호, 1980. 7. 12
제2판1쇄	2007년 8월 25일 발행
제2판2쇄	2008년 3월 20일 발행
정　　가	18,000원

ISBN 978-89-7338-645-1 93310